教育部人文社会科学重点研究基地重大项目“新常态下促进经济稳定增长的要素配置与产业升级政策研究”（批准号：16JJD790015）
河南省教育厅人文社会科学研究一般项目《“供给+需求”双侧调控下河南省经济增长质量变革的动力机制与路径研究》（批准号：2019-ZZJH-319）

# 能源与环境约束视域下中国经济增长质量提升研究

黄宝敏　著

北 京

**图书在版编目（CIP）数据**

能源与环境约束视域下中国经济增长质量提升研究／黄宝敏著．--北京：中国经济出版社，2019.11

ISBN 978－7－5136－5714－3

Ⅰ.①能… Ⅱ.①黄… Ⅲ.①中国经济－经济增长质量－研究 Ⅳ.①F124.1

**中国版本图书馆 CIP 数据核字（2019）第 110029 号**

责任编辑 严 莉
责任印制 巢新强
封面设计 任燕飞

**出版发行** 中国经济出版社
**印 刷 者** 北京九州迅驰传媒文化有限公司
**经 销 者** 各地新华书店
**开　　本** 710mm×1000mm 1/16
**印　　张** 17.25
**字　　数** 231 千字
**版　　次** 2019 年 11 月第 1 版
**印　　次** 2019 年 11 月第 1 次
**定　　价** 78.00 元
**广告经营许可证** 京西工商广字第 8179 号

**中国经济出版社** **网址** www.economyph.com **社址** 北京市东城区安定门外大街 58 号 **邮编** 100011
本版图书如存在印装质量问题，请与本社销售中心联系调换（联系电话：010－57512564）

# 摘　要

随着中国逐步步入中等收入国家行列，中国经济发展面临着如何逐步解决改革开放进程中积累的能源效率低和环境保护不足问题，能源安全和环境承载能力是决定中国未来经济发展质量的关键。本研究在充分吸纳和借鉴国内外关于能源效率、环境约束与经济增长质量相关研究成果的基础上，对中国目前经济发展过程中存在的理论和实践问题进行分析和实证研究，并获得了一些重要判断和经验支持。本书的主要研究工作和相关创新如下：

（1）研究不同收入阶段中国经济增长的动力特征，并对中国陷入“中等收入陷阱”的风险性进行分析，从侧面初步探讨中国经济增长质量。面板平滑门限回归模型（PSTR）实证结果表明：随着中国步入中等收入国家行列，人均收入对经济增长的显著影响效果逐渐消失；中国人均收入在3000元、9000元和1.4万元时，产业结构、最终消费率、贸易开放度和城乡收入分配对经济增长的影响路径发生平滑转移；进入中等收入阶段以后，产业结构和贸易开放度对经济增长的积极影响效果稳定在一个较低水平，而最终消费率和城乡收入分配的公平化对经济增长的消极影响效果稳定在一个较高水平，即随着中国进入中等收入国家行列，中国经济增长动力机制的可持续性受到威胁，要警惕在经济发展过程中陷入“中等收入陷阱”的风险。

（2）为了研究产业结构升级对跨越“中等收入陷阱”的有效性，并提高中国经济增长质量，本研究基于省际面板数据建立了产业结构升级与人均GDP的PSTR模型，发现两者之间存在着显著的倒“U”形关系，中国产业结构升级的不断推进对居民收入水平的提高存在着显著的阶段性特征，当产业结构升级达到一定程度时，其对居民收入水平的积极作用效果将会显著下降。同时，产业结构升级对人均 GDP 的作用受到控制变量最终消费率的影响，而不受控制变量经济增长与贸易开放度的影响，产业结构升级与国内消费需求提升的协同推进将会对人均 GDP 的提高产生显著的协同效应，但这种协同效应是暂时的，缺乏效率提高和价值链攀升的产业结构升级将会导致中国产品结构的低端化趋势，不能满足本国居民对高端产品的需求，进而提高本国居民对国外高质量产品的需求，从而对本国消费产生“挤出效应”，最终不利于本国居民收入水平和经济增长质量的提高。

（3）考虑到能源投入和非合意产出对生产过程影响的外在约束条件，我们基于松弛的超效率模型对中国 29 个省份的全要素能源效率进行估计。实证结果显示，北京、上海两个直辖市处于中国全要素能源效率的前沿，而其他各个省份全要素能源效率差距较大。基于此，我们对以全国所有省份为样本的情景一模式和分别以东、中、西部地区省份为样本的情景二模式的节能减排进行基本测算和比较，并检验回弹效应在中国经济发展过程中的阶段性特征。比较结果表明，两种情景下的能源节约规模在弥补完能源缺口后尚存在较大的剩余；从影响节能减排的主要因素上看，2007 年之前回弹效应不显著，而 2007 年之后回弹效应显著，且影响节能减排的主要因素发生变化；回弹效应对工业废水排放无显著影响，情景一模式下的工业废水排放松弛始终大于情景二模式下的工业废水排放松弛，表明能源效率始终是影响工业废水排放的重要因素。这是本书的创新点之一。

（4）多数文献在研究经济增长与环境污染之间的非线性特征问题时，基本采用本质上仍为线性的模型研究二者之间的非线性关系。本研究克服该不足，建立非线性的面板平滑门限回归模型并进行研究。中国各个省份经济增长和环境污染指标的散点图表现出了不同特征和散点分布状态，表明了我们所设定模型的适用性和可行性。估计结果显示，中国环境库兹涅茨曲线假说不能成立，环境问题将形成制约中国经济持续增长的现实约束条件。

（5）为了对经济增长质量进行直接研究，我们基于全要素生产率（TFP）研究中国经济增长质量的微观基础。在构建包含劳动、资本、能源三要素经济计量模型的基础上，通过数理推导，将中国 TFP 分解为供给冲击、需求冲击和其他冲击三个部分，通过包含三类冲击和 TFP 的面板向量自回归模型，研究三类冲击对 TFP 的动态作用路径。估计结果显示，供给冲击相对稳定，对 TFP 影响不大；需求冲击是影响 TFP 的主要因素，其他冲击也对 TFP 产生了重要影响。这其中的主要原因在于中国技术创新能力不足、劳动密集型生产的产品科技含量低，导致供给因素相对稳定；而中国实施刺激内需的相关政策对 TFP 产生了积极影响。估计结果显示，给三类冲击一个正向的刺激，均会导致 TFP 的提高，这表明采取积极调整中国供给冲击即技术创新的手段将对中国 TFP 的提高产生重大影响。这是本书的创新点之二。

（6）在微观研究的基础上，本研究进一步从宏观层面对中国经济增长质量进行研究。我们通过构建包含能源和环境约束、要素使用效率、经济结构、经济增长和经济稳定性、福利与资源分配以及 TFP 等变量的指标评价体系，对中国经济增长质量的宏观综合指数进行合成。实证分析结果显示，经济增长质量综合指数和能源及环境约束指数的动态变化趋势高度一致，表明现阶段中国能源及环境约束指数能够反映中国经济增长质量的发展趋势。在经济新常态条件下，把经济发展的重点落实到提高中国能源使用效率和改善环境状况方面，是提高中国经济增长质量的重要手段。

（7）综合以上相关研究，我们进一步构建时变参数向量自回归模型（TVP－VAR），并深入研究能源及环境约束、经济增长速度和经济增长质量的动态关系和发展趋势，得出有借鉴和参考价值的结论。基于对经济增长质量指数和能源及环境约束指数的估计分析结果，我们选择1995年第三季度、1998年第一季度和2008年第一季度3个时点作为研究的样本点。基于估计系数的时变特征，我们估计时点脉冲响应函数和时变脉冲响应函数。时变脉冲响应趋势基本一致，表明了我们模型设计和估计的稳健性。时点脉冲响应函数表明，能源效率提高和环境改善均会对经济增长质量和经济增长速度产生一个正向的动态作用路径，不同的是，其对经济增长质量的正向影响是短期的，而对经济增长速度的正向影响却是长期的；同时，经济增长质量的提高也会为能源效率提高和环境改善提供一个积极的影响路径。这是本书的创新点之三。

中国经济增长过程中存在着能源效率较低、环境污染逐渐严重的现实问题。综合以上模型与实证研究结果，我们认为：能源效率的提高能够节省能源的消耗和减少工业废气的排放，但是随着能源效率的不断提高，将会产生回弹效应，从而在一定程度上限制节能减排潜力的挖掘；传统能源消耗带来的环境污染问题不会自动随着经济增长而消失或得到解决，如果没有合理的政策支持，环境污染问题将构成中国经济增长的现实约束瓶颈；狭义经济增长质量表明，供给冲击对提高中国全要素生产率尚存在较大的潜力空间，能源与环境约束下的广义经济增长质量表明，能源及环境约束指数与中国经济增长质量存在较高的相关度；实证分析表明，能源效率提高和环境状况改善对于提高中国经济增长质量和保证一定的经济增长速度具有双赢效果，同时经济增长质量的提高也促进了能源效率的提高和环境改善，从而使中国能源、环境与经济增长步入良性循环。

# 目 录

# 第1章　绪论

经济增长的本质包含经济增长的数量特征和质量特征。数量特征反映了经济增长的规模和速度，而质量特征则反映了经济增长的品质与内涵。改革开放以来，中国经济实现了高速增长，并已超越日本成为世界第二大经济体，突出地表现出经济增长的数量特征。然而，经济高速增长的背后是高投入、高能耗的粗放型经济增长模式。较快的经济增长速度和经济规模总量的扩张是以更多的生产要素投入为支撑的，特别是能源要素的大规模投入。目前，全球性能源逐渐枯竭的现实与中国经济发展对能源高度依赖之间的矛盾，使中国经济发展中的能源安全问题更加突出，严重制约着中国经济的可持续发展。同时，高投入、高能耗的粗放型经济增长模式不仅导致生产效率低下、要素投入居高不下，而且对环境质量造成严重的消极影响。近年来，中国土地、河流等环境日益恶化，特别是一些地区严重的雾霾大气是中国粗放经济增长的直接代价。为了缓解环境危机，国家对企业生产过程进行了环保整顿，环境状况得到改善，但却对经济增长数量造成一定的冲击。

在追求经济增长数量扩张过程中出现的能源安全、环境污染等问题，表明中国粗放型经济增长方式存在诸多弊端，因此仅仅注重经济增长速度而忽视在此过程中出现的能源和环境问题，不仅会导致中国能源投入无以为继，也将造成我们生存环境的进一步恶化，这与经济发展的根本目标相背离。而在节约能源和加强环保的政策指导下，中国现有的生产力水平不足以保障经济的快速稳健发展，从而导致资源与环境问题成为制约中国经济可持续发展的瓶颈。因此，在中国未来的实体经济发展过程中，要充分考虑能源投入和环境承载能力对经济增长的约束，进一步提高能源效率和生产力水平，在降低环境污染的同时，保障经济稳健发展，使中国经济增长从注重“量”的扩张转变到“质”的提升轨道上来。

本章首先对本研究的选题背景与研究意义进行阐述，其次对研究涉及的国内外相关文献及研究现状和动态发展进行归纳总结，最后对研究思路、主要内容、研究方法和主要创新等进行阐述。

## 1.1 选题背景与研究意义

中国长期经济增长过程中产生的能源效率低和环境保护不足问题日渐凸显，其产生的最直接后果是能源安全和环境污染状况的恶化，并已经对中国经济的可持续增长和居民的生存环境产生严重威胁，使中国面临着陷入“中等收入陷阱”的危机，经济增长质量有待提高。随着环境保护的呼声越来越高，中国对企业生产过程中的能耗与环保要求逐渐加强，环境状况得到改善，但却对企业发展产生了一定的负面冲击，从而导致了能源环境约束与企业发展之间的暂时性矛盾。产生这种暂时性矛盾的根源在于，环境问题亟待解决，而企业经济增长方式的转变需要一个过程，并不是一蹴而就的。因此，在中国经济增长放缓的背景下，在能源与环境约束形成了对经济增长的现实约束条件下，提高经济增长质量势在必行，对能源效率、环境约束与中国经济增长质量进行研究具有时代急需性和现实紧迫性。

### 1.1.1 选题背景

社会生产的目的在于实现经济增长。能源、环境和经济增长统一于生产过程，因此在生产过程中伴随着能源需求，而能源消耗也会对人类赖以生存的环境产生影响，三者既相互制约又相互促进。中国作为一个拥有 13 亿人口的大国，提高经济增长的数量与人民福祉息息相关，资料显示，中国 GDP 每增长 1 个百分点就可以拉动 130 万 ~ 150 万人就业（李克强，2013），因此保证经济增长的数量是稳定经济发展的基础。但只考虑数量而不考虑质量的增长不仅会导致能源等生产要素无以为继，还必将对我们赖以生存的自然环境造成无法修复的恶果。进一步，能源一旦枯竭必然导致经济增长停滞，同时，外部环境污染也必然导致厂商无法生产出高质量的产品，如此重复下去，能源、环境、经济增长将陷入恶性循环。中国经济在发展初期出现的“大跃进”等无视经济发展规律而酿成的苦果正是前车之鉴。因此，经济能否实现可持续和均衡的发展由经济增长数量和经济增长质量两个方面共同决定，经济新常态背景下，中国经济稳定发展更需要能源、环境的合理配置和调整。

能源、环境与经济增长相互作用关系的循环图如图 1 - 1 所示。经济能否实现可持续性增长由经济增长数量和经济增长质量两个方面共同决定，能源与环境和经济增长统一于生产过程，并与经济增长相互制约。

从经济增长数量方面来看，一方面，能源是提高经济增长数量的重要投入要素，但过高的经济增长速度却可能加重能源负担；另一方面，经济增长数量在快速扩张的同时向大自然中排放各种废气、废水和固定废物等非合意产出，对环境也造成了一定的消极影响，而环境的承载能力也会对经济增长的数量扩张形成一定的限制。

从经济增长质量方面来看，能源效率和环境问题是决定经济增长质量的重要因素，若要实现经济增长质量的提升，必须提高能源效率、降低能耗、减少污染物排放。同时，若经济增长以质量的提高为前提，则单位产值能耗逐渐降低，能源效率逐渐提高，自然环境日益改善，进而厂商生产成本降低，继而生产力得以大幅提升，最终也必将引起经济增长数量的扩张。经济增长数量的提高意味着经济增长的速度加快，其本身就是影响经济增长质量的重要因素。

我们从能源、环境与经济增长关系循环图能够清晰地看出，实现能源、环境和经济增长的和谐发展是提高中国经济增长质量、最终实现经济可持续发展的重要战略措施。然而，中国经济增长往往注重“量”的扩张而忽略了“质”的提升，造成中国能源使用效率低下，环境污染问题日益突出，对中国经济的可持续发展造成了严重威胁，并面临着陷入“中等收入陷阱”的风险。

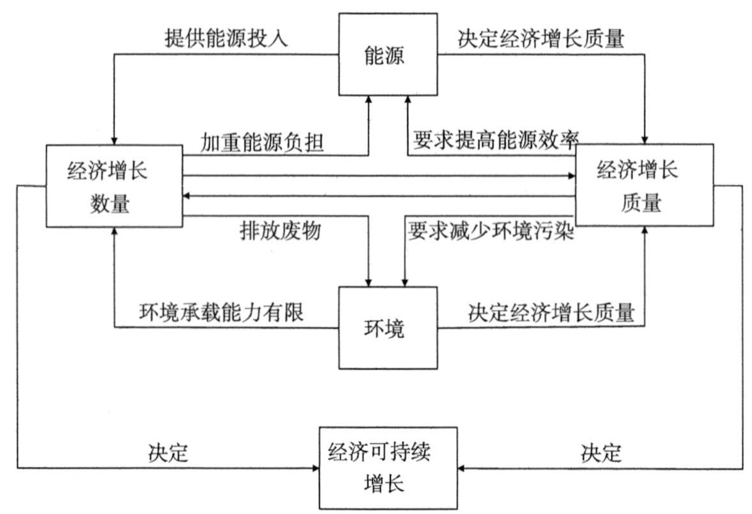


**图 1-1　能源、环境与经济增长关系循环**

改革开放以来，中国经济发展和居民生活消费水平取得了突破性进展。从绝对数来看，中国国内生产总值呈快速增长趋势，从 1978 年的 3634.1 亿元增加到 2016 年的 745632.4 亿元，固定资产投资总额由 1980 年的 910.9 亿元增加到 2016 年的 606465.66 亿元，最终消费支出和居民消费支出分别从 1978 年的 2232.9 亿元、1759.1 亿元上升到 2016 年的 399910.1 亿元、293443.1 亿元左右。从相对数来看，GDP 增长率以年均 10% 左右的速度增长，虽然 2008 年世界金融危机的冲击抑制了投资对 GDP 的贡献，从而使中国 2008—2009 年的 GDP 增长率有所降低，但整体来看，中国经济增长速度远远高于其他国家。经历了 30 年两位数的经济扩张后，中国已成为仅次于美国的全球第二大经济体，改革开放至今，中国经济发展明显地表现出了经济增长的数量特征。

然而，中国经济高速增长数字的背后是高投入、高能耗的粗放型经济增长方式，对能源的高度依赖造成了中国进入能源重化工时代。2002年中国单位产值能耗是世界平均水平的3倍，而到2007年已经达到4倍。如果中国能源消费保持现有的增速，到2020年能源消费总量将达到世界能源消费总量的一半以上。同时，中国在生产过程中对能源消耗的过度依赖，使环境污染问题越来越严重，影响人民的生活和社会的基本稳定。尤其是近几年来，中国各地的环境污染问题越发突出，严重影响了人民的生活质量。相关统计资料显示，对中国经济造成水污染和空气污染的处理成本占中国GDP的5.8%，其中由重金属污染导致的农业直接经济损失超过200亿元。

中国经济增长伴随着能源的过度消耗，而过度能源消耗又使环境污染问题恶化。随着中国能源存量逐渐减少和全球能源逐渐枯竭以及污染问题日益突出，要实现中国经济的可持续发展，提高经济增长质量，必须将提高能源使用效率和减少环境污染作为中国经济发展中的重要发展战略。因此，研究能源与环境约束和经济增长质量的关系具有现实紧迫性和务实性。

### 1.1.2　研究意义

目前，全球经济发展面临着传统能源逐渐枯竭、环境污染逐渐严重的现实。一方面，诸多学者从经济、环境、能源等角度，对能源效率、环境变迁与经济增长质量进行了理论分析和研究，并辅以大量的实证对理论进行补充和完善。另一方面，面对日益严重的环境问题，世界各国都努力削减能源损耗、致力于实现能源供应安全目标，通过提高能源效率来减少温室气体排放，改善空气质量，促进本国经济可持续增长。中国1978年改革开放以来，经历了30多年的高速经济发展，出现了环境、能源等不可持续的问题，进而使中国面临着陷入“中等收入陷阱”

的危机，最终不利于人民福利水平的提高。因此，如何提升经济发展的质量成为中国经济持续发展的重中之重。本研究正是在这样的背景下，基于发展经济、环境经济学等相关理论，结合中国目前经济发展的新常态，探讨中国经济增长的阶段性特征，对能源效率、环境变迁与经济增长质量关系的理论与实践进行深入研究，不但对保证社会经济可持续发展的理论研究具有重要的借鉴意义，并且对保证中国经济社会的稳定发展、顺利步入高等收入国家行列及子孙后代拥有安全的生活环境具有现实价值。具体来说，本研究的意义表现在以下几个方面：

（1）传统经济增长方式一方面使中国经济取得了较大发展，并步入中等收入国家行列，另一方面也造成了生产效率的低下以及产品价值的低端化，从而使中国面临较大风险的“中等收入陷阱”危机。多数对“中等收入陷阱”问题的研究方法停留在现象归纳和定性分析上，本研究在中国经济增长放缓压力增大和逐步步入中等收入阶段的双重历史条件下，通过建立经济计量模型研究不同收入阶段中国经济可持续增长的动力特征，并对中国陷入“中等收入陷阱”的风险进行分析，进而探讨规避“中等收入陷阱”的合理路径，对实现经济可持续增长和提高经济增长质量具有一定的实际意义。

（2）产业结构升级是中国经济增长方式转变的重要体现形式，是关系中国经济增长质量的重要因素。大多学者认为，中国产业结构升级是跨越“中等收入陷阱”的重要举措，且主要应用理论阐述和定性描述的研究方法。本研究通过实证研究方法，从三个层面研究产业结构升级对跨越“中等收入陷阱”的有效性：一是产业结构升级与居民收入水平的倒“U”形关系；二是控制变量不同取值水平下，产业结构升级对居民收入水平影响的非线性关系发生变化；三是产业结构升级对跨越“中等收入陷阱”存在着显著的区域差异。本研究对此方面的研究丰富了相关研究的研究内容与研究范式，为该领域以后的研究发展提供了重要研究思路，具有重要的理论意义与实际应用价值。

（3）目前，对于全要素能源效率的理论及测算方法研究，没有完整地模拟出生产的真实过程，尤其是对非合意产出问题的研究缺少完整性，从而导致理论模型与实证结果之间产生了一定的偏差。在对生产过程的传统研究中，也较少同时考虑能源与环境的共同约束。而经济实际运行过程中，忽略环境质量的经济增长必然会产生严重的污染问题，中国逐渐恶化的环境问题已经证实了这一观点。因此，在传统经济增长理论中加入环境约束变量，将成为中国未来研究经济增长的新发展趋势，并且该问题的研究也具有紧迫性。为了更加全面地研究中国经济增长过程中的能源效率问题，我们同时考虑能源投入和环境要素在生产过程中的作用，以使我们的研究更加符合真实的生产过程，并为以后的相关研究提供理论与实证支持。因此，本书在对全要素能源效率进行研究时，更加全面地考虑了要素投入和非合意产出对全要素能源效率的影响，对于纠正偏差、保证估计结果的准确性和真实性具有一定的理论价值和重要意义。

（4）环境库兹涅茨曲线假说认为，环境随着经济的增长将逐渐恶化，但是当经济增长达到一定程度时，环境恶化状况会自然得到改善。国内外学者对中国的环境库兹涅茨曲线及环境库兹涅茨曲线假说是否存在进行了相关研究，但尚未形成统一意见。究其原因，已有研究大都运用本质上仍为线性关系的模型来研究环境污染与经济增长的非线性关系，因而造成估计结果的偏差。本研究克服以往研究的不足，基于面板平滑门限回归模型研究中国环境污染与经济增长之间的非线性关系，并对中国环境库兹涅茨曲线假说进行再检验。通过建立合理的非线性模型，研究环境污染与经济增长之间的非线性关系，以检验中国经济增长的真实质量，更加精准地检验中国环境库兹涅茨曲线是否存在，为中国环境政策提供理论与实证支持。

（5）本研究将经济增长质量分为狭义和广义两个方面。首先，基于供给与需求冲击的全要素生产率的测算方法，从狭义方面对经济增长质量进行微观效率评估，并具体对东、中、西部地区全要素生产率进行了测算与评价。其次，综合经济增长质量的单指标构建与评价、经济增长质量的各维度指数合成与实证分析、经济增长质量综合指标合成与实证分析等内容，从广义方面对经济增长质量进行了综合评估，以便对中国经济增长的质量进行全面客观的评价。模型与实证分析的结果对于中国未来经济发展的方向提供了客观真实的依据，也为提高中国经济增长质量的幅度提供了一个大致的预测空间，因此对探讨中国经济发展的科学路径具有重要的实践指导意义。

（6）经济发展的最终目标是在特定的约束条件下使经济资源达到有效的配置。目前制约中国经济发展的瓶颈是能源和环境约束，因此如何动态调整二者与经济增长的均衡关系是经济发展的首要条件。本书建立包含能源及环境约束、经济增长速度和经济增长质量三个变量的时变参数向量自回归模型，对三者之间的动态作用路径、均衡发展趋势进行了深入研究，实证分析了能源及环境约束、经济增长速度和经济增长质量间的动态均衡状态，这对于提高中国经济增长质量具有切实可行的政策参考意义。

## 1.2 相关文献综述

能源、环境约束与经济增长质量相互制约，能源消耗的低效率将会加剧环境污染，不利于经济增长质量的提升，而环境污染的缓解要求能源效率不断提升，进而提高经济增长质量。因此，对能源约束的研究主要从能源效率的视角开展，这也是本书研究能源约束的切入点。

在本节中，我们主要对能源效率、环境约束、经济增长质量及其关系的相关研究综述进行梳理和总结，并对其研究现状进行评述。

### 1.2.1 能源效率测算文献综述

衡量能源效率的指标主要包括能源消费弹性系数、单位产品能耗、能源强度以及全要素能源效率。其中能源消费弹性系数、单位产品能耗、能源强度是传统的测算能源效率的方法，主要考虑单一的能源投入和产出之间的关系，该类指标具有计算简单、方便的特点。然而，Hu 和 Wang（2006）认为，单一的能源投入并不能生产出产出，必须和其他要素投入相结合。基于这样的现实，他们第一次提出全要素能源效率的概念。不同于传统的基于单要素的能源效率测算，他们将传统的能源效率测算指标称为部分要素能源效率，而将其构建的指标称为全要素能源效率。

#### 1.2.1.1　部分要素能源效率

（1）能源消费弹性系数

能源消费弹性系数用一国或地区能源消费量的增长速度与经济增长速度比值表示，反映该地区经济增长提高 1 个百分点，其能源消费量将提高多少个百分点，能源消费弹性系数大于 1 表明能源消费增长的速度大于经济增长的速度，能源效率低下。该弹性系数可用于预测该地区能源消费需求。其计算公式具体如下：

$$能源消费弹性系数 = \frac{能源消费量年平均增长速度}{国民经济年平均增长速度} \quad (1-1)$$

以能源消费弹性系数作为能源效率替代指标的研究较少，相关研究主要基于能源消费弹性系数对能源消费总量进行预测，刘卫东等（2016）基于定基能源消费弹性系数法对 2020 年中国能源消费总量的预测结果表明，中国能够实现能源规划目标。而顾海兵和张帅（2017）通过计算能源消费弹性系数对中国 2020 年的能源消费总量进行预测，并对经济安全性进行研判，结果表明，2020 年中国能源依存度远高于国际警戒线，经济安全性有待进一步加强。同时，对能源消费弹性系数的分析方法也比较简单，主要集中在对其统计描述分析及其经济学解释层面。施发启（2005）主要通过统计描述的手段对中国能源消费弹性系数的变化及其成因进行分析，他认为高投资、产业结构变化以及居民消费导致的能源消费增加是造成中国 2002—2004 年能源消费弹性系数大于 1 的主要原因。吴海瑾（2006）采用统计对比分析的手段，对中国 1990—2004 年的能源消费弹性系数进行分析，认为中国 2002—2004 年能源消费弹性系数大于 1 的原因在于中国经济结构和经济增长方式的不合理。从以上两位学者的研究中我们可以发现，由于能源消费弹性系数计算的简单性和单一性，其对 2002—2004 年中国能源消费弹性系数的统计计算结果是一致的，而对于该期间能源消费弹性系数大于 1 的原因解释却并不相同，对统计结果的经济学解释具有随意性，说明用能源消费弹性系数测算能源效率的方法具有一定的局限性，这也是该方法研究能源效率问题受到限制的主要原因。

（2）单位产品能耗

单位产品能耗是指能源投入与产品数量之比，主要从微观方面反映生产单位产品需要的能源量，反映微观领域能效状况。其具体计算公式如下：

$$\text{单位产品能耗} = \text{单位换算系数} \times \frac{\text{能源消费量}}{\text{产品产量}} \qquad (1-2)$$

其中，单位换算系数用来协调能源消费量和产品产量单位之间的关系。

单位产品能耗作为衡量能源效率的指标具有计算简单、应用方便的优势。但由于其微观指标的可得性受到很大限制，对单位产品能耗的研究无法深入，因此用单位产品能耗研究能源效率不是经济学领域主流研究指标。

（3）能源强度

能源强度用来衡量单位产出的能源消耗水平，相关学者一般将能源强度定义为能源投入与国内生产总值的比值，并将该比值作为能源效率的衡量指标（Patterson，1996；Renshaw，1981）。具体来说，通常用每单位 GDP 的能源消费（标准煤）来表示，该指标能够直接反映每单位最终产品的能源消耗量，因此成为很多学者研究能源效率的一致选择

(Liao 等，2007；Ma 和 Stern，2008)。能源强度的公式如下：

$$能源强度 = \frac{能源投入}{国内生产总值} \tag{1-3}$$

通过能源强度指标的估计提出具有针对性的具体可行政策建议，是利用能源强度研究能源效率的重点和难点。相关学者往往基于信息的可得性将能源强度分解为不同的结果，以实现实施与现实经济相吻合的经济政策的目的。能源强度越大，表示生产过程中能源消耗越多，能源效率越低，而能源强度越小表示能源效率越高。能源强度的变动通常被分解为效率变动、经济活动结构变动、生产水平变动和燃料来源变动等部分（Raúl 和 Jorge，2013）。通过将能源强度变动进行分解，能够找出影响能源强度变化的具体原因，从而提出有针对性的政策建议。Metcalf（2008）对美国1970—2001年的能源强度进行分解发现，由于生产效率的提高使美国能源强度下降程度达到75%，进一步通过面板分析发现，人均收入和能源价格的上升在降低能源强度方面具有重要影响。Huntington（2010）通过分析美国工业、商业和运输业等65个部门的能源强度，发现美国经济活动结构的变动促进美国能源强度下降了40%。Chunhua（2013）将美国能源强度的变动分解为技术追赶、技术进步、资本—能源比变化、劳动—能源比变化和产出结构变化5部分，结果表明技术进步、资本积累和产出结构的变化降低了1980—2010年的能源强度，而劳动—能源比的变化提高了能源强度。从上述研究可以看出，三位学者同是对美国的能源强度进行分解，但是由于分解目的不同，选用的分解方法不同，从而造成了不同的解释结果和结论。能源强度不同的分解方法选择依赖于分解的目的和数据的可得性，一些分解方法见Boyd 等（1988）、Ang 和 Lee（1994）、Boyd 和 Roop（2004）、Ang 等（2009）等学者的讨论。

中国学者基于中国的实际国情对能源强度的分解也做了相关研究，李力和王凤（2008）采用拉式分解和迪氏分解法对中国制造业能源强度进行分解，结果表明效率变化是中国能源强度下降的主要原因，而经济结构变化反而引起了 2000—2006 年能源强度的上升；佟金萍等（2009）基于 Laspeyres 指数将中国能源强度分解为经济结构变动和效率变动两部分，结果表明效率提高是中国 1980—2007 年能源强度下降的主要原因。马晓微等（2017）采用 SDA 分解法，将能源强度分解为结构效应和效率效应，认为中国产业结构对能源强度的影响在不同行业表现出了不同的影响效果。夏晨霞和王子龙（2018）通过构建 LMDI 分解模型，将能源强度分解为 8 个因素，认为中国能源强度表现为不同的阶段性特征，存在三次结构突变。除此之外，还有一些学者通过构建相关因素对能源强度影响的计量模型进行研究，徐建中和王曼曼（2018）构建能源强度的非线性门槛模型，认为技术改造和人力资本水平的提高降低了中国能源强度。王珂英和张鸿武（2016）通过构建城镇化、工业化对能源强度影响的非平衡面板数据模型，发现城镇化对能源强度存在着不确定影响，而工业化与能源强度之间存在着正相关关系。由于分解方法与计量模型构建的不同，中国学者对能源强度的研究结果存在较大的差异性。因此，对中国能源强度的研究尚有一定的发展空间，其研究方法有待进一步改进。

以上 3 个指标是研究能源效率中最常用到的指标。从其差异性方面来看，能源消费弹性系数和单位产品能耗的研究主要局限在简单的统计性描述分析方面，在一定程度上脱离了经济学规律，因此其对经济学解释具有随意性，加之单位产品能耗的测算以微观数据为基础，而微观数据在可得性方面受到很大限制，因此这两类指标在能源效率的研究发展中受到一定限制。而能源强度克服了上述两种方法的缺点，因而在能源效率研究中被广泛应用。但是 Filippini 和 Hunt（2013）仍然认为能源强度不是度量能源效率的适用性指标，因为能源强度的改变是由环境改变、技术改变、效率改变以及经济结构改变等因素引起的。二人使用随机前沿能源需求方法对美国 49 个地区 1995—2009 年的能源效率进行测算，通过混合效应模型、随机效应模型、固定效应模型等模型，实证对比分析发现能源强度并不是能源效率的最优估计。

从三类指标的共性方面来看，三类指标作为部分要素能源效率指标存在以下两处不足，具体表现为：一是单要素能源效率仅能测算包含能源单要素的能源效率，而在实际生产过程中，能源必须与其他要素相结合才能得到产出（闫明喆等，2018），因此这种部分要素能源效率无法准确测算出能源使用的整体效率。二是部分要素能源效率的前提假设是能源投入不变，当能源投入种类随时间发生变化时，其便不再具有适用性。因此上述方法遭到一些学者的批评。正是基于这样的考虑，Hu 和 Wang（2006）提出了全要素能源效率的概念，以克服传统测算方法的不足。

#### 1.2.1.2　全要素能源效率

能源作为一种要素投入，需要与其他生产要素相结合才能生产出产品。因此，纳入多种要素投入测算能源效率的衡量方法才能克服部分要素能源效率的不足。在 Hu 和 Wang（2006）首次提出全要素能源效率指标的基础上，全要素能源效率被定义为潜在能源投入与实际能源投入之比，潜在能源投入是企业不存在生产浪费情况下的能源投入。其公式如下：

$$TFEE_k = \frac{PE_k}{AE_k} \tag{1-4}$$

其中，$TFEE_k$ 为第 $k$ 个决策单位的全要素能源效率，$PE_k$ 为第 $k$ 个决策单位的潜在能源投入，$AE_k$ 为第 $k$ 个决策单位的实际能源投入。潜在能源投入剔除掉了能源消耗的无效率部分，是决策单位提高能源使用效率的目标。我们将上式进行以下变换：

$$TFEE_k = 1 - \frac{SE_k}{AE_k} \tag{1-5}$$

其中，$SE_k$ 为第 $k$ 个决策单位可以节省的能源，是决策单位的节能目标。当 $TFEE_k = 0$ 时，表明 $AE_k = SE_k$，说明企业存在完全浪费现象，毫无效率。当 $TFEE_k = 1$ 时，即 $SE_k = 0$，表明决策单位不需要节省能源，其目前的能源使用效率毫无浪费，达到了最大效率利用水平。因此，一般情况下，$TFEE_k$ 满足条件：$0 < TFEE_k < 1$。

全要素能源效率可以解决在给定要素投入的情况下，可以达到的最大产出问题，或者在给定产出水平的情况下，需要的最少要素投入问题。这主要是通过基于投入产出的距离函数（Distance Function）来实现，即通过测算实际样本距离生产前沿的远近来度量。对于前沿生产函数的估计，主要有参数估计方法和非参估计方法。参数估计方法需要设置生产函数的具体形式，且假定生产前沿确定，并对效率边界做出严格的假设，然后通过计量方法进行模拟。Cornwell 等（1990）认为这种参数估计方法可能会产生由于内生性问题导致估计结果的不一致或者由于不收敛而无解。前沿生产函数的非参数估计方法不需要设定生产函数的具体形式，通过一个非参数的线性包络面作为生产前沿。前沿生产函数的非参数估计中使用最多的方法就是数据包络分析（Data Envelopment Analysis），特别是在能源效率的估计中经常使用。数据包络分析方法最先由 Charnes 和 Cooper（1985）引进，可以同时处理横截面数据和时间序列数据，以观察其动态变化特征。Chang（2013）认为数据包络分析在能源效率的应用中具有无限的潜力。Zhang 等（2011）通过数据包络分析方法对全球 23 个发展中国家 1980—2005 年的全要素能源效率进行了研究。

Boyd 和 Pang（2000）认为能源效率的提高依赖于全要素生产率。为了克服部分要素能源效率的缺点，基于 Hu 和 Wang（2006）关于全要素能源效率的开创性研究，很多学者开始将对能源效率的研究转向全要素能源效率研究。相关学者通过数据包络分析方法对全要素能源效率进行了大量理论和实证研究，在基于投入—产出的数据包络分析进行效率测算方面，依据投入—产出分析模式的种类，全要素能源效率测算主要分为单投入—多产出、多投入—单产出和多投入—多产出

3 种模式。

（1）单投入—多产出模式

单投入—多产出模式考虑一种要素投入和多种产出结果，一般以能源消费作为唯一投入进行能源效率计算。Ramakrishnan（2006）将能源消费作为唯一投入，$CO_2$排放和国内生产总值作为产出，通过数据包络分析方法研究了世界 1980—2001 年的能源效率、经济增长和 $CO_2$排放之间的关系。但由于单投入—多产出模式具有单要素能源效率指标的缺点，且不能完整地模拟出实际的生产过程，所以该模式受到很多学者的批评。

（2）多投入—单产出模式

多投入—单产出模式假定投入多种要素，并产生唯一的产出，一般将劳动、资本和能源作为要素投入，而将国内生产总值作为唯一产出。目前，该模式是研究能源效率的主流模式。Zhang 等（2011）通过使用数据包络模型的视窗分析对 23 个发展中国家 1980—2005 年的全要素能源效率进行测算，并通过动态 Tobit 模型对这些国家的全要素能源效率和收入的关系进行研究。作者将劳动、资本和能源消费作为投入要素，将国内生产总值作为唯一的产出变量，实证结果表明，长期来看博茨瓦纳、墨西哥和巴拿马的全要素能源效率最高，而肯尼亚、菲律宾、斯里兰卡和叙利亚的全要素能源效率最低，中国的全要素能源效率上升最快，并认为中国全要素能源效率上升的主要原因在于实行的能源政策。Chin 等（2013）使用包含劳动、资本和能源消费 3 种投入和以国内生产总值作为唯一产出的 DEA 模型，对台湾地区服务部门的全要素能源效率进行测算，结果表明金融、保险和房地产行业的全要素能源效率最高，平均为 0. 994，加上环境因素的全要素能源效率为 0. 807。Honma 和 Hu（2011）基于多投入—单产出的 DEA 模型对 14 个发达国家的 11 个行业 1995—2005 年的全要素能源效率进行测算，将劳动、资本、中间产品投入和能源作为投入要素，将经济增加值作为唯一产出进行估计，结果表明金属行业是能源效率最低的行业，其全要素能源效率仅为40.6%。从以上研究可以看出，多投入—单产出模式一般主要以资本、劳动和能源消费作为投入变量，在产出变量的选择上，仅仅将国内生产总值作为唯一变量。另外，也有学者将工业产值作为产出变量，如Wang等（2012）对中国30个省份的工业部门2005—2009年的全要素能源效率进行估计，利用包含能源消费、劳动、资本3种投入和以工业总产值作为唯一产出的DEA模型进行测算，结果表明中国能源效率有很大的提升空间，特别是西部省份的能源投入过多。中国学者也对基于该模式的能源效率做了相关研究，师博和沈坤荣（2008）将劳动、资本、能源消费和生物质能（以农作物总播种面积表示）作为投入变量，将剔除价格影响的实际GDP作为唯一产出，对中国1995—2005年的省际全要素能源效率进行测算，结果表明东部地区的全要素能源效率最高，且变化较为平缓，而中东部的全要素能源效率具有不断提高的发展趋势。吴凡等（2016）在多投入—单产出的框架下，对中西部地区的全要素能源效率进行研究，认为区域间的技术差异是造成中西部省份全要素能源效率差距的重要因素。

基于多投入—单产出的数据包络分析是国内外学者研究能源效率的主流模式，但鉴于近些年来的能源危机和日益恶化的环境状况，该研究模式由于没有考虑生产过程中的非合意产出而受到一些学者的质疑，相关学者认为不能遗漏非合意产出对生产过程的制约，因此多投入—多产出的研究模式成为最为切合实际研究的选择。

（3）多投入—多产出模式

多投入—多产出模式同时考虑多种投入和多种产出，该模式是在多投入—单产出模式的基础上，将生产过程中产生的环境污染等非合意产出纳入产出体系，从而形成多投入—多产出模式。然而，实际生产活动中环境因素对生产活动的影响也是现实存在的，基于此，Chung等（1997）建立了环境规制行为模型，将环境因素纳入生产过程，比较合理地模拟了生产过程。由于该模式包含了实际的环境污染约束，符合实际的生产过程，将成为研究能源效率的趋势。Shi 等（2010）考虑包含固定资产、劳动和能源消费 3 种投入和工业增加值、工业废气排放 2 种产出的 DEA 模型，对中国 28 个省份 2000—2006 年的行业能源效率进行测算，结果表明东部地区具有最高的能源效率，中部地区次之。张伟和吴文元（2011）基于多投入—多产出的 DEA 模型，将废气排放作为非合意产出对中国长三角都市圈的全要素能源效率进行测算，结果表明，该地区对能源的过度耗用及废气的过度排放导致该地区能源效率增长率降低。郑恺钧等（2018）在多投入—多产出模式下，研究了中国工业全要素能源效率在不同区域的差异性，结果表明各区域工业全要素能源效率的主导因素存在着显著的差异性。

综合以上对能源效率测算的国内外相关研究现状发现，国内学者在对能源效率进行测量时，较多使用合意产出作为唯一的产出要素，如师博和沈坤荣（2008）、金培振等（2011）学者。对包含非合意产出的效率测算尚处于探索阶段。王喜平和姜晔（2012）运用方向距离函数和马氏指数模型，将二氧化碳作为非合意产出纳入模型对 36 个工业行业的全要素能源效率进行估算，结果表明，能源消费结构对能源效率产生了不利影响。但国内学者在考虑非合意产出时，往往使用单一的环境要素，并没有全面考虑经济增长导致的各种环境污染问题，以单一的非合意产出作为环境约束往往与实际不相符合，也就不能完整地模拟出整个生产过程。随着能源危机的加重以及环境的逐渐恶化，在研究能源效率时，加入能源约束和环境规制将成为能源经济学和能源政策理论的发展趋势，多投入—多产出模式也将成为研究的主流。除此之外，使用经济计量模型对全要素能源效率进行研究也是学者逐渐探索的方向，吴传清和杜宇（2018）通过构造超越对数函数的参数计量模型研究了长江经济带全要素能源效率。

### 1.2.2 能源效率影响因素的文献综述

对能源效率的影响研究一般都采用两步回归法，首先通过参数的或非参数的估计方法对能源效率进行测算，然后基于估计出的能源效率对能源效率的影响因素进行分析，这是研究影响能源效率因素的主流和传统模式。接下来我们对影响能源效率主要因素的研究进行梳理总结。

#### 1.2.2.1 技术进步和能源效率

相关研究已表明，技术进步能够对能源效率的提高起到积极的影响作用。Jacobsen（2000）认为技术进步是影响能源效率的外生变量，通过直接和间接的影响最终有利于能源效率的提高。Ian 和 Eckaus（2004）通过对美国 20 世纪后 40 年能源强度的研究，认为美国的技术进步是其能源强度降低的重要原因。Clarke 等（2006）和 Moore（2007）的研究也表明，技术进步对能源效率的提高产生了积极影响。Turner 和 Hanley（2010）通过建立 CGE 模型对苏格兰的技术进步对能源效率的影响进行了研究，认为技术进步对能源效率的提高和环境改善具有积极影响。冯泰文等（2008）采用层级回归方法研究了技术进步、能源结构和产业结构对能源强度的调节作用，结果表明能源结构的调整并没有显著降低中国的能源强度，只有产业结构优化和技术进步显著地降低了中国的能源强度。李廉水和周勇（2006）以 35 个工行行业为研究样本对其能源效率进行了研究，结果表明技术效率对工业行业能源效率的提高有显著影响，而科技进步的影响较弱，但是科技进步对能源效率的积极作用呈显著增加趋势。张志雯和王子龙（2018）的研究表明，技术进步对能源效率的影响存在着能源回弹效应。潘雄锋等（2017）认为，要发挥技术进步对能源效率的促进作用，就要充分考虑资源的优化配置作用。

#### 1.2.2.2 产业结构和能源效率

产业结构的变动将会对生产效率产生影响，而生产要素在不同部门之间的转移是推动产业结构转型升级的重要动力，因此，产业结构升级、生产率和要素转移之间的关系是经济学中的重点研究领域。“结构红利假说”是研究结构变动、生产率和要素转移之间关系的经典理论，该假说认为，社会各个生产部门的生产率水平或其增长率存在较大差异，当生产要素从较低的生产率部门向较高的生产率部门转移或者从较低生产率增长率部门向较高生产率增长率部门转移，会相应地提高整个社会的生产率水平，实现资源的有效利用。基于这一基本理论，相关学者对产业结构与能源效率的关系进行了研究。

不同的产业发展阶段的能源效率是不同的，不同类型的产业对能源的消耗量及消耗方式是不同的，由此导致其对能源效率的利用程度有很大的不同。相关学者普遍认为产业结构是影响能源效率的重要变量（Reitler 等，1987；Kambara，1992；Liu 等，1992；Ang 和 Lee，1994；Richard 等，1999；Shujie 等，2012；齐志新等，2007；周勇等，2006），其结论由理论分析和实证研究所支持。Satoshi 和 Jinli（2008）对日本的地区能源效率进行测算与分析，结果表明，在能源密集型工业较发达的地区，其能源效率较低。Zhao 等（2010）通过使用 LMDI 模型对中国 1998—2006 年的行业能源消费进行研究，结果显示导致中国该期间能源强度上升的主要原因在于高能耗产业的发展，有色金属加工行业，电力、煤气和热水行业，非金属矿物制品行业以及化工行业造成了中国能源消费增长的 65.31%。因此，传统行业的高能耗特征是制约能源效率提高的重要因素，要提高能源效率必须转变经济增长方式，加快产业结构转型升级。Shujie 等（2012）认为加快经济结构转型的步伐，减少对重工业的依赖，将更多的资源投向战略性新兴产业，是中国提高能源效率必须考虑的重要因素。Xiang 等（2013）通过全面的仿真模拟验证了中国通过能源和产业结构调整实现 $CO_2$ 排放和经济增长的目标，模拟结果表明，到 2020 年，如果中国的能源和产业结构能够得到合适的调整，其碳排放强度承诺将能够实现，甚至会超过目标的 50%，且能实现经济增长 10.27% 的目标。中国学者李廉水和周勇（2006）认为产业结构转型和技术进步是提高中国能源效率的两个重要因素，认为产业结构调整对能源效率的提高有积极影响。王兆华和丰超（2015）的研究也表明，产业结构是提高能源效率的重要因素，于斌斌（2017）、刘赢时等（2018）也得出了类似的研究结论。

因此，学者们对于产业结构影响能源效率的结论已经基本形成共识，产业结构的转型升级是提高能源效率的重要措施。中国目前正处于产业结构转型的关键和重要阶段，对产业结构转型和能源效率之间关系的研究仍然具有重大的现实意义。

#### 1.2.2.3 能源价格和能源效率

从市场机制的角度看，市场机制通过价格机制推动经济运行，实现资源的有效配置。能源价格上升将会推动企业生产成本的增加，在利润最大化和成本最小化的目标下，企业必然会提高其能源利用效率以降低生产成本，实现利润最大化的目标。因此，从这一角度来看，能源价格的上升将有助于提高企业的能源使用效率，从而推动整个社会能源效率的提高。Karen 等（2004）从微观的角度对能源价格和能源效率的关系进行研究，认为能源价格的提高会提升企业的生产成本，为了降低生产成本，企业往往致力于提高能源效率。Birol 和 Keppler（2000）也认为能源价格的提高能够促进能源效率的提高。Cornillie 和 Fankhauser（2004）对欧洲中东部和苏联一些地区的能源价格和能源效率之间的关系进行研究，同样得出了能源价格的提高是提高能源效率的重要因素的结论。中国学者在研究能源价格与能源效率的关系时，也普遍认为提高能源价格对能源效率的提高具有积极影响。杭雷鸣和屠梅曾（2006）以中国制造业为例，研究了能源价格和能源效率的关系，结果表明，提高能源价格是提高能源效率的有效手段。吴利学（2009）通过数值模拟方法对中国能源效率的波动原因进行研究，认为提高能源价格能显著地提高中国的能源效率。

然而，从另一个角度来讲，能源价格对能源效率的积极影响并不总是存在的，提高能源价格能否提高能源效率还要看企业是否愿意进行技术创新。Hall 和 Helmers（2011）认为，技术的外部性导致企业缺乏创新的动力。Hang 和 Tu（2007）通过对中国的能源价格与能源效率关系的研究，认为中国能源价格对能源效率的影响表现出了明显的阶段性特征，1995 年之前能源价格对能源效率的影响显著，之后其显著性影响逐渐消失，因此提高能源价格必须与其他政策相结合才能达到提高能源效率的目的。

中国学者对能源价格和能源效率的关系研究较少，且其研究范围仍局限在供求机制方面，缺乏技术外部性方面的考虑，因此有必要综合考虑各种理论，真实地反映能源价格和能源效率的关系。

### 1.2.3 环境约束文献综述

随着环境污染问题越发严重，对环境问题的研究越来越引起社会各界的普遍关注和重视，Hughes 等（2011）、Zhang 等（2014）认为环境约束一直并将持续地对人类社会的发展产生重要影响。在研究相关问题时，考虑环境约束已经成为学术研究的一个新发展方向，并且具有必要性和现实意义。Hughes 等（2012）认为在面对环境约束时，贫穷国家表现出较大的脆弱性，中等收入国家能够承受较大的环境约束，而发达国家在面对环境约束时弹性较大。对环境约束的考虑主要基于以下几个方向:①对考虑环境约束的效率研究。Hailu 和 Veeman（2001）将环境污染作为一种投入要素，研究了加拿大造纸行业的生产率。类似的研究有 Sabuj（2010）、Shi 等（2010）、张伟和吴文元（2011）等，相关综述已经在上文详述，此处不再赘述。②对考虑环境约束的经济增长研究。Guisández 等（2013）研究了环境约束对电厂的经济影响，认为环境约束降低了电厂的灵活性和收入水平。对这个方向的研究主要是研究经济增长与环境污染之间的关系，最经典的理论假设为环境库兹涅茨曲线假说，但是该假说并未得到所有学者的一致认可。目前，对于环境污染与经济增长之间的关系，尚没有形成统一的认识，一些学者认为减少对环境的污染可能会降低经济增长的速度。而另外一些学者（Grossman和Krueger，1991；Shafik和Bandypadhyay，1992；Panayotou，1993）认为环境恶化和经济增长之间呈现倒“U”形关系。李小胜、宋马林和安庆贤（2013）将工业三废作为环境污染的代理变量，研究中国环境污染与经济增长之间的关系，结果表明，只有工业废水排放与经济增长之间的倒“U”形关系成立。还有学者认为，研究发达国家和发展中国家经济增长和环境污染之间的关系应该采用不同的经济模型，如Borghesi（1999）、Halkos和Tsionas（2001）。

把环境约束作为经济增长过程中的重要考量因素融入问题研究中，已经得到越来越多学者的关注和认可。Sabuj（2010）认为在能源使用过程中将产生非合意产出，并对环境造成一定影响，忽视非合意产出的能源效率估计结果将会产生偏差。作者运用数据包络分析对印度水泥行业2000—2004年的能源使用效率进行测算，同时考虑劳动、资本、能源、原材料4种投入要素，并将水泥和副产品的出厂价格及$CO_2$排放作为产出要素进行估计，结果表明，如果仅仅考虑合意产出，能源效率的估计结果具有一定的偏差，而环境规制对能源效率的提高具有积极影响。但是对于如何将环境约束因素加入模型中，则有多种不同的方法。一些学者将非合意产出这种环境约束作为投入变量加入模型中，持这种观点的学者认为，这种非合意产出如废水、废气和固体废物等是生产过程中必不可少的，可以作为一种投入来处理；还有一些学者通过一定的技术处理手段将非合意产出转换为合意产出，如采取对非合意产出取倒数、加权等方法；另外一些学者通过数据包络分析方法，通过对非合意产出进行设定来开展研究，如通过对非合意产出取倒数的形式将非合意产出转换为合意产出。臧传琴和刘岩（2012）通过将非合意产出指数取倒数的方法，对山东省全要素生产率进行研究，认为改善能源消费结构和进行技术创新能够有效地提高其全要素能源效率。

越来越多的学者逐渐认识到在经济增长过程中融入环境约束的重要性，并做出了相关研究，但是由于研究范围、模型设定、计量方法以及数据处理手段等方面的差异性，得出的相关结论差异性较大。因此，在全球经济发展放缓和污染逐渐严重的大背景下，明确经济增长过程中环境约束影响的研究具有迫切性和必要性。

### 1.2.4 经济增长质量文献综述

传统上，对经济增长的研究更多地关注经济增长的数量方面，如一些经典的经济增长理论。而由于对经济增长质量的研究是一种规范分析，不同的价值判断标准将导致不同的政策结论，因此对经济增长质量的理论研究和认识尚没有形成统一的结论和体系。但是从现有的文献看，对经济增长质量的研究主要是从狭义和广义两个方面进行。

#### 1.2.4.1 狭义经济增长质量

狭义的经济增长质量是指生产过程中要素投入与产出之间的相对比例关系，具体是指经济增长的效率。钟学义（1996）认为生产率是研究经济增长质量的主要方法。李京文等（1998）认为中国经济的大规模扩张缺乏效率性，并造成了严重的污染问题，环境承受能力和能源成为中国经济规模继续扩张的阻碍，要实现中国经济的可持续发展，仅仅关注经济增长数量扩张是远远不够的，还必须提高经济增长的质量和效率，以较高的效率实现中国经济增长的长远发展。沈利生和王恒（2006）将增加值率作为经济增长质量的代理变量，通过计算，发现中国增加值率处于下降趋势，从而得出中国经济增长质量也在下降的结论。何强（2014）通过研究资源环境、收入结构以及经济结构约束下的经济增长效率来间接地研究中国经济增长质量，发现东、中、西部经济增长质量依次下降，且其提升模式存在较大差异。Dinopoulos 和 Unel（2011）从微观角度对全球经济增长的质量异质性进行了研究，发现生产高质量产品的公司往往进行更多的出口，生产中端质量产品的公司将目光定位于国内市场，而生产低质量产品的无效率公司往往会退出市场。

因此，生产率水平能够反映狭义经济增长质量状况，而对狭义经济增长质量主要通过全要素生产率进行研究。新经济增长理论认为技术进步是经济持续增长和社会发展的唯一源泉和动力。衡量技术进步的一个重要指标是全要素生产率（TFP），全要素生产率是指“生产活动在一定时间内的效率”，是衡量单位总投入与总产出的生产率指标，即总产出与全部要素投入量之比。全要素生产率的来源包括技术进步、组织创新、专业化和生产过程创新等方面。全要素生产率常常被视为科技进步的指标，是对经济社会中生产效率的衡量，反映了一个国家的经济增长质量。对全要素生产率的分析可以追溯到索洛（1957）提出的经济增长模型。该模型认为，全要素生产率是产出增长率扣除要素增长率后的余值，也即索洛余值法或索洛残差法。基于索洛开创性的工作，学术界对全要素生产率进行了大量的理论与实证研究（Abizadeh 和 Pandey，2009；Dunbar 和 Easton，2013；Malgorzata，2014；张纯洪和刘海英，2012）。基于索洛残差法的思想，全要素生产率经常作为生产函数的残差被估计，其中柯布—道格拉斯生产函数是研究全要素生产率的经典函数形式；Christensen 等（1973）使用超越对数生产函数对 TFP 进行估计，这两种生产函数是生产率分析的基础。然而，使用 OLS 等传统方法对 TFP 进行估计时，由于生产率和要素投入存在相关关系，估计方程将出现内生性问题。为了解决这种内生性问题，固定效应模型、工具变量估计以及 GMM 估计等方法被广泛应用（Konishi 和 Nishiyama，2013）。除了参数估计等计量方法，半参数估计方法也得以开发和发展（Olley 和 Pakes，1992；Levinsohn 和 Petrin，2003），而 Biesebroeck（2007）提出了估计生产率的非参数估计方法，这些方法已经在全要素生产率的研究中被广泛应用。

基于参数估计方法、半参数估计方法和非参数估计方法，中国学者采用不同的计量方法对中国全要素生产率进行了研究（高宇明和齐中英，2008；袁堂军，2009；陶长琪和齐亚伟，2010）。中国学者对于TFP 的进一步研究主要体现在 TFP 的直接测算和间接的增长率测算两个方面。对中国 TFP 增长率进行间接的增长率测算（郭庆旺和贾俊雪，2005；石磊和刘霞，2006；徐现祥和舒元，2009）是研究中国全要素生产率的主要方法；虽然有学者对全要素生产率进行直接测算与研究（叶裕民，2002；王丽萍，2012），但主要是从柯布—道格拉斯生产函数本身的变量进行直接测算，缺少对外生经济变量及其变化趋势的研究。

#### 1.2.4.2　广义经济增长质量

从更广泛的意义上来讲，经济增长质量是对整个经济发展状况的综合反映，包括了社会经济生活的各个方面，是对经济发展状况的一种规范的价值判断。衡量经济增长质量的维度较多，不同学者对其维度的选择也不同。由于维度变量的选择不同，学者们对多个维度进行综合的指数合成方法也有差异。因此，目前对广义经济增长质量主要从经济增长质量维度的选择和经济增长质量指数合成方法两个方面来研究。

（1）经济增长质量维度选择

衡量经济增长质量的维度选择基于供给和需求两个方面，不同的侧重角度有不同的选择。Barro（2002）认为健康生育、收入状况、政治机构、环境状况等因素是反映经济表现的主要经济变量，是构造经济增长质量的基本维度。刘海英和张纯洪（2006）从投入产出效率、环境、资源等维度出发，构建了 14 个指标对中国经济增长质量进行研究，认为中国经济增长的数量扩张和其质量的提高不具有同步性。汤向俊和任保平（2009）从福利分配的角度研究了中国经济增长质量，结果表明改善福利在各个阶层之间的不平等性分配有利于中国经济增长质量的提高。何强（2014）将经济增长质量定义为不同要素禀赋和各种约束条件下的经济增长效率，各种约束条件包括资源与环境约束、收入结构和经济结构约束。魏婕和任保平（2012）从经济增长结构、经济增长效率、经济增长的稳定性、经济增长的福利变化与成果分配、经济增长的生态环境代价以及国民经济素质 6 个方面研究了中国经济增长质量，结果表明经济增长数量与经济增长质量有着显著的不一致性。Sacks 等（2010）从福利和人均收入的角度研究了经济增长质量，结果表明，对一个国家来说，更富裕的人群对其生活的满意度要高于相对贫穷的人群；对不同的国家来说，具有更高人均 GDP 国家的生活满意度更高；从不同的经济发展阶段看，随着国家经济增长速度的加快，其居民生活满意度也在不断上升，表明收入水平在衡量居民福利中具有重要作用，也是衡量经济增长质量的重要因素。

从对经济增长质量维度选择的研究来看，不同学者基于不同的研究目的而选择不同的维度，从而得出有针对性的研究结果，但这往往不能综合全面地反映中国真实的经济增长质量。特别是在中国现阶段经济转型升级的关键时期，各种不确定性因素不断增加，有必要从新的视角以更加全面的信息研究中国经济增长质量，这对提高中国经济增长质量具有重要的指导性。

（2）经济增长质量合成方法

现有研究对经济增长质量的合成方法主要包括简单求和、加权平均求和、主成分分析、因子分析、熵值法以及模糊分析等方法，不同学者基于不同的理论和思想以及数据特征等选取了不同的研究方法。李岳平（2001）在对中国 1978—1999 年的经济增长质量进行研究时，构建了 6 个维度的指标体系，基于因子分析方法进行综合指数合成。单薇（2003）运用熵的评价理论对中国 1995—2000 年的经济增长质量进行了研究。赵英才等（2006）通过相对指数方法和加权平均求和的方法对中国经济增长质量进行合成。王君磊和王兆凯（2007）在对中国经济增长质量建立综合评价指标的基础上，通过建立多层次模糊评价模型对中国经济增长质量进行了实证分析。

综上所述，对中国广义经济增长质量的维度选择尚存在一定的差异性，且对其方法的选择不同也造成了经济增长质量合成指数存在一定的偏差。因此，在中国单一经济增长速度目标导致了诸多社会问题和经济问题的情况下，对经济增长质量的进一步研究有其必要性和现实性。

### 1.2.5 能源效率、环境约束与经济增长质量文献综述

在全球传统能源逐渐枯竭、环境污染逐渐严重的大背景下，要保证人类的可持续发展以及子孙后代安全的生活环境，研究能源效率、经济增长与环境约束的关系显得尤为重要。

有关经济增长和环境之间的经典理论是环境库兹涅茨假说，该理论认为一个国家的发展必然会经历环境由好变坏，再逐渐改善的过程，即随着一个国家经济的不断发展，其环境会逐渐恶化，当经济发展到一定程度，其环境质量达到最低状态，然后随着经济发展水平的进一步提高，其环境状况会逐渐得到改善。经济的繁荣最终将伴随着环境质量的好转，这主要在于以下 3 个原因：经济结构的改变、对环境质量的需求和技术进步。

然而针对经济增长与环境污染之间非线性关系的研究并未一致验证环境库兹涅茨曲线假说的成立，相关研究综述将在第 2 章“环境约束与环境库兹涅茨曲线假说”一节进行详述。

对能源效率与经济增长之间的研究，主要是研究能源消耗和经济增长之间不同的因果方向导致不同的能源与经济政策，Apergis 和 Payne（2013）认为，经济增长对能源消费的单向因果关系或者无因果关系意味着能源政策变化对经济增长的作用并不显著；相反，能源消费对经济增长的单向因果关系或者双向因果关系则意味着减少能源消费可能会降低经济增长。尽管学者对能源消费与经济增长之间的因果关系进行了大量研究，但是经验研究结果得出了不同甚至是截然相反的结论。Mehrara（2007）对 11 个国家的人均 GDP 和人均能源消费进行面板协整检验，结果表明存在着经济增长对能源消费的单向因果关系，并不存在能

源消费对经济增长的单向因果关系。Pao 等（2014）通过对墨西哥、印度尼西亚、韩国和土耳其不同能源消费和经济增长的关系进行研究，发现从短期来看石油燃料消费对经济增长存在着单向的因果关系，但是从长期来看存在着双向的因果关系；从长期来看可再生能源对经济增长存在着单向的因果关系，但是从短期来看存在着双向的因果关系，这充分表明了这几个国家为能源依赖型国家，对能源消耗的限制可能会降低其经济增长。

中国学者林伯强（2003）通过协整分析和误差修正模型技术对中国的电力消费和经济增长之间的关系进行研究，结果表明存在着电力消费对经济增长的单向的格兰杰因果关系。吴巧生等（2008）运用面板协整和误差修正模型对中国的能源消费和经济增长关系进行了不同范围的研究，结果表明，从全国来看，中国能源消费和经济增长存在着长期双向因果关系，但是在短期内并不存在因果关系；从地区范围来看，东、中、西部地区表现出了较大的差距，东部地区在长期内存在着从能源消费到经济增长的单向因果关系，而短期并不存在因果关系；中部地区在长期内存在着经济增长对能源消费的单向因果关系，而短期则表现出了显著的双向因果关系；西部地区在长期存在着经济增长对能源消费的单向因果关系，而在短期并不存在因果关系。对能源消费和经济增长关系的多样性结论是由多重原因引起的，Ozturk（2010）认为，造成这种实证结论多样性的原因主要在于国家特征、选择的样本期间、估计方法以及能源消费类型等的不同。

进行技术创新以提高能源效率经常被看作减轻经济活动对环境造成的负担的重要手段，很多国家都将提高能源效率作为环境政策中减少温室气体排放的重点。Anderson 和 Cavendish（2001）通过构建关于经济增长、技术进步和环境的动态仿真模拟分析框架，认为技术对于环境改善有积极的影响。然而，由于“回弹效应”的存在，技术进步及能源效率的提高对全社会能源总量的消耗和温室气体的排放的影响具有不确定性（Birol 和 Keppler，2000；Saunders，2000b）。Lantz 和 Feng（2006）研究了加拿大1970—2000年的收入、人口和技术进步对$CO_2$排放的影响，结果表明人均GDP与$CO_2$排放无关，且技术进步和$CO_2$排放存在着“U”形关系。以上关于能源效率和环境之间关系的研究，是以能源效率的提高为出发点，研究其对环境产生的影响。同样，有些学者以环境管制为出发点，研究其对效率产生的影响，Porter 和 Linde（1995）提出了“波特假说”，该假说认为，对环境进行管制可以刺激企业进行技术创新，提高产品质量，并会提高产业的生产效率，提高经济增长质量。Lanjouw 和 Mody（1996）对德、美、日三国的环境治理支出与环境专利的关系进行了研究，结果表明环境治理支出与环境专利之间存在正相关关系。然而，在波特假说出现之前，学者们大多认为环境管制会增加企业的成本和费用，不利于企业生产率的提高，如 Walley 和 Whitehead（1994）。

综上所述，国外学者关于能源效率、经济增长和环境之间关系的研究取得了较为丰富的研究成果，而中国学者在这方面的研究尚需要进一步加强。尤其是在中国经济增长放缓、污染日益严重的情况下，加大对能源效率、经济增长和环境之间的研究具有重要的理论价值和实践意义。

## 1.3 研究思路与主要内容

### 1.3.1 研究思路

为了研究能源及环境约束对中国经济增长质量的影响，本书以纵向递进的逻辑思路对相关问题进行研究。在总结相关理论研究和实证研究的基础上，第一，对中国经济增长的动力特征进行探讨，以对中国陷入“中等收入陷阱”的风险性进行评估，对中国经济增长质量做出初步研判。第二，考察中国经济增长的动力机制，即产业结构升级对跨越“中等收入陷阱”的有效性，进而发现中国经济增长存在的问题。第三，对中国经济高速增长阶段的能源结构、环境状态特征进行统计学描述分析，以对中国能源结构和环境状况的变化特征及趋势有一个总体直观的把握，然后对中国节能减排进行基本测算，从能源效率与环境污染的角度对中国经济增长质量进行深度考察。第四，通过构建面板平滑门限回归模型进一步研究环境污染与经济增长之间的非线性关系，进而从两者之间的关联性出发，研究环境约束对中国经济增长质量的影响。第五，为了更加直接地研究中国经济增长质量，本研究分别从狭义和广义两个方面对中国经济增长质量进行测算与评估。狭义研究表现在微观方面，我们构建了包含劳动、资本、能源投入的三要素经济计量模型，通过数理推导，将全要素生产率分解为供给冲击、需求冲击和其他冲击，并基于面板向量自回归模型研究三类冲击对全要素生产率的动态作用路径。广义研究表现在宏观层面，通过构建包含能源及环境约束、要素使用效率、经济结构、经济增长与稳定性、福利与资源分配五个维度指标的评价体系，合成中国经济增长质量的综合指数。第六，基于以上研究成果，通过构建时变参数向量自回归模型，研究能源及环境指数、经济增长速度与经济增长质量之间的动态作用路径，为提高中国经济增长速度和提升经济增长质量提供可行性和务实的政策建议。

### 1.3.2 主要内容

全文共为 9 章，主要包括以下几方面的内容：

第 1 章为绪论，在阐述了本书研究背景的基础上，从全要素能源效率理论及测算方法、中国的环境库兹涅茨曲线、资源有效配置等方面进行了意义阐述，并分别对能源与环境约束和经济增长质量的相关文献进行了梳理总结。

第 2 章对能源效率、环境约束与经济增长质量的理论体系研究进行归纳。由于经济增长质量理论随着经济增长理论的发展而不断更新变化，我们沿经济增长理论的发展脉络来探索经济增长质量的途径，依次介绍回弹效应理论、环境库兹涅茨曲线假说和波特理论等关于能源、环境与经济增长质量的相关理论，并加以评析。

第 3 章对中国经济增长的动力特征进行研究，首先通过建立经济计量模型研究不同收入阶段中国经济可持续增长的动力特征，探讨各类动力机制对中国经济增长作用的特点，进而对中国陷入“中等收入陷阱”的风险进行分析，以探讨“中等收入陷阱”的合理规避路径。从经济增长视角，对中国经济增长质量有一个初步的了解。

第 4 章重点研究中国产业结构升级对跨越“中等收入陷阱”的有效性，产业结构升级是经济增长质量的重要内容，能够反映经济的效率性，产业结构升级对跨越“中等收入陷阱”的有效性能够从侧面反映中国经济增长质量。本章内容主要从三个层面研究产业结构升级对跨越“中等收入陷阱”的有效性：一是产业结构升级与居民收入水平的倒“U”形关系；二是控制变量不同取值水平下，产业结构升级对居民收入水平影响的非线性关系发生变化；三是产业结构升级对跨越“中等收入陷阱”存在着显著的区域差异。

第 5 章对中国经济高速增长阶段的能源消耗、环境质量特征进行分析。首先通过能源产出结构和能源消费结构的对比分析中国能源缺口和能源安全问题，并通过考虑非合意产出的 DEA 方法对中国全要素能源效率进行了估计。其次，通过建立以全国为样本和分别以东、中、西部地区省份为样本的超效率松弛模型，研究两种情景下的节能减排规模，并探讨影响中国节能减排的主要因素是否发生变化和回弹效应的阶段性特征。

第 6 章通过建立面板平滑门限回归模型（PSTR），研究环境污染与经济增长之间的非线性关系，以检验中国的环境库兹涅茨曲线特征。在此基础上，进一步分析中国经济增长与注重环境问题是否并重，或研究两者的优先度，以及如果对环境问题进行改善其需要程度，即说明中国经济增长过程中是否需要考虑环境约束。

第 7 章构建包含能源要素的柯布—道格拉斯生产函数，在包含劳动、资本、能源三要素框架下，对中国经济增长质量进行效率评估。通过构建基于供给与需求冲击的计量模型和数理推导，对中国的全要素生产率（*TFP*）进行供给、需求和其他冲击的估计。然后通过构造 *TFP*、供给、需求和其他冲击的空间向量自回归模型（PVAR）研究三类冲击对 *TFP* 动态作用路径。

第 8 章通过构造各类维度的指标体系，对中国经济增长质量进行综合评价。其中，包含能源及环境约束、要素使用效率、经济结构、经济增长和稳定性、福利与资源分配状况等维度，每个维度又细分为若干子指标体系，通过相关计量方法对已构造的指标体系进行合成与模拟，综合评价了中国经济增长的总体质量。

第 9 章基于时变参数向量自回归模型（TVP - VAR）对能源效率及环境约束指数、经济增长速度与经济增长质量的动态效应进行研究，并分析了脉冲响应函数；基于动态分析结果，对中国能源及环境约束、经济增长速度与经济增长质量均衡发展及趋势进行了评价和预测。

## 1.4　研究方法与主要创新

### 1.4.1　研究方法

本研究基于经济社会完整的生产过程，在充分考虑了能源、环境约束因素的条件下，分析中国经济增长质量，并对能源及环境约束和经济增长质量之间的关系进行研究。本研究采用理论与实践相结合、定性分析与定量分析相结合、规范分析与实证分析相结合的研究方法，并辅以大量的数据、图形、表格进行客观真实的深度与广度分析，兼顾科学性，以使本研究的内容更加客观、准确、清晰，研究采用的具体方法如下：

##### 1.4.1.1 数理分析方法

实证分析的基础是建立准确科学的数学模型并进行数理分析。为了从全要素生产率的角度研究中国狭义的经济增长质量，我们在柯布—道格拉斯函数的基础上，扩展了变量维度，建立了包含能源约束的生产函数，在构建包含劳动、资本、能源三要素的经济计量模型的基础上，运用数理分析方法，将中国的全要素生产率分解为供给冲击、需求冲击和其他冲击，使构建的计量模型更加客观、真实。

##### 1.4.1.2 实证分析方法

（1）应用包含非合意产出的数据包络分析方法，通过构建基于松弛的超效率（SSBM）模型测算中国全要素能源效率，检验中国能源效率的利用情况，并对节能减排做出基本测算。

（2）通过构建面板平滑门限回归模型（PSTR），对中国经济增长与其影响因素之间的非线性特征、经济增长与环境污染之间的非线性特征进行检验，并对中国环境库兹涅茨曲线进行存在性检验。

（3）根据本研究构造的数理模型，测算中国的全要素生产率，以检验中国狭义的经济增长质量，并通过构造面板向量自回归模型（PVAR），检验需求冲击、供给冲击和其他冲击对中国全要素生产率的作用路径。

（4）通过构造不同维度的指标，运用因子分析方法对中国经济增长质量综合指数进行合成与评估。

（5）通过时变参数向量自回归模型（TVP－VAR）实证检验能源及环境约束、经济增长速度与经济增长质量的动态效应。

### 1.4.2 主要创新

本研究的主要创新如下：

（1）在充分考虑能源投入和非合意产出对生产过程的外在约束条件下，对中国节能减排进行测算时，我们基于各个省份之间的差异化水平，区分了理论上的最优节能减排规模和实际可操作的最优节能减排规模两种情景的不同点，找出了最优节能减排在理论与实际上的差别，并通过回弹效应特征的检验，准确地阐述了中国节能减排主要影响因素的变化。

（2）通过构造包含劳动、资本与能源要素的计量模型，对中国全要素生产率进行估计，并通过数理推导的方法，首次将全要素生产率分解为需求冲击、供给冲击和其他冲击，深入分析了外部冲击因素对 *TFP* 的影响，从效率评估的角度，保证了本研究在狭义的微观层面上研究中国经济增长质量的真实客观性。另外，基于本研究构建的经济计量模型对供需冲击和其他冲击的估计结果，运用空间向量自回归模型，研究需求冲击、供给冲击和其他冲击对全要素生产率的动态作用路径，从最本质的冲击因素出发研究其对 *TFP* 变动的影响路径。

（3）基于对能源及环境约束指数和经济增长质量指数的实证估计结果，利用时变参数向量自回归模型，对能源及环境约束、经济增长速度和经济增长质量的动态效应进行了深入研究，实证检验了三者之间的动态作用路径，对相关政策效果做出合理的预期具有实证指导意义。

# 第 2 章　能源效率、环境约束与经济增长质量的理论分析框架

对基础和经典理论的掌握和了解是本研究分析问题的出发点。国内外相关学者已经对能源效率、环境约束和经济增长质量的相关理论做出了深入探讨，并辅以大量的实证。为了更好地对后续相关章节的内容进行研究，我们对与本书研究内容相关的理论和观点进行回顾、总结和评析。

## 2.1　能源效率与回弹效应理论

一般认为，能源效率的提高有利于能源节约，这与我们的主观意识相符合。然而 Jevons 在 1865 年较早地研究了能源效率和能源消费之间的关系，认为提高能源效率的目的在于减少能源消费，但研究发现，随着能源效率的提高，能源消费反而增加了。因此早期学者将他的论断称为“杰文斯悖论”（Jevons Paradox），后期学者称之为“回弹效应”（Rebound Effects）。回弹效应的微观理论基础是经典的生产与消费理论，而新古典经济增长理论则是回弹效应的宏观理论基础。“回弹效应”作为能源经济学的一个重要理论，其含义为“技术进步提高能源效率而节约了能源，但同时技术进步促进经济的快速增长又对能源产生新的需求，部分地抵消了所节约的能源”。该理论分别从微观和宏观的视角阐述了技术进步对能源效率的影响，从微观角度来讲，科技进步促使个体生产企业或家庭提高能源使用效率，并减少能源的使用，而全部

生产企业或家庭的加总将导致整个社会的能源消费减少，因此技术进步能够通过提高能源使用效率而降低社会能耗；从宏观的角度来讲，根据新经济增长理论，技术进步和能源效率提高将会促进经济增长，而经济增长将会产生更多的能源需求。回弹效应理论学派认为回弹效应存在的主要原因包括以下几个方面：①价格效应。能源效率的提高往往会导致能源价格的降低，价格的下降将会导致能源消费的增加。②收入效应。收入效应是和价格效应相对应的一个概念，能源价格的下降意味着实际收入的增加，从而也会增加能源消费。③技术效应。能源效率的提高往往伴随着整个社会技术的进步，技术进步将会推动整个社会经济的快速发展，从而进一步增加对能源消费的需求。

由于以上三种效应的存在，学界对能源效率和能源消费关系研究的观点各不相同。Birol 和 Keppler（2000）及 Saunders（2000b）等学者认为，能源效率和能源消费的关系具有不确定性，这主要是由于引起回弹效应的原因具有不确定性。而 Saunders 和 Tsao（2012）认为全球能源的使用存在 100% 的反弹效应。尽管相关学者普遍认为存在回弹效应，但是由于分别从价格效应、收入效应和技术效应等视角研究能源效率与能源消耗之间的回弹效应，所得的结论各不相同。Steve 等（2009）从价格效应的角度出发，认为能源效率的提高使能源服务的价格下降，从而刺激能源消费的增加，这种直接的能源回弹效应抵消了能源节约规模，通过对 OECD 国家的能源回弹效应进行实证分析，认为能源直接回弹效应低于 30%。Hanley 等（2009）利用可计算一般均衡模型研究了苏格兰的能源效率提高对环境质量改善和可持续增长的作用路径，研究结果表明，生产部门能源效率的提高最终会表现出回弹效应，随着能源效率的提高，整个社会的能源消耗量增加，GDP 与 $CO_2$ 排放之比下降。他们认为能源效率的提高将会导致能源价格下降，产生替代效应、竞争力和收入效应，并终将刺激整个社会的能源需求。Karen 和 Nick（2011）认为能源效率的提高将对整体经济产生供给冲击，其能源价格将下降，从而增加高能耗产业对整个社会的产出水平，导致整个社会能源的消耗增加。Cameron（2011）从收入效应的角度出发，认为低收入群体的直接回弹效应更大，而高收入家庭群体的间接回弹效应更大。Wang 等（2014）从技术进步效应的角度出发，认为由技术进步产生的回弹效应，将会使能源效率提高减少能源消耗的作用减弱，并运用中国 1996—2010 年 30 个省份的省际面板数据，对中国城市住宅用电量的回弹效应进行实证分析，结果表明中国城镇居民生活用电量存在着明显的回弹效应，具体来说，长期回弹效应是 0.74，而短期回弹效应是 0.72。中国学者薛澜等（2011）认为回弹效应广泛存在，相关政策制定者在基于能源效率制定节能减排措施时往往忽略回弹效应的存在。查冬兰和周德群（2010）通过应用可计算一般均衡模型研究了中国能源效率的回弹效应，结果表明中国能源效率的回弹效应显著存在。由于中国学者对能源效率和能源消耗之间的回弹效应研究尚处于探索阶段，研究结果具有不确定性，相关政策制定者在制定节能减排措施时也往往忽略回弹效应的存在，制定的能源政策也缺乏有关回弹效应研究的实证支持。

尽管相关学者对能源效率与能源消耗之间关系的经验研究表明回弹效应存在，但是由于其采用的研究方法、样本选择、研究时期不同，造成了研究结果的差异化，这给相关部门在制定节能减排政策时带来了困扰，因此，准确、客观地研究中国能源效率与经济增长关系具有一定的实践意义。

## 2.2　环境约束与环境库兹涅茨曲线假说

当今，环境问题已经成为决策者在进行各种决策时面临的无法回避的问题，尤其是对欠发达经济体来说环境问题更为重要。能源生产和消费带来的污染问题将越来越引起社会各界的关注。一些学者认为减少对环境的污染可能会降低经济增长的速度。而另外一些学者（Grossman 和 Krueger，1991；Shafik 和 Bandypadhyay，1992；Panayotou，1993）指出了环境恶化和经济增长之间的倒“U”形关系的存在；Panayotou（1993）基于库兹涅茨的收入分配假说理论，提出了环境库兹涅茨曲线（EKC）。环境库兹涅茨曲线假说认为，当一个经济体的经济发展水平较低、人均收入较低时，其环境污染程度也相应地比较低，但随着经济增长速度的加快和人均收入的不断提高，其环境恶化情况将日益凸显，直到经济发展水平达到了某一个高度，其环境污染状况就会达到最严重的程度，而随着经济发展水平的进一步提高，其环境污染的状况会逐渐得到改善。环境库兹涅茨曲线反映了经济增长（收入水平）和环境状况的这种倒“U”形关系。Berkerman（1992）认为：“有明确的证据表明，尽管经济增长的早期阶段通常会导致环境恶化，但最后往往是最好的，并且对大多数国家来说获得一个良好环境的唯一方法可能就是变成富裕国家。”

从理论层面分析，在经济发展过程中是否存在环境破坏的倒“U”形路径的争论涉及如下方面：①随着一个国家的发展，预期经济结构变化。②不断变化的技术和投入组合。③提高环境意识并愿意在更高的收入水平上支付更清洁的环境费用。④在更高的收入水平下，发展强大的机构，提高执行环境法律的能力。

在此基础上，环境质量和更高人均收入的倒“U”形路径可以分成3部分:①规模效应。②组合效应。③技术效应（Grossman和Krueger，1991；Stern，2004；Akpan和Chuku，2011）。一些学者认为，在给定要素投入比例和产出率以及技术的前提下，由于产量增加是追求规模效应的结果，所以环境问题会严重。然而，由于经济的结构变化（即输出组合变动）导致经济增长模式以农业为主向更多的资源密集型制造业工业为主转变，所以环境污染随经济的增长而增加。在经济发展的后期，随着经济结构走向单位排放量较低的服务和轻工业，环境质量有望改善，出现组合效应。而技术效应的作用体现在提高生产力和改善清洁技术方面对环境质量的提高，技术效应的一个变体是输入混合效应，只是简单地用一种污染产生量少的投入替代污染产生量大的投入，如用天然气替代煤炭。

依据环境库兹涅茨曲线的推测，伴随人均 GDP 的增加，环境污染将会先增加，达到最大峰值，随着收入水平进一步增加，污染则会出现下降的趋势。这是一种“自我成长”，而无须担心环境问题（Akpan 和 Chuku，2011）。换言之，如果 EKC 假说成立，那么，促进经济增长的政策很少或根本不用顾及对环境的影响后果。Akpan 和 Abang（2014）利用 1970—2008 年 47 个国家组成的面板数据，寻找环境质量与经济增长之间的联系，从而试图回答由 EKC 假说暗示的经济增长是否可以作为一个弥补环境破坏的长远解决方案，结果表明，能够精确描述经济增长、环境质量之间关系的曲线应该更靠近“N”形曲线。因此我们认为，在经济发展过程中，被动等待经济长期增长中环境破坏低点的自动到来将会进一步造成环境问题，不是解决环境质量的可行方案。

为了对环境库兹涅茨曲线的推测加以验证，很多学者进行了实证研究。Grossman 和 Krueger（1995）首先通过回归模型对多个国家的数据进行研究，发现环境污染物与经济增长（收入水平）的关系呈倒“U”形曲线。基于 Grossman 等开创性的工作，很多学者对经济增长、收入水平和环境污染的关系进行了研究，Johansson 和 Kriström（2007）通过构造并估计一般均衡模型对环境库兹涅茨曲线的一些基本特征做出了一些解释，认为该曲线的倒“U”形特征可以从替代效应和收入效应的角度理解，而技术进步则是该曲线发展的推动因素。Karen 和 Nick（2011）通过 CEG 模型对技术进步、能源效率提高与 $CO_2$ 排放的关系进行研究，通过对苏格兰和英国进行分析，发现当能源需求的一般均衡价格弹性小于 1 时，经济将会运行在环境库兹涅茨曲线的下行段，$CO_2$ 的排放随着经济的增长而下降。然而，对于一些国家和地区，环境库兹涅茨曲线假说并不总是成立的，高静和黄繁华（2011）认为环境库兹涅茨曲线在很多发达国家得到验证，而在发展中国家并不明显存在，并通过对中国地区环境库兹涅茨曲线进行检验，发现只有东部地区存在倒“U”形的环境库兹涅茨曲线。

正是一些国家和地区经济增长和环境污染的关系出现了不同的特征，并不总是存在倒“U”形特征，导致一些学者对环境库兹涅茨曲线假说提出质疑，Vollebergh 等（2009）认为经济增长和环境污染的倒“U”形关系已经到了穷途末路，主要原因在于已有的研究结果使环境库兹涅茨曲线呈千变万化形态，即使运用相同的数据集，采用参数估计和非参估计方法所得的结果也会存在很大的不同。尽管如此，环境库兹涅茨曲线假说仍然是我们研究经济增长和环境之间关系的重要理论基础和依据。

## 2.3 环境管制与波特假说

20 世纪中期以来，工业发展取得了巨大突破，在带动世界经济发展和人类生活水平提高的同时，也使人类发展陷入“经济—环境”的怪圈（王国印，2006）。由此产生了一系列针对环境改善的概念，如环境创新、生态创新等。其中波特假说是研究环境管制和效率关系以改善环境的著名观点，波特（1991）认识到进行环保的重要性，提出了进行环境管制能够激发企业创新并提高效率、强化企业竞争力的观点，此观点被称为波特假说。该假说认为应该实施适当而严格的环境管制，因为对环境进行适当的管制可以促使企业进行技术创新，提高效率，企业由于其技术改进和进步而获得的收益将会超过其进行技术创新的成本，从而获得利润，并增加其竞争力。波特假说认为环境管制可以提高企业生产效率，进而改善环境状况，主要有以下几点假设：

（1）环境管制能够让企业意识到资源利用缺乏效率，使其有动力进行技术改进和发展创新。

（2）环境管制具有生态创新的经济效应，并改变企业的竞争环境和降低投资的不确定性。

（3）环境管制能够逐渐提高企业的环保意识，并自觉地保护环境。

然而对波特假说是否成立尚没有形成统一的认知，相关学者的研究结果主要包括以下 3 种情况。①波特假说成立。Berman 和 Bui（2001）通过对美国石油冶炼行业的环境规制和生产效率进行研究，发现实行环境规制企业的全要素生产率有很大的提高，而没有实行环境规制企业的全要素生产率有下降趋势。②波特假说不成立。Dension（1981）和 Gray（1987）对美国的相关行业进行研究，结果都表明，环境管制降低了生产效率。③针对不同情况，波特假说成立与否具有不确定性。Lanoie 等（2001）以加拿大 17 个地区为样本，研究了环境规制和生产效率的关系，结果发现短期内环境规制不利于生产效率的提高，但是从长期来看波特假说成立。王国印和王动（2011）通过 1999—2007 年省际面板数据对中国东部和中部的波特假说进行检验，发现波特假说只在中国较发达的东部地区成立，而在西部地区却不能成立。范丹和王维国（2013）基于数据包络分析技术对中国东、中、西及东北地区的波特假说进行检验，分别从技术进步效应和环境技术效率两个视角进行研究，不同的研究视角下各地区波特假说存在与否存在很大的差异。

波特假说是研究环境规制对生产效率影响关系的重要理论假说，由于研究方法、样本选择以及数据处理方式的不同，针对波特假说的经验研究尚未得出一致的研究结论。波特假说是环境政策与经济领域政策制定者通过环境规制提高生产效率从而实现经济增长的重要理论基础，在中国环境状况逐渐恶化的情况下，波特假说为我们研究环境问题提供了较好的理论和研究视角。

## 2.4　经济增长质量理论评述

经济增长数量一直是经济增长理论的重要和主要内容，而对经济增长质量的独立研究则较为鲜见，经济增长质量研究从属于经济增长研究，经济增长质量经常被看作经济增长过程的一部分（刘海英，

2005）。因此有关经济增长质量理论的研究往往随着经济增长理论的研究不断发展和深入，对此，我们综合经济学理论发展的不同派别分别进行梳理和评价。

### 2.4.1 马克思经济增长理论与经济增长质量

马克思第一次将经济增长的静态和短期分析扩展为动态和长期的分析，首次建立了经济增长理论模型。美国经济学家多马在其《经济增长理论》一书中认为，“增长模型……至少可以追溯到马克思。在各经济学派中，我认为马克思主义者最接近于发展一种经济增长的重要理论。”马克思的社会资本再生产理论的创立过程就是经济增长理论的创立过程，他将社会总产品分为实物形式和价值形式，社会总产品在实物形式和价值形式上的转换补偿是通过生产过程来完成的，而马克思将生产过程区分为简单再生产过程和扩大再生产过程。简单再生产理论认为社会生产过程不存在资本积累的过程，资本家将获得的全部利润用于消费，简单再生产通常被认为是规模不变的生产；而扩大再生产过程更加符合资本主义社会的现实情况，资本积累的发生将会导致社会生产规模的扩大。

吴易风（2007）及其他相关学者认为，马克思创立的社会资本再生产理论就是其经济增长理论。社会资本的简单再生产过程表明经济增长为0，社会物质财富并未增加；社会资本的扩大再生产表明经济出现增长态势，增加了社会物质财富。基于社会资本的再生产和价值流通的经济增长理论框架，马克思在《资本论》中从劳动与资本投入、科技创新、技术进步以及制度等视角研究了影响经济增长的因素，认为资本积累和技术进步在促进经济规模扩大的同时，也产生了资本主义经济内部无法调和的矛盾，即资本家对利润的无止境追求促使其不断进行资本积累和提高生产效率，而资本主义的生产关系导致其利润水平随着资本积累和生产效率的提高而不断下降，这种矛盾表明资本主义的生产关系制约了其生产力的发展，而这违背社会经济发展规律，因此必须进行社会和制度方面的变革。

马克思的经济增长理论一方面从政治经济学的角度论证了资本主义制度的不合理，另一方面表明，仅仅追求生产规模的不断扩大，即仅仅追求经济的增长速度和规模是无法实现可持续增长的，必须考虑和调整由于经济规模的不断扩大和经济增长所导致的内部矛盾，对于资本主义社会来说，在追求经济增长的同时必须进行社会制度和经济结构的变革，才能实现可持续增长，实现了可持续增长才能真正实现经济增长质量和经济规模的提高。

通过马克思的资本主义社会再生产和价值流通理论，我们可以探索经济增长质量理论。经济增长在最初表现为为社会创造更多的物质财富，然而在经济不断增长和社会生产规模不断扩大的过程中，必然会产生一些矛盾。对资本主义社会来说，其产生的主要问题在于其生产关系制约着其生产力发展，如果不进行制度改革将会影响其经济的可持续增长，从而导致资本主义的灭亡。对社会主义国家来说，经济增长为我们创造了巨大的物质财富，然而在经济发展的过程中也逐渐出现了生产力落后、环境污染加重、居民福利水平较低等问题，而这些问题均表明经济增长质量不高，要想实现中国经济的可持续发展，要充分考虑社会生活的各个层面，提高经济增长质量。

### 2.4.2　古典经济增长理论与经济增长质量

古典经济增长理论的典型代表是亚当·斯密、李嘉图、马尔萨斯等古典经济学家，他们先后于 1776—1870 年为了发展和维护资本主义对经济增长提出了各自的观点，并逐步创立出古典经济增长理论的整体框架和基调。尽管亚当·斯密等古典经济学家对经济增长所持的观点有所不同，但是他们都有着改善人类生存条件的追求。

亚当·斯密在其《国富论》一书中主要研究了一个国家财富增长的原因和性质，即为什么一些国家财富较少而另一些国家财富丰盈。亚当·斯密把经济增长和增进国民财富作为《国富论》研究的主题，并按照从微观基础理论到宏观经济理论的发展脉络进行研究。首先以微观经济基础理论中的价格、工资、地租、利润、分工以及分配等理论为基础研究了资本的形成和积累过程，然后对欧洲经济增长的发展历程做出深入研究，并分析了政府在经济增长中的作用。

分工理论是亚当·斯密研究国家财富增长的原因和性质的重要工具。亚当·斯密对针扣生产厂生产过程的精辟描述，生动地阐述了分工的专业生产对创造财富的重要作用，分工对创造国民财富的重要作用主要体现在以下方面:①对劳动者的生产过程进行分工，不同生产环节的工人由于长时间进行一种重复劳动，能提高各个生产环节工人的技术操作能力，从而缩短生产一个产品整体的劳动时间。②生产过程中从一个生产环节向另一个生产环节的转换会出现效率损失，而分工则能够避免生产工人在不分工模式下造成的这种效率损失，从而提高生产率。③对生产过程中大机器的发明，能够使一个人做多个人的工作，从而提高生产效率。

如果说分工理论是研究提高劳动生产效率从而提高经济增长的重要工具，那么资本积累理论就是研究分工理论得以成立从而使经济增长得以持续的重要条件。亚当·斯密对资本的定义是提供生产过程中所需各类投资的资金，他认为资本家将资本用于购买劳动力和其他投资必需品以投入生产过程，从而使得分工生产成为可能，分工生产的出现促进了国家经济增长，提高了国民财富。资本家将所获得的利润用于资本积累的数量越多，其进行扩大再生产的规模就会越大，从而经济增长得以持续。

作为亚当·斯密相关理论的继承者，李嘉图也将社会财富的增长看作经济增长，而且进一步提出了一些新观点。他认为社会财富的增加即经济增长可以通过两种途径来实现：一是增加生产性劳动数量，二是提高劳动的生产效率。第一条途径是进行更多的投入来生产更多的产品，而第二条途径要求改变各要素之间的组合方式提高生产效率，以实现投入产出最大化。综合这两种实现经济增长的途径，可以看出劳动、资本、土地等要素以及技术进步是维持经济增长的前提条件。

李嘉图时期属于产业革命充分发展时期，各类要素的分配问题日益突出，特别是地租和利润之间的矛盾问题。分配问题的不合理阻碍了经济的快速发展，合理地解决分配问题将会对经济的快速发展起到有效的推动作用，与亚当·斯密不同，李嘉图身处大机器生产时代，更加注重技术进步对经济增长的作用。

马尔萨斯从人口学原理的角度研究了经济增长问题。马尔萨斯将人口增长定义为内生性的，他认为在经济社会发展的最初状态，人口数量增长与经济增长的速度是不同的。人口不断增加和人们赖以生存的物质条件是土地上的产出，而土地产出是边际收益递减的，土地上的产出越来越少，而人口增长越来越多，从而人均产出将会越来越少，这意味着在边际收益递减规律的作用下，当人口达到一定数量，产出增加量越来越少，不能满足逐渐增加的人口数量的需求，从而居民生活水平和生活质量逐渐下降，将会导致出生率下降、死亡率上升的恶果，人口和经济增长的动态作用关系将会持续下降，直到达到人口出生率和经济增长率均为 0 的均衡状态。

无论是亚当·斯密、李嘉图，还是马尔萨斯的相关理论，我们发现古典经济增长理论均认为经济增长取决于劳动投入和资本积累投入，均为要素依赖型的经济增长模式。经济增长的根本目的在于提升国民收入，最终改善人类生存状态。据此我们认为，如果一个国家或地区的经济增长不能实现居民收入水平和生活水平的提高，那么经济增长的意义将会大大降低，其经济增长就没有高质量；如果一个国家或地区的经济增长实现了居民生活水平的大幅度提高和生存状态的大幅度改善，则是高质量的经济增长。另外，作为要素依赖型的经济增长理论也包括要素使用效率的高低对经济增长质量的重要影响。

### 2.4.3 新古典经济增长理论与经济增长质量

美国经济学家索洛发展的索洛模型是经济增长模型的基础出发点，该模型的提出带动了新古典经济增长理论的发展。索洛模型是新古典经济增长理论的典型代表，其余新古典经济增长理论模型均在该模型的基础上发展而来。本研究主要对索洛模型的主要观点进行归纳总结，并探索与经济增长质量相关的内在机理。

索洛模型主要基于柯布—道格拉斯生产函数建立经济增长模型，通过相关公式推导，该模型主要得出以下相关结论：

（1）经济将最终达到一种稳态水平，在该稳态水平下各变量的增长率为常数。

（2）技术进步是外生的，且技术进步是经济增长的唯一源泉。

（3）通过调节储蓄率可以实现最优人均消费和最优资本存量。

（4）储蓄率对经济增长的影响是暂时性的。

索洛第一次提出了技术进步对经济增长具有决定性作用的观点，并与劳动生产率、资本投资等因素结合起来研究，从其研究的相关结论中可以得出影响经济增长的因素主要是技术进步，而储蓄率的变动将会影响人均消费水平和资本存量，通过调节储蓄率将会实现人均消费和资本存量的最优化。根据索洛的观点我们认为，在通过改进技术实现经济增长的同时，并不是实现了其他方面的最优化，如人均消费和资本存量可能处于非最优化状态，只有在提高经济增长的同时通过相关政策措施调整储蓄率水平即投资消费结构，才能实现最优人均消费和资本存量，在实现经济增长目标的同时，其经济增长质量也会有所提高。

### 2.4.4 新经济增长理论与经济增长质量

阿罗提出的“干中学”概念对之后新经济增长理论的发展起到了重要的推动作用。阿罗的“干中学”模型有以下几个重要假定：①在资本积累的过程中，人们会自然地获得知识经验，这是资本积累过程的副产品。随着资本积累的不断增加，投资厂商获得的知识经验会越来越多，并最终靠这些知识经验提高生产效率和技术水平，生产过程将会是一种规模报酬递增状态。②知识经验具有外部性，其他厂商可以通过观察的形式，获得投资厂商获取的知识经验。③生产能力不会随着资本积累的进一步增加而下降。

“干中学”模型将知识经验作为外部变量引入模型，并对生产有递增的规模效应，同时劳动和资本是可以相互替代的。当资本积累到足够大，知识经验也足够丰富时，可以不需要劳动力便能完成生产过程。很明显，此结论与实际情况不符，尽管如此，其从资本积累和“边干边学”的角度寻求经济增长原因对之后学者的继续研究有重要的启示作用。

类似于“干中学”对知识经验的假定，罗默认为产业的发展会产生正的外部性经济，一个产业的繁荣会带动其他产业的繁荣，而一个产业的衰退也会影响到其他产业。基于这样的假设，罗默将传统的仅包含劳动、资本变量的新古典生产函数加入其他厂商的平均投入变量，当其他厂商的平均资本投入规模增加时，将会提高其自身的生产能力。卢卡斯从人力资本的角度探讨其对经济增长的重要作用，认为只有专业化人力资本的积累才是实现经济长期增长的动力。

从经济增长理论中可以发现，人力、资本是生产过程中的重要投入，是全部经济增长理论研究的重要内容，同时，在具体生产实践过程中实现各个要素之间的有效组合可以提高生产效率，并最终推动经济的持续性增长。另外，产业结构、福利分配等问题也是影响经济增长的重要因素，如罗默有关产业的外部性理论和马克思的分配理论。总之，经济增长理论涉及经济社会发展的方方面面，关系到国家发展和民生问题的合理解决，决定着经济增长质量。

## 2.5 本章小结

从本研究的理论基础来看，回弹效应理论、环境库兹涅茨曲线假说、波特假说以及经济增长理论为我们研究能源、环境与经济增长质量问题提供了较好的理论基础平台和研究视角。回弹效应理论从能源效率的角度研究了能源效率的提高对能源消耗的影响，从而为我们从能源节约的视角研究中国经济增长质量提供了相关的理论基础。环境库兹涅茨曲线假说是研究经济增长与环境状况的经典理论假设，是研究经济增长过程中能源约束的重要理论参考，尽管相关学者对环境库兹涅茨曲线假说持不同的态度，但该假说仍是我们研究经济增长与环境约束的重要理论基础。而波特假说主要从环境管制的政策分析角度研究环境管制对生产效率的影响，从而对企业生产成本和利润产生影响。波特假说作为一种微观经济理论，是我们进行环境政策选择时的重要依据。

基于以上关于能源效率、环境约束、环境管制等方面的理论假说，我们能够完整地研究经济增长质量问题，随着现实经济的不断发展，面对日益复杂的经济状况，综合相对独立的能源效率、环境约束、环境管制及生产效率等相关内容研究经济增长质量问题，有其充分的可行性和科学性。

经济增长质量理论伴随着其他经济理论特别是经济增长理论的发展而发展，经济增长理论的发展是经济增长质量理论发展的重要载体，本研究后续对经济增长质量问题的研究也是基于经济增长理论而展开的。

# 第3章　中国经济增长的动力特征与“中等收入陷阱”的风险性分析

中等收入阶段是国民收入处于中等水平的阶段，是经济发展过程中的一个必然历史阶段（钱运春，2012），伴随着中等收入阶段而来的一个重要现象是“中等收入陷阱”（Middle – Income Trap）。“中等收入陷阱”最初由世界银行在其研究报告中提出，认为一个国家经过高速发展进入中等收入阶段以后，经济增长自身存在的矛盾和各种外部冲击将会集中爆发，导致经济增长长期陷入停滞甚至倒退的现象（Gill 和 Kharas，2007）。

按照世界银行2015年的标准，人均国民收入在4126～12735美元区间时，为中等偏上收入阶段。2010年中国人均国民收入达到4404美元，进入中等偏上收入国家。与此同时，中国面临着经济增长放缓的压力，能否顺利步入高收入国家行列是中国今后经济发展不容忽视的问题，并关系着中国经济增长质量的提高。因此，深入挖掘不同收入阶段中国经济增长的动力特征，并对中国陷入“中等收入陷阱”的风险性进行分析，从侧面初步了解中国经济增长质量，进而探寻“中等收入陷阱”的合理规避路径，是本章的重要研究内容。

## 3.1　“中等收入陷阱”的研究视角

目前，多数对“中等收入陷阱”问题的研究方法停留在现象归纳和定性分析上，其研究视角主要体现在以下几个方面。

（1）“中等收入陷阱”命题的探讨。基于世界银行开创性的工作，国内外学者（Jankowska et al.，2012；王一鸣，2011；吴敬琏，2012）对“中等收入陷阱”命题的存在性与规律性进行了广泛探讨，主要存在以下两种观点：第一，“中等收入陷阱”是经济发展过程中的一般规律性表现，是经济发展过程中不可避免的。胡鞍钢（2010）认为，在经济转型时期，如果转型失败，将会陷入“中等收入陷阱”。林志帆（2014）在增长收敛模型的框架下，基于跨国面板数据的检验证明了“中等收入陷阱”命题的成立。第二，“中等收入陷阱”只是个例，并不广泛存在。相关学者认为并不是所有国家都会面临“中等收入陷阱”，拉丁美洲在经历了20世纪六七十年代的快速发展后产生的经济停滞现象只是经济增长过程中的一个插曲，并不具有广泛适用性（徐康宁和陈丰龙，2013）。

（2）“中等收入陷阱”的形成机制。相关学者认为，高收入国家依靠技术进步而取得较快发展，低收入国家依靠较低的劳动力成本取得较大进步，而中等收入国家则面临两方面的劣势——劳动力成本的上升与科技研发水平的不足，这将导致其面临较长时期的经济停滞状态（Eeckhout and Jovanovic，2012）。马来西亚作为陷入“中等收入陷阱”国家的典型代表，其技术落后导致的全要素生产率低下是造成马来西亚不能顺利步入高等收入国家行列的重要原因（Reda 和 Fuad，2015）。另一些学者从收入分配的视角进行研究，认为收入分配的不合理将会导致较多的社会、经济、政治等问题，进而对经济的可持续增长产生消极影响（Vandenberg 和 Zhuang，2011）。产业结构也是影响经济发展和收入水平提高的重要因素，刘伟（2011）对中国的“中等收入陷阱”问题进行了研究，认为产业结构的不合理是造成中国“中等收入陷阱”可能的重要原因。除此之外，Felipe 等（2012）认为城市化建设是一个国家经济发展的重要举措。但另一些学者则认为过度城市化会对经济增长产生负面影响（Jankowska et al.，2012；田雪原，2006）。

（3）“中等收入陷阱”的规避路径。与“中等收入陷阱”形成机制的研究类似，国内外学者对“中等收入陷阱”规避路径的研究也主要采用定性分析的研究方法。只有少数的欧洲国家以及新加坡、中国台湾等国家和地区顺利步入高收入国家行列，主要原因在于其技术的不断创新以及全要素生产率的不断提高（Reda and Fuad，2015），同时，部分资本主义国家的经济先发优势也是其顺利步入高收入国家行列的重要原因。而对于发展中国家而言，经济发展起步较晚，技术水平较为落后，只有进行不断的技术创新与进步才是实现经济持续增长和收入不断提高的根本途径。张德荣（2013）研究了中国各个阶段经济的增长动力，认为技术进步是中国未来经济持续增长的动力。另外，进行产业结构的转型升级也是规避“中等收入陷阱”的重要举措。Ohno（2009）通过对发展中国家的“中等收入陷阱”问题进行研究，认为发展中国家跨越“中等收入陷阱”的关键举措在于产业结构的转型升级。全毅（2012）也得出了相似的结论，认为产业结构的转型升级和城乡的平衡发展是中国规避“中等收入陷阱”的重要措施。除了以上因素，收入分配的合理化与公平化也是规避“中等收入陷阱”的重要措施，拉美国家陷入经济增长停滞的重要原因在于其收入分配的不公，只有改善收入分配的不合理状况，才能实现经济的可持续增长和高收入水平的目标（郑秉文，2011）。

除了以上研究视角，相关学者还从经济制度（李韬葵，2014）、国际贸易（Satoru，2014）等方面进行研究，尽管相关学者对“中等收入陷阱”问题进行了越来越深入的研究，但其研究方法仍停留在比较分析、现象描述等定性分析阶段，缺少实证研究（Linda and Helmut，2016）。本书在中国经济增长放缓压力增大和逐步步入中等收入阶段的双重历史条件下，通过建立经济计量模型研究不同收入阶段中国经济可持续增长的动力特征，并对中国陷入“中等收入陷阱”的风险进行分析，进而探讨规避“中等收入陷阱”的合理路径，实现经济增长质量提高和国民收入高水平的发展目标。

本章的写作安排如下：第二部分主要介绍面板平滑门限回归模型；第三部分进行具体模型的设定；第四部分进行实证检验，通过面板平滑门限回归模型（PSTR）研究不同收入阶段中国经济增长的动力特征，并对中国陷入“中等收入陷阱”的风险性进行分析，从侧面初步了解中国经济增长质量；第五部分针对实证研究结论，提出规避“中等收入陷阱”的合理路径，为中国成功规避“中等收入陷阱”，顺利步入高等收入国家行列以及提高经济增长质量提供实证支持；第六部分是本章的结论。

## 3.2 面板平滑门限回归模型

### 3.2.1 模型设定

Hansen（1999）提出的面板门限回归模型（PTR）一直是学者研究面板数据非线性问题的重要工具，为了较好地捕捉面板数据相关变量之间的非线性特征，该模型通过设定不同的门限值而将研究的样本数据分为不同的区制，不同区制的研究样本将会得到不同的估计系数，从而得到整个样本数据之间的非线性特征。但是，该模型中不同区制之间回归系数的变化是不平滑的，为了克服 PTR 模型中回归系数在不同区制下的不平滑转移问题，González 等（2005）将 PTR 模型发展为面板平滑门限回归模型（PSTR），随着转换函数数值的变化，使不同区制下的回归系数平滑转移。PSTR 模型是一种解释变量为外生性的固定效应模型，为不失一般性，我们将模型形式表示如下：

$$\begin{cases} Y_{it} = \alpha_i + \beta_0 C_{it} + \beta_1 B_{1,it} + \beta_2 B_{2,it} + \cdots + \beta_n B_{n,it} + \sum_{k=1}^{K} (\beta_0^k C_{it} + \\ \quad \beta_1^k B_{1,it} + \beta_2^k B_{2,it} + \cdots + \beta_n^k B_{n,it}) \Gamma^k (C_{it}; \gamma^k; \bar{C}_h^k) + \varepsilon_{it} \\ \Gamma^k (C_{it}; \gamma^k, \bar{C}_h^k) = [1 + \exp(-\gamma^k \prod_{h=1}^{H_k} (C_{it} - \bar{C}_h^k))]^{-1} \end{cases} \tag{3-1}$$

其中，$i = 1,2,\cdots,n$ 表示研究样本个体数目，$t$ 表示时期。为了更加直观，本书将方程中的所有变量均以标量形式表示，其中，$Y_{it}$ 为个体 $i$ 在 $t$ 时期的被解释变量值，$C_{it}$ 为个体 $i$ 的门限变量，$\bar{C}$ 为待估计的位置参数，$B_{n,it}$ 为个体 $i$ 在 $t$ 时期除门限变量之外的其他第 $n$ 个解释变量。

$\Gamma^k(k = 1 \sim K)$ 为转换函数，参照大多数文献的做法，本研究将其设置为 Logistic 形式，其值处于 0 和 1 之间，$k$ 表示转换函数的个数。$\gamma$ 为平滑参数，决定了非线性函数的平滑程度，其值越小表明转换函数之间的转换越平滑，其值越大转换函数之间的转换速度越快。

对 PSTR 模型进行进一步研究，我们发现，门限变量对因变量的影响系数为：

$$\beta_0 + \beta_0^1\Gamma^1(C_{it};) + \beta_0^2\Gamma^2(C_{it};) + \cdots + \beta_0^K\Gamma^K(C_{it};) \qquad (3-2)$$

其他第 $n$ 个解释变量对因变量的影响系数为：

$$\beta_n + \beta_n^1\Gamma^1(C_{it};) + \beta_n^2\Gamma^2(C_{it};) + \cdots + \beta_n^K\Gamma^K(C_{it};) \qquad (3-3)$$

由于 Logistic 形式的转换函数值处于 0 与 1 之间，所以，门限变量对因变量影响系数的最大取值情况为：当 $\beta_0^k$ 为正值时，$\Gamma^k(C_{it};)$ 取其上限值为 1，当 $\beta_0^k$ 为负值时，$\Gamma^k(C_{it};)$ 取其下限值为 0，此时式（3－2）的取值为门限变量对因变量影响系数的上限值。门限变量对因变量影响系数的最小取值情况为：当 $\beta_0^k$ 为正值时，$\Gamma^k(C_{it};)$ 取其下限值为 0，当 $\beta_0^k$ 为负值时，$\Gamma^k(C_{it};)$ 取其上限值为 1，此时式（3－2）的取值为门限变量对因变量影响系数的下限值。同理，其他解释变量对因变量的影响系数具有相同的规律。对解释变量对因变量影响系数的研究有助于我们研究两者之间的作用程度。

### 3.2.2　估计方法

为了对 PSTR 模型的估计方法和估计过程进行介绍，我们分别对包含两个区制和两个以上区制的 PSTR 模型进行分析。

两“区制”的 PSTR 模型如下：

$$y_{it} = \mu_i + \beta'_0 x_{it} + \beta'_1 x_{it} g(q_{it};\gamma,c) + \mu_{it} \quad (3-4)$$

其中，$i=1,\cdots,N;t=1,\cdots,T$。$N$ 和 $T$ 分别为研究样本个体数和时间跨度；$x_{it}$为包含 $k$ 个解释变量的向量集合，$y_{it}$为包含 $k$ 个被解释变量的向量集合；$\mu_i$ 代表个体的个体效应影响，$\mu_{it}$为随机扰动项；$g$（$q_{it}$；$\gamma$，$c$）为转换函数，转换函数的具体形式为：

$$g(q_{it};\gamma,c) = (1 + \exp(-\gamma\prod_{j=1}^{m}(q_{it} - c_j)))^{-1}$$

$$\gamma > 0, c_1 \leqslant c_2 \leqslant \cdots \leqslant c_m \quad (3-5)$$

其中，$c=(c_1,\cdots,c_m)^1$ 为 $m$ 维的位置参数向量，$\gamma$ 为平滑参数。一般情况下，$m$ 取值 1 或 2 足以涵盖变量的变化特点。

当 $m=1$ 且 $\gamma\to\infty$ 时，随着 $q_{it}$变大，回归系数从 $\beta_0$ 单调变换为 $\beta_0+\beta_1$ 时，转换函数成为指示函数，即当［$q_{it}>c_1$］时，$g=1$，否则 $g=0$，此时即为“区制”的 PTR 模型（Hansen，1999）。当 $m=2$ 时，转换函数在 $q_{it}$取值（$c_1+c_2$）/2 时的值最小，在 $q_{it}$最大或者最小情况下其值均为 1。$\gamma\to 0$ 时，无论 $m$ 取何值，转换函数趋于常数，此时模型为普通的线性面板模型。

更加一般的 PSTR 模型可以概括为：

$$y_{it} = \mu_i + \beta'_0 x_{it} + \sum_{j=1}^{\gamma}\beta'_j x_{it} g_j\ (q_{it}^{(j)};\ \gamma_j,\ c_j)\ + \mu_{it} \quad (3-6)$$

对于所有的$j=1,\cdots,r$，$\gamma_j\to\infty$ 时，模型（3－6）变为一个具有$r+1$ 个“区制”的 PTR 模型。

3.2.2.1　同质性检验

本研究基于 Luukkonen 等（1988）的方法进行同质性检验，将原假设定为 $H_0$：$\gamma=0$。为了解决识别问题，将 $g$（$q_{it}$；$\gamma$，$c$）在 $\gamma=0$ 处进行一阶泰勒展开，再进行参数化处理得到以下方程：

$$y_{it} = \mu_i + \beta'^{*}_0 x_{it} + \beta'^{*}_1 x_{it} q_{it} + \cdots + \beta'^{*}_m x_{it} q_{it}^m + \mu_{it}^{*} \quad (3-7)$$

其中，$\beta_1^*$，…，$\beta_m^*$ 为 $\gamma$ 和常量的乘积，即 $\mu_{it}^*\mu_{it} + R_m\beta_1^1 x_{it}$。以此，对原假设的检验就转换为对假设 $H_0^*$：$\beta_1^* = \cdots = \beta_m^* = 0$ 的检验，且 $\mu_{it}^* = \mu_{it}$

对于原假设是成立的。接下来，我们构建 LM 统计量，首先将方程(3－7)写为矩阵形式：

$$y = D_{\mu}\mu + X\beta + W\beta^{*} + \mu^{*} \tag{3－8}$$

其中，$y = (y'_1, \cdots, y'_N)'$，$y_i = (y_{i1}, \cdots, y_{iT})'$，$i = 1, \cdots, N$，$D_{\mu} = (I_N \otimes \tau_T)$，$I_N$ 为 $N$ 维单位矩阵，$\tau_T$ 为 $T \times 1$ 维元素的单位向量，$\otimes$为克罗内克积，$\mu = (\mu_1, \cdots, \mu_N)$。

$X = (X'_1, \cdots, X'_N)'$，$X_i = (X'_{i1}, \cdots, X'_{iT})'$，$W = (W'_1, \cdots, W'_N)'$，$W_i = (W'_{i1}, \cdots, W'_{iT})'$，$w_{it} = (x'_{it}q_{it}, \cdots, x'_{it}q_{it}^{m})'$，$\beta = \beta_0^{*}$，$\beta^{*} = (\beta_1^{*'}, \cdots, \beta_m^{*'})'$。$\mu^{*} = (\mu'^{*}_1, \cdots, \mu'^{*}_N)'$为$TN \times 1$ 维向量，$\mu_i^{*} = (\mu_{i1}^{*}, \cdots, \mu_{iT}^{*})'$。

LM 统计量表示如下：

$$LM_x = \hat{\mu}^{0\prime}\tilde{W}\hat{\sum}^{-1}\tilde{W}^{1}\hat{\mu}^{0} \tag{3－9}$$

其中，$\hat{\mu}^{0} = (\hat{\mu}^{0\prime}_1, \cdots, \hat{\mu}^{0}_N)'$为在原假设条件下的残差向量。

$\tilde{W} = M_{\mu}W$，$M_{\mu} = I_{NT} - D_{\mu}(D_{\mu}^{1}D_{\mu})^{-1}D_{\mu}^{1}$，$M_{\mu}$ 为残差制造矩阵，$\hat{\Sigma}$为相应协方差矩阵的一致估计量。并且假定误差项是同方差、不同时点和个体之间是同分布情况下，$\hat{\Sigma}$为：

$$\hat{\sum}^{ST} = \hat{\sigma}^{2}(\tilde{W}'\tilde{W} - \tilde{W}'\tilde{X}(\tilde{X}'\tilde{X})^{-1}\tilde{X}'\tilde{W}) \tag{3－10}$$

其中，$\hat{X} = M_{\mu}X$，$\hat{\sigma}^{2}$ 为误差方差的估计量，当误差项存在同方差或自相关问题时，$\hat{\Sigma}$为：

$$\hat{\sum}^{HAC} = [-\tilde{W}'\tilde{X}(\tilde{X}'\tilde{X})^{-1} : I_l]\hat{\Delta}[-\tilde{W}'\tilde{X}(\tilde{X}'\tilde{X})^{-1} : I_l] \tag{3－11}$$

其中，$I_l$ 为 $l$ 维的单位矩阵，$l = dim(W) - dim(X) = k(m-1)$，$\hat{\Delta} = \sum_{i=1}^{N}\tilde{Z}_i'\hat{\mu}_i^{0}\hat{\mu}_i^{0\prime}\tilde{Z}_i$，$\tilde{Z}_i = M_{\mu}Z_i$，$Z_i = [X_iW_i]$，$i = 1, \cdots, N$。$LM_x$ 渐进服从 $x^2(mk)$，近似地，$LM_F = LM_x/mk$ 服从 $F(mk, TN - N - m(k+1))$分布。

#### 3.2.2.2 参数估计

我们使用非线性最小二乘法（NLS）估计模型参数 $\theta = (\beta_0, \beta_1, \gamma, c')$。将模型（3-4）重新写为：

$$y_{it} = \mu_i + \beta' x_{it}(\gamma, c) + \mu_{it} \tag{3-12}$$

其中，$x_{it}(\gamma, c) = (x'_{it}, x'_{it} g(q_{it}; \gamma, c))'$，$\beta = (\beta'_0, \beta'_1)$。首先估计个体效应 $\mu_i$，减去个体均值之后，式（3-12）变为：

$$\tilde{y}_{it} = \beta' \tilde{x}_{it}(\gamma, c) + \tilde{\mu}_{it} \tag{3-13}$$

其中，$\tilde{y}_{it} = y_{it} - \bar{y}_i$，$\tilde{x}_{it}(\gamma, c) = (x'_{it} - \bar{x}'_i, x'_{it} g(q_{it}; \gamma, c) - \bar{w}'_i(\gamma, c))'$，$\bar{y}_i$，$\bar{x}_i$，$\bar{w}_i$ 和 $\bar{\mu}_i$ 为个体均值，$\bar{w}_i(\gamma, c) \equiv T^{-1} \sum_{t=1}^{T} x_{it} g(q_{it}; \gamma, c)$。由于转换向量 $\tilde{x}_{it}(\gamma, c)$ 在 NLS 的每次迭代中需要重新计算 $\tilde{x}_{it}(\gamma, c)$，以最小化式（3-13）中的残差平方和为参数估计的出发点：

$$Q^c(\gamma, c) = \sum_{i=1}^{N} \sum_{t=1}^{T} (\tilde{y}_{it} - \hat{\beta}(\gamma, c') \tilde{x}_{it}(\gamma, c))^2 \tag{3-14}$$

其中，$\hat{\beta}(\gamma, c')$ 为式（3-13）中每次迭代的最小二乘估计结果。本研究借鉴 González（2005）的思路，使用模拟退火法（Simulated Annealing）对初始值进行选择。

#### 3.2.2.3 模型评价

（1）参数恒定假设的检验

为了对模型（3-4）中参数的时变性进行检验，我们假设模型（3-4）为时变参数面板平滑门限回归模型（TV_ PSTR）：

$$\begin{aligned} y_{it} = \mu_i &+ (\beta'_{10} x_{it} + \beta'_{11} x_{it} g(q_{it}; \gamma_1, c_1)) + \\ &f(t; \gamma_2, c_2)(\beta'_{20} x_{it} + \beta'_{21} x_{it} g(q_{it}; \gamma_1, c_1)) + \mu_{it} \end{aligned} \tag{3-15}$$

其中，$g(q_{it}; \gamma_1, c_1)$ 为转换函数，$f(t; \gamma_2, c_2)$ 为新的转换函数。我们将式（3-15）改写为：

$$y_{it} = \mu_i + (\beta_{10} + \beta_{20} f(t;\gamma_2,c_2))' x_{it} + (\beta_{11} + \beta_{21} f(t;\gamma_2,c_2))' x_{it} g(q_{it};\gamma_1,c_1) + \mu_{it} \tag{3-16}$$

将函数$f$（$t$；$\gamma_2$，$c_2$）定义为：

$$f(t;\gamma_2,c_2) = \left(1 + \exp\left(-\gamma_2 \prod_{i=1}^{h} (t - c_{2j})\right)\right)^{-1} \tag{3-17}$$

其中，$c_2 =$（$c_{21}$，…，$c_{2h}$）′是测评参数的$h$维向量，为$c_{21} \leqslant c_{22} \leqslant \cdots \leqslant c_{2h}$，$\gamma_2 > 0$为平滑参数。如果$q_{it} = t$，$f$（$t$；$\gamma_2$，$c_2$）就与$g$（$q_{it}$；$\gamma$，$c$）一致。当$h = 1$和$h = 2$时，TV_ PSTR模型单调变换和围绕（$c_{21} + c_{22}$）/2对称变换，并由$\gamma_2$来控制其变化的平滑度。

当$\gamma_2 \to \infty$时，$f$（$t$；$\gamma_2$，$c_2$）成为指示函数$I$［$t > c_{21}$］（$h = 1$）或$1 - I$［$c_{21} < t < c_{22}$］（$h = 2$），可以描述结构的瞬间断裂。

当$\gamma_2 = 0$时，函数$f$（$t$；$\gamma_2$，$c_2$）等于1/2，式（3－15）变为常参数模型，因此检验参数时变性的原假设为$H_0$：$\gamma_2 = 0$。当原假设表明式（3－15）中$\beta_{20}$、$\beta_{21}$、$c_2$不可识别时，按照3.2.2.1中的方法解决：将$f$（$t$；$\gamma_2$，$c_2$）在$\gamma_2 = 0$处进行一阶泰勒展开，整理后得到以下方程：

$$y_{it} = \mu_i + \beta_{10}^{*\prime} x_{it} + \beta_1^{*\prime} x_{it} t + \beta_2^{*\prime} x_{it} t^2 + \cdots + \beta_h^{*\prime} x_{it} t^h + (\beta_{20}^{*\prime} x_{it} + \beta_{h+1}^{*\prime} + \cdots + \beta_{2h}^{*\prime} x_{it} t^h) g \mid (q_{it};\gamma_1,c_1) + \mu_{it}^{*} \tag{3-18}$$

其中，$\mu_{it}^{*} = \mu_{it} + R$（$t$，$\gamma_2$，$c_2$），$R$（$t$，$\gamma_2$，$C_2$）为余项。式(3－18)中参数向量$\beta_j^{*}$（$j = 1$，2，…，$h$，$h + 1$，…，$2h$）为$\gamma_2$的倍数。

因此原假设等价于$H_0^{*}$：$\beta_j^{*} = 0$（$j = 1$，2，…，$h$，$h + 1$，…，$2h$）。

与式（3－9）类似，LM检验中的统计量可以定义为$w'_{it} =$（$x'_{it}$，$x'_{it}$ $g$（$qit$；$\hat{\gamma}_1$，$\hat{c}_1$））$\otimes s'_t$，$s_t =$（$t$，…，$t^h$）′。将式（3－10）和式(3－11)中的$\tilde{X}$替换为$\tilde{V} = M_{\mu} V, V = (V'_1, \cdots, V'_N)', V_i = (v'_{i1}, \cdots, v'_{iT})'$，且有$v_{it} = (x'_{it}, x'_{it} g(q_{it};\hat{\gamma}_1,\hat{c}_1), (\partial \hat{g}/\partial \gamma_1) x'_{it} \hat{\beta}_2, (\partial \hat{g}/\partial c'_1) x'_{it} \hat{\beta}_2)'$。在原假设

下，$LM_x$ 渐进服从 $x^2$（$2hk$），$LM_F = LM_x/2hk$ 渐进服从 $F$（$2hk$，$TN-N-2k(h+1)-(m+1)$）。当模型为同质的固定效应模型时（$\beta_{11} \equiv \beta_{21} \equiv 0$），式（3－18）退化为一个参数恒定检验辅助回归。

（2）没有剩余的异质性检验

我们利用式（3－6）对两区制 PSTR 模型的异质性进行检验，原假设为：$H_0: \gamma_2 = 0$，假定 $r=2$，有：

$$y_{it} = \mu_i + \beta'_0 x_{it} + \beta'_1 x_{it} g_1(q_{it}^{(1)}; \gamma_1, c_1) + \beta'_2 x_{it} g_2(q_{it}^{(2)}; \gamma_2, c_2) + \mu_{it} \tag{3-19}$$

其中，$q_{it}^{(1)}$ 和 $q_{it}^{(2)}$ 为两个转换变量，该异质性检验同样存在识别问题，处理方法如上文，将 $g_2(q_{it}^{(2)}; \gamma_2, c_2)$ 在 $\gamma_2 = 0$ 处进行泰勒展开，辅助回归如下：

$$y_{it} = \mu + \beta_0^{*'} x_{it} + \beta'_1 x_{it} g_1(q_{it}^{(1)}; \hat{\gamma}_1, \hat{c}_1) + \beta_{21}^{*'} x_{it} q_{it}^{(2)} + \cdots + \beta_{2m}^{*'} x_{it} q_{it}^{(2)m} + \mu_{it}^* \tag{3-20}$$

其中，$\hat{\gamma}_1$ 和 $\hat{c}_1$ 为在原假设条件下的估计值，辅助回归中的原假设等价于 $H_0^*: \beta_{21}^* = \cdots = \beta_{2m}^* = 0$。

令 $w_{it} = (x'_{it} q_{it}^{(2)}, \cdots, x'_{it} q_{it}^{(2)m})$，用 $\tilde{V}$ 替代式（3－10）和式（3－11）中的 $\tilde{X}$，其中 $v_{it} = (x'_{it}, x'_{it} g(q_{it}^{(1)}, \hat{\gamma}, \hat{c}_1), (\hat{\partial g}/\partial\gamma) x'_{it}\hat{\beta}_1, (\hat{\partial g}/\partial c'_1) x'_{it}\hat{\beta}_1)'$，通过计算 LM 统计量和 F 统计量进行判断。当 $H_0^*$ 成立时，$LM_x$ 统计量渐进服从 $x^2$（$mk$）分布，$LM_F$ 统计量渐进服从$F$（$mk$，$TN-N-2-k(m+2)$）。

（3）确定“区制”的数量

对参数时变性和异质性检验，可以确定区制个数，其确定原则是模型不再具有多余的异质性，其具体确认步骤如下：

1）通过对一个线性模型进行估计，对在显著性水平 $\alpha$ 下进行同质性检验。

2）如果检验结果表明存在同质性，对两区制的 PSTR 模型进行估计，并进行没有剩余异质性的检验。

3）如果在 $\tau\alpha$（$0<\tau<1$）的显著性水平上拒绝原假设，估计 $\gamma=2$ 的 PSTR 模型，并进行没有剩余异质性的检验。

4）重复以上过程，直到没有剩余异质性。

## 3.3 模型建立与估计过程

### 3.3.1 数据来源与变量处理

新常态条件下中国经济面临下行压力，传统以密集型、低附加值以及高能耗、高污染、高排放为主要生产方式的产业面临淘汰，现阶段经济发展的突出特征表现为经济结构特别是产业结构的变化，是影响中国经济增长动力机制的重要因素（刘伟，2011）。李克强指出调整经济结构最重要的是扩大内需，扩大内需作为经济增长的主要动力，是实现中国经济长期平稳发展的根本立足点，而消费作为扩大内需的主要着力点是影响经济增长的重要动力因素。从循环发展来看，收入分配格局是经济增长的结果，同时也会对经济增长产生影响。作为具有典型二元经济结构特征的发展中国家，城乡收入分配状况一直是影响中国经济增长的重要因素：一方面，城乡收入分布的变化会改变需求分布（Felipe et al.，2012）；另一方面，城乡收入的相对差距是影响农村劳动力流动的内在根源（Jankowska et al.，2012），而农村劳动力区域流动特点会极大地影响产业转型升级和经济增长。从各国发展经验来看，成功跨越“中等收入陷阱”的国家均较好地解决了收入分配问题。因此，在经济增长影响因素的选择中，本研究还讨论了城乡收入分配问题。另外，在经济全球化背景下，中国作为经济全球化的积极参与者，对外贸易开放度对中国经济增长产生着越来越重要的影响。因此，本研究选择了产业结构、居民消费、贸易开放度以及城乡收入分配作为影响经济增长的变量。

本研究基于中国 30 个省份 1994—2014 年的省际面板数据进行实证

研究。使用 GDP 增长率作为经济增长的衡量指标，并用 CPI 指标进行价格因素的剔除。对于人均收入变量，通过将城镇居民家庭人均可支配收入与农村居民家庭人均纯收入按城乡人口比重进行加权平均得到；对于贸易开放度变量，用各地区贸易进出口总额与 GDP 的比值来表示；对于收入分配的度量主要从城乡收入分配方面考虑，城乡收入差距变量用城镇居民家庭人均可支配收入与农村居民家庭人均纯收入的比值来表示；对于产业结构指标的构造，下文将详述。

随着中国服务业的发展壮大，非农产业的比重作为产业结构的衡量指标不能反映产业结构的变化。为了使产业结构指标能够更好地反映经济结构的服务化倾向，本研究参照付凌晖（2010）的做法，指标的具体构建过程如下。

首先，构建如下向量：

$$Y_0 = (y_{1,0} \quad y_{2,0} \quad y_{3,0}) \tag{3-21}$$

其中，$Y_0$ 为一个三维向量，分量 $y_{1,0}$ ，$y_{2,0}$ 和 $y_{3,0}$ 分别为第一产业、第二产业和第三产业占 GDP 的比重。

其次，求出 $Y_0 =$ （$y_{1,0} \quad y_{2,0} \quad y_{3,0}$）与 $Y_1 =$ （1 0 0），$Y_2 =$ （0 1 2）和 $Y_3 =$ （0 0 1）之间的夹角 $\theta_j$ 。

$$\theta_j = \arccos\left[\frac{\sum_{j=1}^{3}(x_{i,j} \times x_{i,0})}{(\sum_{i=1}^{3} x_{i,j}^2)^{1/2} \times (\sum_{i=1}^{3} x_{i,0}^2)^{1/2}}\right] \qquad j=1,\ 2,\ 3 \tag{3-22}$$

最后，产业结构指标 S 值构建如下：

$$S = \sum^{3}\sum^{k}\theta_j \tag{3-23}$$

S 值的大小代表着产业结构高级化的程度。S 值越大，产业结构高级化程度越高；相反，则越低。

以上相关数据来源于《中国统计年鉴》《新中国 60 年统计资料汇编》以及各地区统计年鉴。

### 3.3.2 数据统计性分析

为了更好地研究中国经济增长与其影响因素之间的非线性关系，需要对变量之间的数据特征进行初步统计分析，以便对模型的构建和实证结果进行研判。因此，本研究首先做出中国 30 个省份经济增长与产业结构之间的散点图，受篇幅所限，散点图略去。各个省份经济增长与产业结构散点图的分布呈现出了不同的特征，显示出经济增长与产业结构之间的非线性关系。这表明，各省份产业结构对经济增长的影响系数显著不同，如果简单地以线性模型来研究经济增长与其影响因素之间的关系将会导致显著的偏差，需要采用合理的非线性回归模型进行研究。

以往在研究变量之间的非线性关系时，往往建立本质上为线性关系的模型进行研究，从而造成非线性关系的估计结果存在一定的偏差。面板门限回归模型（PTR）作为解决面板数据非线性问题的重要方法得到了大量运用，但是该模型存在不同区制下的不平滑转移问题。为了克服该问题，González 等将 PTR 发展为面板平滑门限回归模型（PSTR），实现了不同区制下回归系数变化的平滑转移（田雪原，2006）。PSTR 作为研究变量之间非线性关系的模型得到了学者的青睐，但由于对 PSTR 模型设定形式的不同会导致不同的研究结论，所以可靠的研究结论必须建立在正确的设定形式上。本研究正是基于数据特征建立了相关的 PSTR 模型，并对其形式进行科学合理的设定。

### 3.3.3　模型建立

本研究建立经济增长与其影响因素之间的 PSTR 模型如下：

$$\begin{cases} growth_{it} = \alpha_i + \beta_1 S_{it} + \beta_2 C_{it} + \beta_3 T_{it} + \beta_4 G_{it} + \\ \qquad \sum_{k=1}^{K} (\beta_1^k S_{it} + \beta_2^k C_{it} + \beta_3^k T_{it} + \beta_4^k G_{it}) \Gamma^k (Y_{it};.) + \varepsilon_{it} \\ \Gamma^k (Y_{it}; \gamma^k, \bar{Y}_h^k) = [1 + \exp(-\gamma^k \prod_{h=1}^{H_k} (Y_{it} - \bar{Y}_h^k))]^{-1} \end{cases} \tag{3-24}$$

其中，$i=1, 2, \cdots, 30$，表示中国 30 个省份，$t$ 表示时期。$growth_{it}$ 为因变量，表示省份 $i$ 在 $t$ 时期的经济增长率。我们选取人均收入 $Y_{it}$ 为门限变量，$\bar{Y}$ 为待估的位置参数。其他解释变量 $S_{it}$、$C_{it}$、$T_{it}$ 和 $G_{it}$ 依次表示省

份 $i$ 在 $t$ 时期的产业结构、最终消费率、贸易开放度和城乡收入差距。

$\Gamma^k(k=1\sim K)$ 为非线性的转换函数，其值处于 0 到 1 之间，$k$ 表示转换函数的个数，$h$ 表示位置参数的个数。$\gamma$ 为平滑参数，其值大小决定了非线性函数的平滑转移程度，其值越小表明不同转换区制回归系数的转换越平滑。

本研究的实证操作借助于 Matlab 2008a 软件来完成。为了检验 PSTR 模型的适用性，本研究首先对样本数据的非线性特征进行检验，González 等认为，当位置参数的个数 $h=1$ 或者 $h=2$ 时足以对所研究的问题起到代表性作用（田雪源，2006），检验结果如表 3－1 所示。位置参数个数分别取值 1 和 2 两种情况下的检验结果均表明，*LM*、*LMF* 和 *LRT* 3 个统计量均在 1% 的显著性水平下拒绝模型具有线性特征的原假设，即本研究建立的 PSTR 模型对于样本数据具有较好的适用性。

**表 3－1　PSTR 模型的非线性特征检验结果**

| 统计量 | $h=1$ | $h=2$ |
| --- | --- | --- |
| *LM* | 93.891 (0.000) | 140.143 (0.000) |
| *LMF* | 26.095 (0.000) | 21.171 (0.000) |
| *LRT* | 101.671 (0.000) | 158.512 (0.000) |

我们进一步对 PSTR 模型转换函数的个数进行检验，检验结果如表 3－2 所示：当位置参数的个数 $h=1$ 时，3 个检验统计量在 1% 的显著性水平下不能拒绝转换函数的个数 $k=2$ 的原假设，即当位置参数的个数为 1 时的最优转换函数个数为 2；当位置参数的个数 $h=2$ 时，3 个检验统计量在 1% 的显著性水平下不能拒绝转换函数的个数 $k=2$ 的原假设，即当位置参数的个数为 2 时的最优转换函数个数为 2。综合看来，无论 $h$ 取值为 1 还是 2，PSTR 模型的最优转换函数的个数均为 2。

**表3-2　PSTR模型转换函数个数检验**

| | 统计量 | $h=1$ | $h=2$ |
|---|---|---|---|
| $H0$：$k=1$；$H1$：$k\geq2$ | *LM* | 12.245 (0.016) | 48.810 (0.000) |
| | *LMF* | 2.914 (0.021) | 6.131 (0.000) |
| | *LRT* | 12.365 (0.015) | 50.805 (0.000) |
| $H0$：$k=2$；$H1$：$k\geq3$ | *LM* | 4.521 (0.340) | 5.317 (0.723) |
| | *LMF* | 1.055 (0.378) | 0.617 (0.764) |
| | *LRT* | 4.537 (0.338) | 5.340 (0.721) |

为了将PSTR模型推导出来，我们还需要确定位置参数的个数，PSTR模型位置参数个数的检验结果如表3-3所示。依据Colletaz和Hurlin选择位置参数的最小AIC和BIC准则，我们无法判断出最优的位置参数个数。本研究借助于相关经济理论进行判断，当位置参数个数为1，转换函数个数为2时的估计结果显示，第一个转换函数的系数估计值均为0，且第二个转换函数的位置参数为负值，有违经济理论。而当位置参数个数为2，转换函数个数为2时的估计结果具有合理性。因此，本研究最终选择位置参数的个数为2、转换函数的个数为2的模型设定形式。

**表3-3　PSTR模型位置参数个数检验**

| | $h=1$ | $h=2$ |
|---|---|---|
| 最优转换函数个数 | 2 | 2 |
| *AIC* | 6.709 | -6.710 |
| *BIC* | -6.596 | -6.583 |

## 3.4　经济增长的动力特征

### 3.4.1　PSTR模型的估计结果分析

根据上文对PSTR模型的设定形式，借助于Matlab 2008a软件，我们对本研究的PSTR模型进行估计，估计结果如表3-4所示。从估计结果可以看出，城乡收入差距线性部分的系数在5%的显著性水平下显著，而其他所有解释变量的影响系数均在1%的显著性水平下显著，表明了我们模型设定的合理性和变量选取的恰当性。较小的平滑参数4.3016和3.1348说明两个转换函数的平滑转移。本研究建立的PSTR模型估计结果显示，人均收入的位置参数分别为0.3285万元、0.9058万元、0.9059万元和1.3730万元，表明中国人均收入在3000元、9000元和1.4万元左右时，相关变量对经济增长的影响将会发生平滑转移。

产业结构对经济增长的影响系数分别为0.0760、0.1230和-0.1862,由于转换函数的值介于0到1之间，所以产业结构对经济增长的综合影响系数处于-0.1102和0.1990之间。最终消费率对经济增长的影响系数分别为-0.5915、-0.8110和1.1029，最终消费率对中国经济增长的综合影响系数处于-1.4025和0.5114之间。贸易开放度对经济增长的影响系数分别为0.3218、0.6241和-0.8611，贸易开放度对经济增长的综合影响系数处于-0.5393和0.9459之间。城乡收入差距对经济增长的影响系数分别为-0.1104、-0.2781和0.3575，城乡收入差距对经济增长的综合影响系数处于-0.3885和0.2471之间。

由此可见，产业结构、最终消费率、贸易开放度、城乡收入差距对中国经济增长的综合影响均存在正、负两方面的可能影响，主要取决于转换函数值的大小，即取决于中国居民的收入阶段和位置参数的大小。这说明，在不同的收入水平阶段下，中国经济增长的动力机制表现出不同的特征。产业结构的调整、最终消费的提高、贸易开放度的提高以及城乡居民收入的变化等因素既是经济增长的动力因素，同时，当经济状态满足一定条件时，又会对经济增长产生潜在的制约作用。

**表3-4 PSTR模型参数估计结果**

| | 线性部分 | 第一个转移函数 | 第二个转移函数 |
|---|---|---|---|
| 产业结构（$S$） | 0.0760***<br>(3.6000) | 0.1230***<br>(3.7985) | -0.1862***<br>(-3.7126) |
| 最终消费率（$C$） | -0.5915***<br>(-3.8040) | -0.8110***<br>(-3.8830) | 1.1029***<br>(3.2625) |

续表

| | 线性部分 | 第一个转移函数 | 第二个转移函数 |
|---|---|---|---|
| 贸易开放度（$T$） | 0.3218 ***<br>(6.2182) | 0.6241 ***<br>(7.6245) | −0.8611 ***<br>(−6.5799) |
| 城乡收入差距（$G$） | −0.1104 **<br>(−2.8250) | −0.2781 ***<br>(−4.3372) | 0.3575 ***<br>(3.7773) |
| 位置参数（$\overline{Y}$） | | 0.3285<br>1.3730 | 0.9058<br>0.9059 |
| 平滑参数（$\lambda$） | | 4.3016 | 3.1348 |

注：括号内为 T 统计量，其中 * * *、* * 表示在 1%、5% 的水平下显著。

### 3.4.2　不同收入水平下中国经济增长动力特征分析

为了研究不同收入水平下产业结构、最终消费率、贸易开放度和城乡收入分配对中国经济增长影响的非线性特征，我们通过式（3－24）分别求经济增长对产业结构、最终消费率、贸易开放度和城乡收入分配的偏导数，可得相关变量对经济增长的影响系数，结果如下：

$$\frac{\partial growth}{\partial S}=\beta_1+\beta_1^1\times\frac{e^{\gamma^1(Y_{it}-\overline{Y}_1^1)\times(Y_{it}-\overline{Y}_2^1)}}{1+e^{\gamma^1(Y_{it}-\overline{Y}_1^1)\times(Y_{it}-\overline{Y}_2^1)}}+\beta_1^2\times\frac{e^{\gamma^2(Y_{it}-\overline{Y}_1^2)\times(Y_{it}-\overline{Y}_2^2)}}{1+e^{\gamma^2(Y_{it}-\overline{Y}_1^2)\times(Y_{it}-\overline{Y}_2^2)}} \tag{3－25}$$

$$\frac{\partial growth}{\partial C}=\beta_2+\beta_2^1\times\frac{e^{\gamma^1(Y_{it}-\overline{Y}_1^1)\times(Y_{it}-\overline{Y}_2^1)}}{1+e^{\gamma^1(Y_{it}-\overline{Y}_1^1)\times(Y_{it}-\overline{Y}_2^1)}}+\beta_2^2\times\frac{e^{\gamma^2(Y_{it}-\overline{Y}_1^2)\times(Y_{it}-\overline{Y}_2^2)}}{1+e^{\gamma^2(Y_{it}-\overline{Y}_1^2)\times(Y_{it}-\overline{Y}_2^2)}} \tag{3－26}$$

$$\frac{\partial growth}{\partial T}=\beta_3+\beta_3^1\times\frac{e^{\gamma^1(Y_{it}-\overline{Y}_1^1)\times(Y_{it}-\overline{Y}_2^1)}}{1+e^{\gamma^1(Y_{it}-\overline{Y}_1^1)\times(Y_{it}-\overline{Y}_2^1)}}+\beta_3^2\times\frac{e^{\gamma^2(Y_{it}-\overline{Y}_1^2)\times(Y_{it}-\overline{Y}_2^2)}}{1+e^{\gamma^2(Y_{it}-\overline{Y}_1^2)\times(Y_{it}-\overline{Y}_2^2)}} \tag{3－27}$$

$$\frac{\partial growth}{\partial G}=\beta_4+\beta_4^1\times\frac{e^{\gamma^1(Y_{it}-\overline{Y}_1^1)\times(Y_{it}-\overline{Y}_2^1)}}{1+e^{\gamma^1(Y_{it}-\overline{Y}_1^1)\times(Y_{it}-\overline{Y}_2^1)}}+\beta_4^2\times\frac{e^{\gamma^2(Y_{it}-\overline{Y}_1^2)\times(Y_{it}-\overline{Y}_2^2)}}{1+e^{\gamma^2(Y_{it}-\overline{Y}_1^2)\times(Y_{it}-\overline{Y}_2^2)}} \tag{3－28}$$

基于以上计算结果，分别做出影响系数与人均收入的散点图，如图3－1到图3－4所示。可以看出，产业结构、最终消费率、贸易开放度和城乡收入差距对经济增长的影响在不同的收入阶段发生平滑转移。具体分析过程如下：

产业结构对中国经济增长产生了积极的影响效果，由图3－1可知，当人均收入超过4000元后，随着收入水平的上升，产业结构作为经济增长的动力因素之一，对经济增长的促进作用越来越大，当人均收入达到1.7万元时，其积极影响效果达到最大，而随着收入水平的进一步提高，其对经济增长的积极影响效果在变小，当人均收入水平达到2万元以后，其对经济增长的积极影响系数降低并稳定在1.5%以下。中国产业结构对经济增长的影响随着收入提高而降低的原因在于：在进行产业结构调整过程中，较多省份更多是对产业结构的简单转移，而没有从效率性和技术性等方面实现产业结构的成功转型，从而导致产品结构的落后，而当收入水平进一步提高时，对这些落后产品的需求会减少，对进口商品的需求会增加。即随着收入水平的提高，产业结构会通过对本国消费的“挤出效应”而降低对经济增长的积极影响效果。

最终消费率对中国经济增长产生了消极的影响效果，从图3－2我们可以发现，人均收入达到4000元之后，随着收入水平的增加，最终消费率对中国经济增长产生了越来越大的消极影响，当人均收入达到2万元以后，其对经济增长的影响系数稳定在－30%的水平。究其原因，我们发现，居民消费作为主要的消费驱动因素，其占最终消费支出的比重呈下降趋势，而政府消费占最终消费支出的比重呈逐渐上升的趋势，事实上，政府消费往往不能对经济增长产生明显的驱动作用。因此，提高居民消费，特别是提高农村居民消费是使消费驱动中国经济增长的重要途径。另外，随着全球一体化经济的不断推进，居民消费中有较高的比例用于对进口商品的需求和出国消费，从而无法转换为对本国商品的现实购买力，因此，提高本土产品的质量和技术含量才能充分发挥消费对本国经济的刺激作用。

贸易开放度与经济增长影响的非线性关系与产业结构类似，均对中国经济增长产生了积极的影响（见图3－3）。不同收入水平下两者对经济增长影响路径相似的原因在于：一个国家的产业结构决定其产品结构，而产品结构又会决定进出口贸易结构和贸易开放度，即产业结构和贸易开放度通过产品结构联系在一起，从而导致两者对经济增长的相似影响路径。当人均收入水平达到2万元以后，其对经济增长的影响系数维持在了7%的水平。

城乡收入差距作为一个逆向指标，对经济增长产生了正向的非线性影响，随着中国城乡收入差距的扩大，不但没有对中国经济增长产生消极影响，反而起到了积极的影响效果（见图3－4）。这主要是因为城镇消费是中国居民消费中的主体，而农村居民消费倾向较低，农村消费市场未被充分挖掘。城镇居民收入水平的提高，能够促使城镇居民消费倾向的进一步提高，从而有利于经济增长。尽管如此，我们应该规避以城乡收入差距的扩大为经济增长的动力机制，而是要挖掘农村消费市场，进一步提高农村居民消费倾向，扭转城乡收入差距与经济可持续增长的正向影响状态。

综上所述，产业结构、最终消费率、贸易开放度以及城乡收入差距作为经济增长的动力因素，在不同的人均收入阶段表现出了不同的特征。中国人均可支配收入在2014年突破2万元，而实证结果显示，当人均收入达到2万元以后，产业结构和贸易开放度对经济增长的综合影响系数小于11.5%，而最终消费率对经济增长的消极影响系数达到了－30%，对经济增长的消极效果大于积极效果。城乡收入差距作为中国今后要重点解决的社会问题和经济问题，其缩小将会对中国经济增长产生不利影响。以上实证结果均表明，在中国经济增长的不同发展阶段，其动力特征表现出了不同的特征，中国进入中等收入阶段以后，中国的经济增长将会面临较多的不利因素，其可持续性受到威胁，不利于中国经济增长质量的提高，对中国居民收入水平的进一步提高产生不利影响，从而增加中国陷入“中等收入陷阱”的风险。

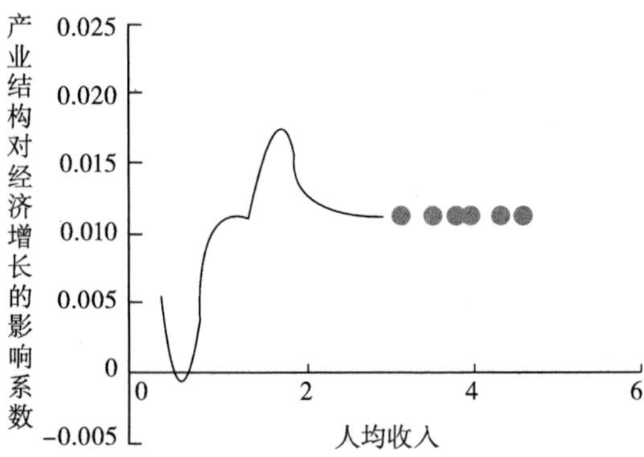


图 3-1　产业结构与经济增长的非线性关系

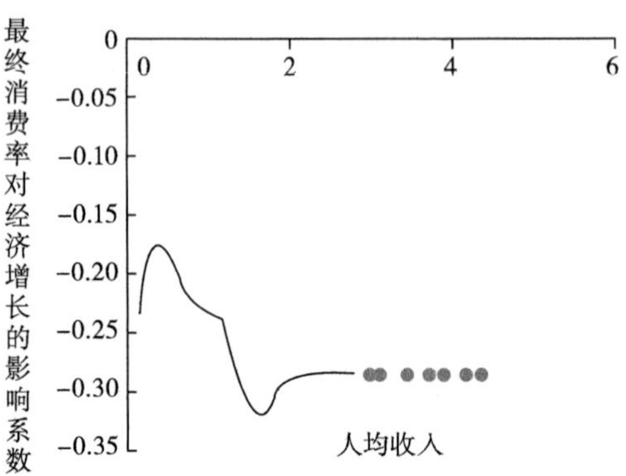


图 3-2　最终消费率与经济增长的非线性关系

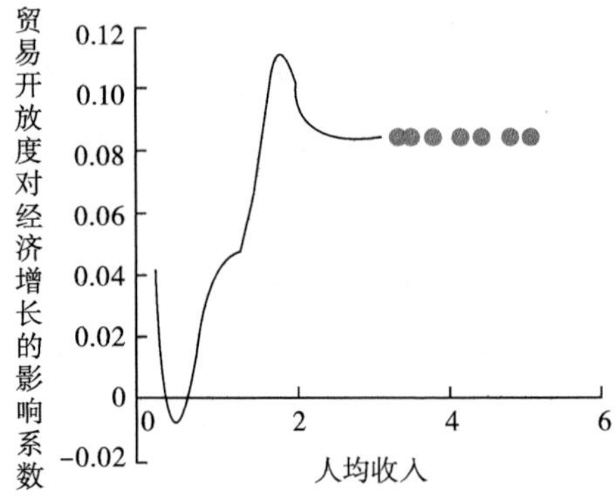


图 3-3　贸易开放度与经济增长的非线性关系

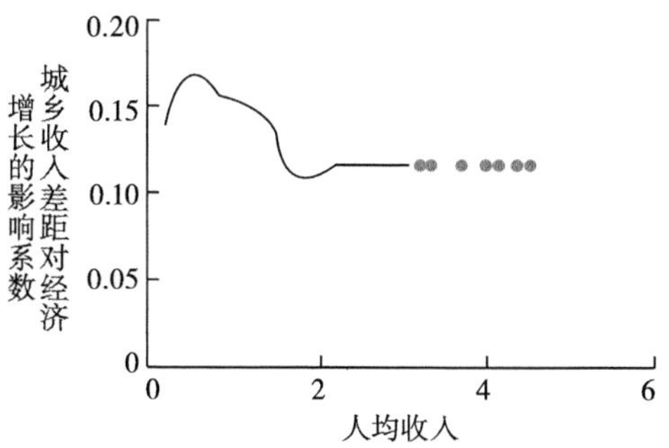


**图 3－4　城乡收入差距与经济增长的非线性关系**

## 3.5　中国“中等收入陷阱”的风险性分析

### 3.5.1　风险可能性分析

为了对中国陷入“中等收入陷阱”的风险性进行进一步分析，我们对经济增长与人均收入的非线性关系进行研究，通过式（3－24）求经济增长对人均收入的偏导数可得人均收入对经济增长的影响系数，结果如下：

$$\begin{cases}\dfrac{\partial \mathrm{growth}}{\partial Y} = (\beta_1^1 S_{it} + \beta_2^1 C_{it} + \beta_3^1 T_{it} + \beta_4^1 G_{it}) \times \dfrac{\partial \Gamma^1 (Y_{it};.)}{\partial Y} + \\ \qquad (\beta_1^2 S_{it} + \beta_2^2 C_{it} + \beta_3^2 T_{it} + \beta_4^2 G_{it}) \times \dfrac{\partial \Gamma^2 (Y_{it};.)}{\partial Y} \\ \dfrac{\partial \Gamma^k (Y_{it};.)}{\partial Y} = \dfrac{e^{\gamma^k (Y_{it} - \overline{Y}_1^k) \times (Y_{it} - \overline{Y}_2^k)} \times \gamma^k \times (2Y_{it} - \overline{Y}_1^k - \overline{Y}_2^k)}{[1 + e^{\gamma^k (Y_{it} - \overline{Y}_1^k) \times (Y_{it} - \overline{Y}_2^k)}]^2} k = 1,2 \end{cases} \tag{3-29}$$

根据影响系数的估计结果，做出影响系数与人均收入的散点图，如图 3－5 所示。整体来看，在人均收入水平较高的省份，其收入增加对经济增长产生的积极影响是较低的，随着人均收入的增加，经济增长是逐渐下降的，在人均收入达到 9000 元左右时，人均收入对经济增长的影响系数依然为正，而当人均收入在 9000 元到 2 万元之间时，人均收入的增加反而对经济增长产生了消极的影响，当人均收入在 1.5 万元左右时，消极影响达到最大值。为了从一般水平上观察人均收入与其对经济影响系数的非线性关系，我们将产业结构、最终消费率、贸易开放度、城乡收入差距固定在其均值水平后做出两者之间的散点图，如图 3 –6 所示。人均收入与其对经济增长的影响系数之间出现了显著的非线性特征。当人均收入大于 2 万元时，人均收入的变化对经济增长基本上不会产生影响。这说明，当中国居民进入中等收入水平阶段以后，收入对经济增长的潜在动力作用将会消失，经济增长的动力因素减少，而这将会对居民的收入水平产生消极影响，不利于居民收入水平的进一步提高，从而增大中国陷入“中等收入陷阱”的风险，最终不利于中国经济增长质量的提高。

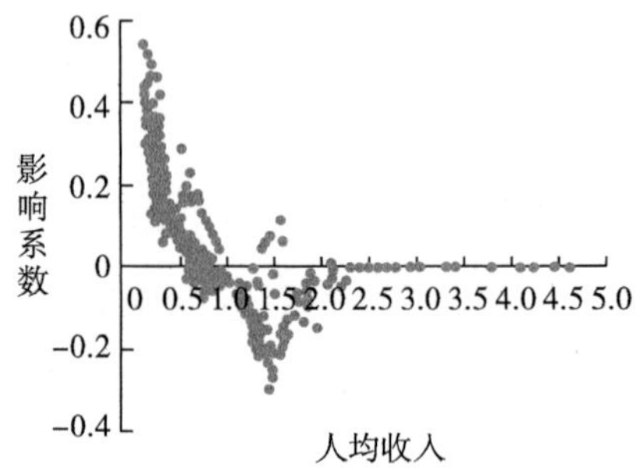


**图 3 –5　人均收入与影响系数的散点图**

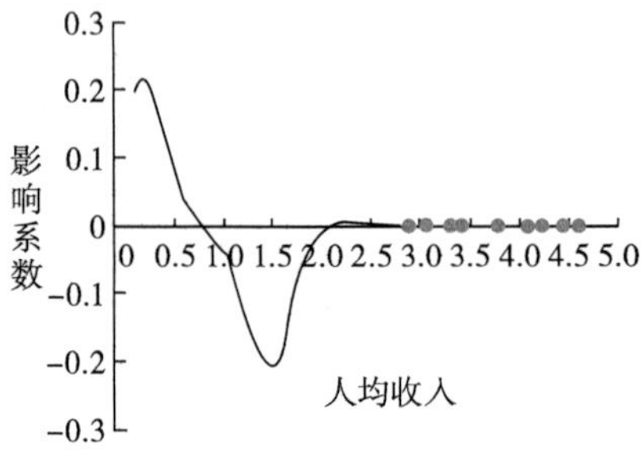


**图 3 –6　控制其他变量情况下的散点**

结合不同收入水平下中国经济增长的动力特征，我们认为，随着中国进入中等收入阶段，产业结构、居民消费、贸易开放度以及城乡收入分配作为经济增长动力机制的积极作用正在减弱。这主要是源于中国在进行产业结构转型升级过程中更多的是对产业的简单转移，没有实现生产效率的提高和产品价值链的提升，导致中国产品结构的落后。而落后的产品结构与消费者日益提高的产品需求结构之间的矛盾日益加深，从而对本国消费形成“挤出效应”，消费作为提高本国经济增长的主要动力作用逐渐减弱。同时，本国的产品结构也会影响进出口贸易结构，进而对本国经济产生影响。因此，如果不能改变中国现有的经济增长方式，不能实现生产效率的提高和产品价值链的提升，中国经济增长的动力机制将会逐渐减弱，经济增长质量进一步下降，最终使中国陷入“中等收入陷阱”。

### 3.5.2　“中等收入陷阱”的合理规避路径

传统经济增长方式一方面使中国经济获得了较大发展，并步入中等收入国家行列，另一方面也造成了生产效率的低下以及产品价值的低端化，从而使中国面临较大风险的“中等收入陷阱”危机。为了提高中国经济增长质量，使中国顺利步入高等收入国家行列，针对本研究的实证研究结论，提出以下具有针对性的合理规避路径。

（1）积极扩大居民消费需求，提高居民消费在最终消费中的比例。中国居民消费在最终消费支出中的比例呈下降趋势，而最终消费中的政府消费不能有效地转化为经济增长的动力。另外，中国居民的消费需求基本上以必需品为主，在满足了基本的需求之后会进行更多的储蓄行为，对医疗保健、体育健身等更高层次的消费需求较低，导致收入的增加不会对经济增长产生显著的积极效果。因此，要充分挖掘消费驱动经济增长的潜力，一方面，要积极引导居民消费，鼓励居民进行更高层次消费品的消费，政府可以通过降低高层次消费品的税赋，或者对高层次消费进行政府补贴等手段，提高居民的高层次消费需求；另一方面，要营造良好的消费环境，努力打造“商家—顾客”信任、公平、诚信的市场主体氛围，进而刺激居民的消费动力。另外，要不断提高本土产品的技术含量和质量，提高居民对本国商品的忠诚度，使居民的消费需求切实转换为对本国商品的现实购买力。

（2）进行产业结构的转型升级，深入挖掘产业结构对经济增长的潜在动力作用。在产业结构转型升级过程中，要专注于技术进步的支撑作用，而不仅仅是简单的产业转移，努力实现中国经济从劳动密集型向技术密集型的转变。同时，要积极发展经济增长新动能，寻找新的经济增长点。在农业方面，要积极发展现代农业，充分利用先进的技术理念和机械设备实现农业经济的规模效应，同时，要根据地区优势进行农业结构的调整。在工业方面，大力发展高端装备制造业，建立技术先进的工业产业园区，扩大产业集聚效应。在服务业方面，要营造文明、和谐、诚信的良好环境，不断提高服务水平，实现服务型经济的快速发展。

（3）继续依托贸易开放度对经济增长的动力作用。扩大对外贸易仍然是中国今后经济增长的重要措施，在贸易出口方面，中国的出口产品以劳动密集型产品为主，进出口贸易结构有待优化，以提高工业附加值。同时，要优化出口的贸易环境，一方面，要对出口产品实行更加优惠的税收政策，特别是对于技术密集型的产品给予相应的政府补助；另一方面，要完善中国的外汇管理制度，提高进出口贸易的效率。

（4）缩小城乡收入差距，同时挖掘农村消费市场。尽管实证结果表明，随着中国进入中等收入阶段，城乡收入差距的扩大有利于经济增长，但是我们不能因此继续扩大中国的城乡收入差距。城乡收入差距的继续扩大将会产生一系列的社会、经济等问题，不利于社会主义和谐社会的建立。缩小城乡收入差距仍然是中国经济发展过程中要重点解决的问题。为了抑制缩小城乡收入差距对经济增长产生的负向影响效果，一方面，要积极引导农民消费，扩大农村消费市场，通过完善农民的医疗、失业、生育等社会保障体系，消除农民花钱的后顾之忧，进而增强农村居民消费动机，扩大农村消费市场。另一方面，要切实提高城乡居民收入水平，特别是农村居民的收入水平。

（5）积极推进中国创新型国家建设。习近平总书记强调“科技是国家强盛之基，创新是民族进步之魂”，只有将中国建设为创新型国家，才能真正实现国家的富强和人民的富裕。要积极从创新环境培育、创新载体建设、创新人才培养与引进、创新成果产出以及绿色经济发展等方面，探索创新型国家建设的发展路径。在创新环境培育方面，一方面，政府要制定鼓励企业创新的政策并进行政策扶持；另一方面，要强化消费者和企业的创新意识，通过引导消费者对创新产品的需求激发企业的创新动机。在创新载体建设方面，实现创新载体的多样化发展，如大力推进科技企业孵化器、产业技术创新联盟、大学生科技园以及众创空间等创新载体建设，以满足不同企业的创新平台需求。在创新人才培养与引进方面，一方面要建立完善的创新人才培养模式，通过启发式教学来激发学生的创造性思维；另一方面要积极引进海内外高层次的创新型人才，加大对人才的科技经费投入，改进创新型人才的激励机制。在创新成果产出方面，要积极推进科研机构与实体企业的协作发展，加强理论与实践的结合，进而提高创新成果产出效率。在绿色经济发展方面，要通过大力发展清洁技术降低生产能耗，实现无污染的生产过程。

## 3.6 本章小结

按照世界银行的标准，中国已经进入中等收入国家行列，然而经济增速不断放缓，经济面临着下行的压力。伴随着中等收入阶段而来的“中等收入陷阱”问题已经成为中国实现经济可持续增长、顺利步入高收入国家过程中不容忽视的现实问题。本研究基于 1994—2015 年 30 个省份的省际面板数据，建立了经济增长与其影响因素之间的面板平滑门限回归模型（PSTR），研究不同收入阶段下中国经济增长的动力特征，并对中国陷入“中等收入陷阱”的风险性进行分析，从侧面初步探讨中国经济增长质量，进而根据实证结果有针对性地提出规避“中等收入陷阱”以提高经济增长质量的合理路径。实证结果表明:①随着中国步入中等收入国家行列，人均收入对经济增长的显著影响效果逐渐消失。②中国人均收入在 3000 元、9000 元和 1. 4 万元时，产业结构、最终消费率、贸易开放度和城乡收入差距对经济增长的影响路径发生平滑转移。③进入中等收入阶段以后，产业结构和贸易开放度对经济增长的积极影响效果稳定在一个较低水平，而最终消费率和城乡收入差距对经济增长的消极影响效果稳定在了一个较高水平，即随着中国进入中等收入国家行列，中国经济增长动力机制的可持续性受到威胁。④警惕经济发展过程中“中等收入陷阱”的风险。针对本研究的实证研究结论，我们认为必须从调整产业结构、扩大内需、提高居民消费在最终消费中的比例、挖掘农村消费市场、继续扩大对外贸易等方面挖掘经济增长新动能，同时要积极推进中国创新型国家建设的发展目标，实现中国经济的可持续发展，提高经济增长质量，使中国顺利步入高收入国家行列。

# 第4章　中国产业结构升级对跨越“中等收入陷阱”的有效性研究

20世纪70年代，东亚和拉丁美洲的部分国家较早地进入中等收入阶段，但经过多年发展始终未进入高等收入国家行列。针对这一现象，世界银行首次提出“中等收入陷阱”的概念，认为一个国家经过高速发展进入中等收入阶段以后，内外部各种矛盾集中爆发，经济增长将会长期陷入停滞状态，从而不能顺利步入高收入阶段（Gill and Kharas，2007）。“中等收入陷阱”已经被认为是发展中国家面临的重要风险问题（Eeckhout and Jovanovic，2012；Reda 和 Fuad，2015；张德荣，2013；韩文龙等，2015）。按照世界银行2015年的标准，人均国民收入在4126～12735美元时，为中等偏上收入阶段。2010年中国人均国民收入达到4404美元，进入中等偏上收入国家行列。与此同时，传统粗放型经济增长方式导致的环境污染、产能过剩等矛盾越发突出，经济增长面临放缓压力，“中等收入陷阱”问题逐渐成为中国实现经济可持续增长以步入高等收入国家行列过程中不容忽视的问题。

经济新常态下，中国经济增长同时面临着欧美发达国家高端产业和新兴发展中国家低端产业的双重压力（马晓河，2010；李静，2013），产业结构的不合理是导致中国陷入“中等收入陷阱”可能的重要原因（刘伟，2011）。发达高收入国家依靠技术进步而取得较快发展，低收入国家依靠较低的劳动力成本取得较大进步，而中等收入国家面临两方面的劣势，劳动力成本的上升与科技研发水平的不足导致其面临低收入国家低端价格和高收入国家产品高价值双重竞争的发展困境，进而造成其面临较长时期的经济停滞状态（Eeckhout 和 Jovanovic，2012），从而面临陷入“中等收入陷阱”的较大风险。而产业结构升级是摆脱这一困境的重要举措，产业结构的不断升级使得传统以密集型、低附加值以及高能耗、高污染、高排放为主要生产方式的产业面临淘汰，随之而来的是被新兴产业、附加值高、资源利用率高的产业替代（郑少伟，2006；刘昌平和汪连杰，2016），所以，产业结构升级是化解落后产能、实现经济可持续增长的关键举措。因此，发展中国家跨越“中等收入陷阱”的关键举措在于产业结构的转型升级（Ohno，2009；全毅，2012；韩师光、李建柱，2013），日本和韩国成功跨越“中等收入陷阱”就得益于其产业结构的转型升级（马晓河，2010）。因此，如何进行产业结构升级以化解经济增长过程中的主要矛盾，从而使中国顺利跨越“中等收入陷阱”是中国今后经济增长过程中亟待解决的问题。

现有关于产业结构升级与“中等收入陷阱”问题的研究主要集中在定性分析上，且大多数研究一致认为产业结构升级有助于规避“中等收入陷阱”，较少有文献从定量的角度研究产业结构升级对跨越“中等收入陷阱”的有效性。本研究通过建立 PSTR 模型，研究产业结构转型升级对居民收入的非线性影响，以评价其对跨越“中等收入陷阱”的有效性，进而在产业转型升级视角下探索“中等收入陷阱”的规避路径。本章安排如下：首先，建立 PSTR 模型，并进行模型具体形式的设定与估计，研究产业结构升级与人均 GDP 的非线性关系；其次，进行实证检验，研究产业结构升级的不同发展阶段其他控制变量对人均 GDP 的影响路径；再次，进行产业结构升级对跨越“中等收入陷阱”有效性的区域差异分析；最后，在产业结构转型升级视角下提出规避“中等收入陷阱”的合理路径，为中国顺利步入高等收入国家行列以及实现经济增长质量提高提供实证支持。

## 4.1　模型建立

### 4.1.1　数据来源与变量处理

本研究选取除西藏之外的 30 个省份 1994—2014 年的省际面板数据，分析产业结构升级对跨越“中等收入陷阱”的有效性，进而从产业结构转型升级视角探索“中等收入陷阱”的规避路径，并对中国经济增长质量进行客观评价。从理论上来说，人均国民收入（GNI）是对一个国家或地区居民收入水平的较好衡量指标，但人均 GNI 数据的可得性存在很大的局限，而人均 GDP 与人均 GNI 高度一致，人均 GDP 在实践应用中要优于人均 GNI（张德荣，2013）。因此，我们选取人均 GDP 为因变量，反映中国居民的收入水平。对于自变量产业结构升级指标的度量，我们主要参考付凌晖（2010）的做法，不仅能够反映产业结构的变化，还能更好地反映产业结构的服务化倾向（前文已详述）。此外，提高居民收入作为经济增长的重要内容，也是经济增长的主要目的，库兹涅茨曲线假说从收入分配视角研究经济增长对居民收入的影响，因此我们将经济增长作为控制变量纳入模型中，并用实际 GDP 增长率表示。贸易依存度和居民消费分别从国外和国内两个市场发挥着对经济的影响，进而对一国的居民收入水平产生影响，因此我们也将其作为控制变量纳入模型中。对于贸易依存度数据，我们以净出口贸易总额与 GDP 的比重来表示，对于居民消费指标，我们用最终消费率来衡量。因此，我们最终选取了经济增长、最终消费率和贸易依存度作为控制变量。对居民收入水平影响因素的选取，我们不仅考虑了产业结构升级与经济增长因素，还考虑了国外市场和国内市场的影响，指标选取较为全面。

以上相关数据来源于《中国统计年鉴》《新中国 60 年统计资料汇编》以及各地区统计年鉴。

### 4.1.2 描述性统计

为了对变量之间的关系做出初步探索，我们做出人均 GDP 与产业结构升级指数的散点图，如图 4－1 所示。各个省份人均 GDP 与产业结构升级之间表现出了显著的非线性关系，对北京、天津、上海、江苏、浙江、山东以及广东等省市来说，两变量的散点图表现出明显的阶段性特征，随着产业结构升级的不断加强，人均 GDP 也逐渐提高，即产业结构升级是提高人均 GDP 的积极影响因素。而对山西、内蒙古、辽宁、吉林、黑龙江、安徽、湖北、湖南、贵州、陕西、甘肃、青海、宁夏、新疆等省区来说，产业结构升级与人均 GDP 之间的非线性关系存在着明显向前凹的特点，表明在产业结构升级的不同发展阶段，两变量之间存在着正负两方面的影响关系。人均 GDP 与产业结构升级之间散点图的非线性特点，要求我们选择合适的非线性模型进行研究。

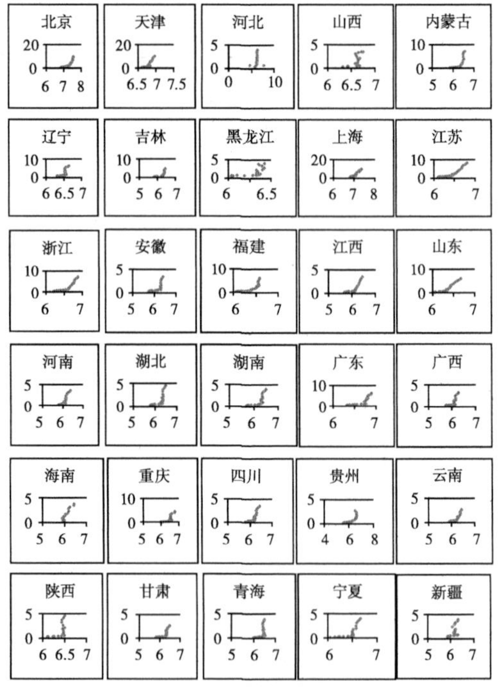


**图 4－1 各地区产业结构升级与人均 GDP 的散点图**

### 4.1.3　模型设定

PSTR 模型是研究面板数据之间非线性关系的理想工具，本研究建立的 PSTR 模型如下：

$$\begin{cases} Y_{it} = \alpha_i + \beta_1 S_{it} + \beta_2 G_{it} + \beta_3 C_{it} + \beta_4 T_{it} + \\ \qquad \sum_{k=1}^{K} (\beta_1^k S_{it} + \beta_2^k G_{it} + \beta_3^k C_{it} + \beta_4^k T_{it}) \Gamma^k (S_{it};.) + \varepsilon_{it} \\ \Gamma^k (S_{it};\gamma^k, \bar{S}_h^k) = [1 + \exp(-\gamma^k \prod_{h=1}^{H_k} (S_{it} - \bar{S}_h^k))]^{-1} \end{cases} \tag{4-1}$$

其中，$i = 1,2,\cdots,30$ 表示我们选取的 30 个省份，$t$ 表示时期。因变量 $Y_{it}$ 为省份 $i$ 在 $t$ 时期的人均 GDP，反映中国各省份的居民收入情况。$S_{it}$ 为产业结构升级指标，表示中国各省份的产业结构升级情况，我们选取 $S_{it}$ 为门限变量，$\bar{S}$ 为待估计的位置参数。$G_{it}$、$C_{it}$、$T_{it}$ 为控制变量，分别表示省份 $i$ 在 $t$ 时期的经济增长率、最终消费率和贸易依存度。

$\Gamma^k$ 为转换函数，参照大多数文献的做法，本研究将其设置为 Logistic 形式，其值介于 0 和 1 之间，$k$ 表示转换函数的个数。$\gamma$ 为平滑参数，其值大小决定了非线性函数的平滑程度。$h$ 表示位置参数的个数。

为了探讨 PSTR 模型的适用性，首先对本研究面板数据的非线性关系进行检验。基于 González 等（2005）的方法，通过 Matlab 2008a 软件来实现，PSTR 模型非线性特征检验结果如表 4－1 所示。González 等（2005）认为，当位置参数 $h = 1$ 或者 $h = 2$ 时足以对所研究的问题起到代表性作用，我们在位置参数取值为 1 和 2 两种情况下对样本数据的非线性特征进行检验，结果显示，两种情况下 *LM*、*LMF* 和 *LRT* 3 个检验统计量均在 1% 的显著性水平下拒绝具有线性特征的原假设，即面板数据变量之间存在着显著的非线性关系。因此，我们对研究的样本数据建立变量之间的 PSTR 模型具有较好的适用性。

表 4 -1　PSTR 模型的非线性特征检验结果

| 统计量 | $h=1$ | $h=2$ |
|---|---|---|
| *LM* | 229.244 (0.000) | 306.101 (0.000) |
| *LMF* | 85.232 (0.000) | 69.934 (0.000) |
| *LRT* | 284.991 (0.000) | 419.132 (0.000) |

转换函数和位置参数个数的多少决定了 PSTR 模型的具体形式，PSTR 模型设定形式的不同将导致估计结果的差异性，我们通过统计检验与经济理论相结合的方法对模型的具体形式进行设定。首先，本研究对 PSTR 模型转换函数的个数进行异质性检验，结果如表 4 -2 所示。

当位置参数的个数为 1 时，3 个检验统计量在 5% 的显著性水平下不能拒绝转换函数个数 $k=2$ 的原假设；当位置参数的个数为 2 时，3 个检验统计量在 5% 的显著性水平下不能拒绝转换函数的个数 $k=3$ 的原假设。即位置参数的个数为 1 时的最优转换函数为 2 个，位置参数的个数为 2 时的最优转换函数为 3 个。

表 4 -2　PSTR 模型转换函数个数检验

|  | 统计量 | $h=1$ | $h=2$ |
|---|---|---|---|
| $H0$：$k=1$；$H1$：$k\geqslant 2$ | *LM* | 76.994 (0.000) | 82.911 (0.000) |
|  | *LMF* | 20.466 (0.000) | 11.063 (0.000) |
|  | *LRT* | 82.121 (0.000) | 88.899 (0.000) |
| $H0$：$k=2$；$H1$：$k\geqslant 3$ | *LM* | 8.328 (0.080) | 21.000 (0.007) |
|  | *LMF* | 1.956 (0.100) | 2.500 (0.011) |
|  | *LRT* | 8.383 (0.079) | 21.358 (0.006) |
| $H0$：$k=3$；H1：$k\geqslant 4$ | *LM* |  | 2.177 (0.975) |
|  | LMF |  | 0.250 (0.981) |
|  | LRT |  | 2.181 (0.975) |

接下来需要确定位置参数的个数，PSTR 模型位置参数个数的检验结果如表 4 -3 所示。依据 Colletaz 和 Hurlin（2006）选择位置参数的最小 AIC 和 BIC 准则，我们无法判断出最优的位置参数个数。本研究借助于相关经济理论进行设定，当位置参数的个数为 2，转换函数的个数为

3时，其PSTR估计结果显示，第2个和第3个转换函数中的系数估计值均为0，且大部分估计系数均不显著，表明了此时模型设定的不合理性。当位置参数的个数为1，转换函数个数为2时，模型估计结果的大部分系数较为显著，且估计结果较为合理。因此，我们最终选取位置参数的个数为1、转换函数的个数为2的模型设定形式。

**表4-3 PSTR模型位置参数个数检验**

| | $h=1$ | $h=2$ |
|---|---|---|
| 最优转换函数个数 | 2 | 3 |
| *AIC* | -0.609 | -0.635 |
| *BIC* | -0.496 | -0.458 |

### 4.1.4 PSTR模型估计结果评价

在PSTR模型具体形式设定的基础上，借助Matlab 2008a软件对其进行估计，估计结果如表4-4所示。从表4-4中PSTR模型的估计结果可以看出，大部分估计系数在1%的显著性水平下显著，验证了我们变量选取和模型设定的合理性。两个转换函数的位置参数分别为7.3914和7.4729，表明中国产业结构升级指标在7.4左右时，其对人均GDP的影响发生区制转移，而较小的平滑参数实现了区制的平滑转移。

从产业结构升级与人均GDP的关系看，产业结构升级对人均GDP线性部分的影响系数为-0.3614，第一个转换函数和第二个转换函数中产业结构升级对人均GDP的影响系数分别为-15.2681和12.6945。由于转换函数的值处于0和1之间，因此，产业结构升级对人均GDP的最小影响系数为-15.6295，最大影响系数为12.3331。这表明，对某些省份来说，产业结构升级有助于其经济增长和收入水平的提高，而对于另一些省份来说，产业结构的升级对经济增长和收入水平产生了消极影响，即中国产业结构升级对人均GDP的提高存在着正、负两方面的影响。

对于控制变量来说，经济增长率对人均 GDP 的最小影响系数为 -120.9679，最大影响系数为 112.0107；最终消费率对人均 GDP 的最小影响系数为 -84.8384，最大影响系数为 158.8169。由此可见，经济增长率和最终消费率对人均 GDP 的影响系数存在正、负两种情况，这主要取决于转换函数值的大小，即取决于产业结构升级程度和位置参数，在产业结构升级的不同发展阶段，经济增长率和最终消费率对提高中国居民收入水平表现出了不同的特征。贸易开放度对人均 GDP 的综合影响系数大于 0，这说明贸易开放度是提高中国居民收入水平的积极影响因素。

**表 4-4 PSTR 模型参数估计结果**

| | 线性部分 | 第一个转移函数 | 第二个转移函数 |
|---|---|---|---|
| 产业结构升级（$S$） | -0.3614<br>(-0.9225) | -15.2681***<br>(-14.7467) | 12.6945***<br>(9.7238) |
| 经济增长率（$G$） | 1.5622<br>(1.0875) | 110.4485***<br>(6.4090) | -120.9679***<br>(-5.5439) |
| 最终消费率（$C$） | -6.7034***<br>(-6.3659) | 158.8169***<br>(12.3012) | -78.1350***<br>(-4.8535) |
| 贸易开放度（$T$） | 0.2211<br>(0.4007) | 1.0916<br>(0.5143) | 7.6844*<br>(2.2848) |
| 位置参数（$\bar{S}$） | | 7.3914 | 7.4729 |
| 平滑参数（$\lambda$） | | 7.7279 | 2.5332 |

由此可见，除贸易开放度对提高中国居民收入水平一直起着积极影响外，在产业结构升级的不同发展阶段，产业结构升级、经济增长率和最终消费率对中国居民人均收入水平的提高有着正、负两方面的作用效果，这主要是由于一些省份产业结构升级缺少对价值链和生产效率的考虑，如果在产业结构升级过程中不注重生产效率的提高和价值链的提升，则其对提高中国居民收入水平不具有持续性，不利于经济增长质量的提高，产业结构升级对跨越“中等收入陷阱”的有效性将会大打折扣。

## 4.2　产业结构升级对跨越“中等收入陷阱”的有效性分析：实证结果评价

### 4.2.1　产业结构升级与人均GDP的倒“U”形关系

为了进一步研究产业结构升级对人均GDP的非线性影响，我们通过方程（4-1）求人均GDP对产业结构升级的偏导数，可得产业结构升级对人均GDP的影响系数，并做出产业结构升级与其影响系数的散点图。

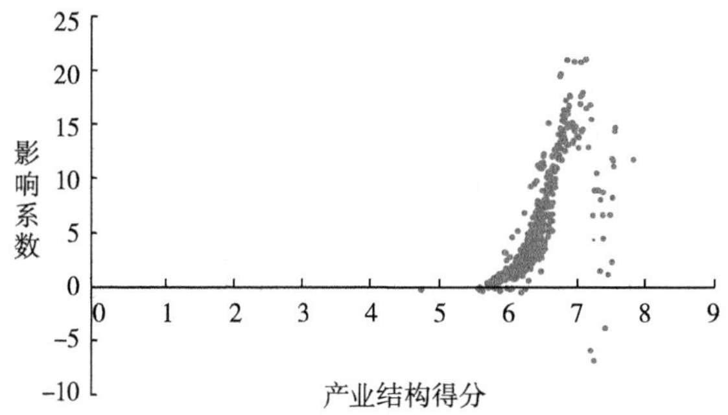


**图4-2　产业结构升级与其对人均GDP影响系数的散点图**

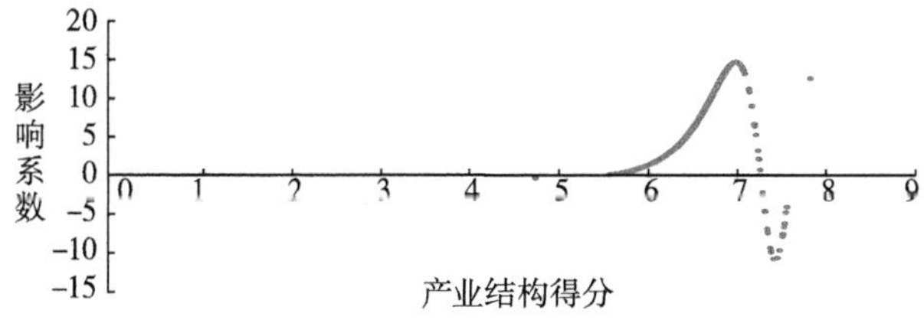


**图4-3　控制变量固定在平均值情况下的散点图**

图4-2为产业结构升级与其对人均GDP影响系数的散点图，可以看出，样本点中大部分省份产业结构升级得分小于7，只有较少省份的产业结构升级得分超过7。在产业结构升级得分小于7的样本点中，随着产业结构升级的不断推进，其对人均GDP的影响系数逐渐增大。而当产业结构得分突破7以后，随着产业结构的进一步升级，其对人均GDP的影响系数反而会下降，产业结构升级与其对人均GDP的影响系数

之间表现出了显著的倒“U”形关系。进一步，我们将控制变量经济增长率、最终消费率和贸易开放度的取值固定在其均值水平下，做出产业结构升级与其影响系数之间的散点图。如图4－3所示，两者之间表现出了明显的非线性特征。可以看出，当产业结构得分保持在6.95左右时，对经济发展和人均收入提高的积极效果达到最大值。当产业结构得分超过7.2以后，产业结构的进一步升级对人均GDP产生了消极影响。

具体来看，当产业结构处于较低水平时，进行产业结构升级有利于经济增长与居民收入水平的提高。在此阶段，因产业结构升级而产生的资源重新配置通过“结构红利”效应对经济发展产生积极影响。当产业结构水平达到一定程度时，产业结构升级的“结构红利”效应消失，只有通过不断创新以提高生产效率和提升本国产品价值链才能获得持续性发展。而中国目前的产业结构升级创新不足，产品价值链仍处于较低水平，经济增长质量有待提高。

### 4.2.2 经济增长、最终消费和贸易开放度差异条件下产业结构升级对人均GDP的影响

产业结构升级对人均GDP的作用关系将会受到控制变量的影响，因此，我们在控制变量不同取值情况下做出产业结构升级与其对人均GDP影响系数的散点图，如图4－4所示。

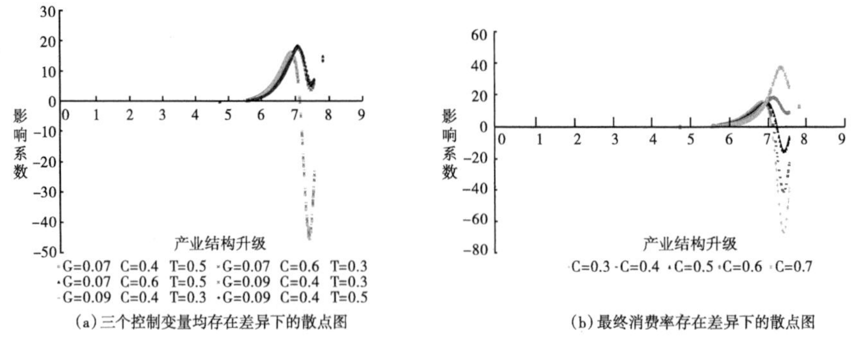


**图4－4 控制变量存在差异情况下产业结构升级对人均GDP影响的图示**

3 个控制变量均存在差异情况下的散点图 4－4（a）显示，产业结构升级对人均 GDP 的影响存在以下特点：当产业结构升级得分低于 6.95 时，随着产业结构的不断升级，其对人均 GDP 的影响系数逐渐增加，且不受控制变量的影响。当产业结构得分大于 6.95 时，首先，产业结构升级对人均 GDP 的影响系数主要受控制变量最终消费率的影响，且随着最终消费率的提高，产业结构“门限值”由 6.95 提高到 7.1，这充分说明最终消费率的提高延长了产业结构升级对人均 GDP 的积极影响路径。其次，在最终消费率相同的情况下，控制变量经济增长与贸易开放度的变化不会对影响系数产生显著影响，这说明在影响人均 GDP 的 3 个控制变量中，最终消费率是产业结构升级对人均 GDP 影响系数的敏感因素。

因此，进一步固定其他两个控制变量，仅仅在最终消费率存在差异情况下研究产业结构升级对人均 GDP 的影响系数变化规律。如散点图 4－4（b）所示，随着最终消费率的不断提高，产业结构升级与人均 GDP 的影响系数更倾向于正向关系，提高最终消费率，能够提高影响系数的最大值，并延长其上升时间。中国同时面临着发达国家高端产业的“挤出效应”和新兴发展中国家低端产业的“挤出效应”，进行产业结构转型升级以提高产品附加值和扩大内需以吸收落后产能，是中国实现经济可持续增长的两项重要举措（马晓河，2010），两者的协调发展将会对中国人均 GDP 的提高产生显著的协同效应。

具体来看，进行产业结构升级以提高居民收入要充分考虑最终消费水平和产业结构水平。当产业结构处于较低水平时，提高产业结构水平能够对居民收入提高产生显著的积极效果，这主要取决于“结构红利”效应。当产业结构处于较高水平时，“结构红利”效应逐渐消失，同时，部分省份一味地追求产业结构的高级化发展将会造成“产业空洞化”现象，导致国民经济的过度服务化和超工业化，而基础产业衰退，经济结构失衡，不利于经济增长和居民收入的提高。同时，缺乏效率性的产业结构升级将会导致本国产品结构落后，不利于提高产品的国际竞争力，导致出口受阻。尽管国内消费需求的提高将会对本国经济增长产生积极的影响，并延长产业结构升级的积极作用时间，但消费需求的积极影响效果是有限的，当本国落后的产品结构不能满足居民对高价值链产品的需求时，将会导致产品供给结构与产品需求结构之间的矛盾，导致本国居民对国外产品需求的增加，从而对本国消费产生“挤出效应”。

综合以上研究，中国产业结构升级对居民收入水平的不断提高具有局限性，尽管控制变量最终消费率与产业结构升级的协同效应显著，最终消费率的提高将会提高和延长产业结构升级对人均 GDP 的积极影响效果和期限，但这种协同效应是有限的，缺乏效率性的产业结构升级将会导致本国产品结构处于价值链低端水平，最终导致本国居民对国外商品的需求，从而对本国消费产生“挤出效应”，最终不利于居民收入水平和经济增长质量的提高。因此，缺乏效率和价值链提升的产业结构升级对跨越“中等收入陷阱”的作用有限。

## 4.3 产业结构升级对跨越“中等收入陷阱”有效性的区域差异分析

为了进一步探索各个省份产业结构升级对跨越“中等收入陷阱”的有效性，并对其区域差异进行分析，我们对 2015 年中国各个省份产业结构升级得分及其对人均 GDP 影响系数变化情况总结如表 4 - 5 所示，2015 年北京和上海的产业结构升级得分大于 7.2，表明其在全国各省份中有着较高的产业结构高级化程度，同时，产业结构升级的进一步推进将会对该省份人均 GDP 的提高产生消极影响。天津的产业结构升级得分处于 6.95 和 7.2 之间，表明天津产业结构升级的进一步推进仍会对人均 GDP 产生积极影响，但是这种积极影响作用在降低，一旦其产业结构升级得分突破 7.2，将会对人均 GDP 产生消极影响，不利于该地区居民收入水平的进一步提高。除了北京、上海和天津，中国其他省份的产业结构升级得分均低于6.95，表明中国大部分省份产业结构的进一步升级将会继续对人均GDP产生积极影响，但是这种积极影响不具有持续性，特别是对广东、浙江、江苏等产业结构升级得分接近于6.95的省份来说。

**表4-5　2015年中国各个省份产业结构升级得分及其对人均GDP影响系数变化情况**

| $S$的取值范围 | $S$对人均GDP的影响系数变化情况 | 省（市、区） |
|---|---|---|
| $S \geqslant 7.2$ | 负向影响关系 | 北京、上海 |
| $6.95 \leqslant S \leqslant 7.2$ | 正向影响关系，但随着产业结构升级的不断推进，其对人均GDP的影响系数逐渐下降 | 天津 |
| $S \leqslant 6.95$ | 正向影响关系，且随着产业结构升级的不断推进，其对人均GDP的影响系数逐渐提高 | 河北、山西、内蒙古、辽宁、吉林、黑龙江、江苏、浙江、安徽、福建、江西、山东、河南、湖北、湖南、广东、广西、海南、重庆、四川、贵州、云南、陕西、甘肃、青海、宁夏、新疆 |

从目前来看，中国各省份产业结构升级存在三个发展阶段：北京和上海的产业结构升级处于高级阶段，其产业结构的进一步升级不利于居民收入水平的进一步提高；天津的产业结构升级处于中级阶段，其产业结构的进一步升级对居民收入水平的积极影响在降低；其他省份的产业结构升级处于低级阶段，其产业结构的进一步升级仍然会对居民收入水平的提高产生积极影响，但是这种积极影响不具有可持续性。

我们认为，对不同发展水平的省份来说，产业结构升级对人均GDP的影响具有不同特征，国家在制定产业政策时，要充分考虑不同省份产业结构升级的阶段性特征。对北京和上海来说，其研发水平和科技水平相对较高，但其产业结构的进一步升级反而会降低居民收入水平，究其原因，我们认为继续提高研发和科技水平至关重要，但是这两个市在产业结构升级过程中要警惕“产业空洞化”现象，过度的服务化和超工业化将会导致基础产业和新兴产业之间的缺口，进而导致经济结构失衡，最终不利于居民收入水平的提高。对天津来说，尽管产业结构的进一步升级仍会对居民收入水平提高产生积极影响，但这种积极影响的效果在减弱，主要在于其产业结构升级过程中的“结构红利”正在逐步消失，要通过提高产业结构的科技含量来促进居民收入的提高。而对于其他省份来说，一方面，产业结构升级过程中的“结构红利”面临消失，另一方面，这些省份的研发水平和科技水平相对不足，与发达省份相比，产业结构升级缺乏效率性和价值链攀升，导致其产业结构升级对人均 GDP 的提高存在着一定的局限性，因此，对这些省份来说，提高研发科技水平是产业结构升级过程中的关键。

## 4.4 本章结论

为了研究产业结构升级对跨越“中等收入陷阱”的有效性，并提高中国经济增长质量，本研究基于 30 个省份的省际面板数据建立了产业结构升级与人均 GDP 的 PSTR 模型，发现两者之间存在着显著的倒“U”形关系，中国产业结构升级的不断推进对居民收入水平的提高存在着显著的阶段性特征，当产业结构升级达到一定程度时，其对居民收入水平的积极作用效果将会显著下降。同时，产业结构升级对人均 GDP 的作用受到控制变量最终消费率的影响，而不受控制变量经济增长与贸易开放度的影响，产业结构升级与国内消费需求提升的协同推进将会对人均 GDP 的提高产生显著的协同效应，但这种协同效应是暂时的，缺乏效率提高和价值链攀升的产业结构升级将会导致中国产品结构的低端化趋势，不能满足本国居民对高端产品的需求，进而提高本国居民对国外高质量产品的需求，从而对本国消费产生“挤出效应”，最终不利于本国居民收入水平的提高和经济增长质量的提高。因此，结合本研究的实证研究结论，提出以下几点跨越“中等收入陷阱”，并提高经济增长质量的政策建议：①鼓励企业加快创新驱动发展，实现本国产品价值链的攀升。只有高质量、高品质的产品才能持续地满足本国居民的消费需求，从而最大限度地挖掘消费对经济增长的拉动作用。要积极鼓励企业进行创新驱动发展，支持创新型企业发展壮大，给予创新型企业或者企业的创新行为以政策优惠，如税收优惠、贷款优惠、政府扶持资金以及国家技术支持等。同时，可以从消费者角度引导居民将消费目光转向国内，鼓励消费者的国内消费行为，要区分不同的消费对象有针对性地进行政策制定。②围绕消费升级趋势进行产业转型升级。只有产品结构与需求结构相匹配，才能实现产品市场与消费市场的良性循环发展。因此，产业转型升级要围绕消费升级趋势，以消费需求为核心进行技术创新，同时要引导居民树立正确的消费观念，做出正确的消费行为，以实现合理的消费结构，积极扩大国内消费需求，协同推进消费升级与产业升级，以最大限度地发挥两者对提高居民收入水平的协同效应。③提高人力资本水平以实现产业结构的成功转型升级。人力资本作为“科学技术是第一生产力”的重要载体，是影响产业结构转型升级的关键因素（Acemoglu，2003；Ciccone 和 Papaioannou，2006；Hausmann，Hwang 和 Rodrik，2007；马世洪，2016；王晓萍，2014），直接关系到产业的发展高度（王晓萍，2014）。同时，产业结构升级是实现更高质量就业水平和收入水平的基本途径。因此，提高人力资本水平可以实现人力资本与产业结构升级的良性循环发展，从而有利于居民收入水平的提高。

# 第5章　中国能源结构特征与能源效率基本测算

现阶段中国经济发展凸显出传统经济增长动力作用逐渐减弱、新经济增长动力明显不足的特征。中国传统粗放型经济增长依赖于能源的高投入和高消耗，2011年中国GDP能耗已经达到世界平均水平的2.5倍，美国的3.3倍，更是日本的7倍。在中国经济运行中，一方面能源消耗逐年递增，另一方面能源缺口逐年加大，据预测，到2020年能源缺口将达到8亿吨标准煤。因此中国经济增长的物质支持已显不足，能源安全问题日益严重。

能源安全问题已经成为能源领域的热点问题，对于如何保证人类可持续发展所需的能源供应及安全等问题，相关学者进行了大量研究。Sujeetha和Bundit（2013）以电力行业为例，分析了斯里兰卡、泰国和越南能源效率的提高对能源安全的保障作用，斯里兰卡能源效率的提高显著地保证了能源供应和安全；而对泰国和越南来说，短期内能源效率提高保障了能源供应和安全，但是从长期来看能源效率提高对能源提供和安全并没有显著影响。中国学者李世祥（2010）认为中国要顺利实现2020年经济总量比2000年翻两番的目标，在能源战略上一半要依靠开源，一半要依靠节能。涂正革（2012）从调整经济结构和工业化适度发展的角度阐述了实现中国经济和能源安全的现实路径，强调加大节能技术及新能源开发的投入力度是保障中国能源安全的重要措施。陈柳钦（2011）认为节约能源是保障中国中短期能源安全的重要环节。

在传统能源占经济发展动力主导地位的情况下，传统能源的消耗必然带来环境的污染，大范围的雾霾等天气已严重影响到人们的健康，导致人口红利优势逐渐丧失，因此维系中国目前这种增长模式的自然环境出现了恶化。李克强总理在 2014 年“两会”期间答记者问时指出，“我们不片面追求 GDP，但是我们还是需要贴近老百姓的 GDP，提高质量效益、节能环保的 GDP”。李总理同时强调要“向雾霾污染宣战”“向粗放的生产和生活方式宣战”。在经济增长新常态下，为了对中国能源与环境约束下的经济增长质量及三者之间的关系进行研究，本章作为全文的基础之一，对中国经济高速增长期间的能源结构进行分析，并对中国全要素能源效率和节能减排进行基本测算。

为了测算中国全要素能源效率并对影响节能减排因素的阶段性特征进行研究，本章充分考虑到国内各省份之间效率差距较大的实际情况，尤其是效率较低省份实现对效率较高省份的效率追赶在短期内存在一定困难的现实，我们在 SSBM 模型中区分不同的情景对中国的全要素能源效率和节能减排进行基本测算，以保证估计和测算的合理性和科学性。具体分解为以中国 29 个省份为样本进行测算的情景一模式和以东、中、西部地区分别为样本进行测算的情景二模式，两种情景下的估计结果均表明能源效率提高使节能减排规模扩大，能源节约规模在弥补完能源供需缺口之后，尚存在大量剩余。当能源效率达到一定水平后，将会产生“回弹效应”，此时能源效率不再是影响节能减排的主要因素，因此中国进行高质量的产业结构转型升级成为经济发展的关键。

## 5.1　中国能源结构特征与分析

能源作为生产过程中的重要要素投入，是经济发展不可或缺的重要物资基础。在人类社会能源储存量有限的情况下，一个国家的能源结构特征在一定程度上决定着该国经济发展的对外依存度。伴随着中国 40 年的经济发展进程，中国能源产出和能源消费结构发生了较大的变化，特别是能源消费总量增速大于能源生产总量增速所导致的能源缺口问题越来越严重，加剧了中国能源安全的紧张局势。同时，在经济发展过程中，中国原煤和煤炭的生产和消费仍然是能源生产结构和能源消费结构的主要部分，已成为中国环境污染加重的主要原因，新兴能源和清洁能源的生产比例和消费比例仍然比较低，不能充分发挥其对经济增长的动力作用。

本章后续对中国能源产出结构和能源消费结构进行具体分析，以对中国经济增长过程中的能源结构特征有一个直观的把握，为进一步研究相关问题提供基础性研究。通过理论与实证分析，本章试图探寻中国目前经济发展中能源结构存在的问题，找出影响中国经济可持续发展的能源约束，有的放矢地从根本上缓解中国能源安全问题。

### 5.1.1 能源产出结构分析

表 5 – 1 为中国 1980—2016 年的能源生产总量及构成，从中可以看出，随着中国经济的不断发展，能源生产总量呈持续上升趋势，已经从 1980 年的 62046 万吨标准煤上升到了 2016 年的 315131 万吨标准煤，其中，2015 年和 2016 年能源生产总量略有下降，这与中国推出的安全环保措施有关。能源生产总量中以对原煤的生产为主，达到能源生产总量的 70% 以上，特别是 2004—2013 年，原煤的生产总量占到了能源生产总量的 80% 以上。其次，原油生产总量在能源生产总量中占据一定比重，但是原油生产总量在能源生产总量中所占的百分比呈下降趋势，已经从 1980 年的 24.4% 下降到了 2016 年的 9.0%，这一方面表明中国自然资源中的原油储存量呈逐渐减少的趋势，另一方面表明由于开采条件的困难和技术水平所限，对现有原油进行开采将越发困难，这充分说明在传统能源作为生产力重要推动力的情况下，能源供应和安全问题将会对中国经济的可持续增长产生严重威胁。天然气和一次电力及其他能源的生产比例虽然呈逐渐上升趋势，但是其所占比例依旧比较低，2016 年天然气生产总量和一次电力及其他能源生产总量分别占能源生产总量的 5.7% 和 8.6%，这也说明，由于技术发展水平所限，中国对新兴能

源的生产力度较低，而对新兴能源的继续开发将是解决中国能源安全和实现中国经济可持续增长的重要战略措施。

中国能源生产仍然以传统能源为主，能源产出结构更加偏向原煤等传统能源，而对天然气、一次电力及其他能源的生产比例较低，能源产出结构以高污染的原煤生产为主。在能源逐渐枯竭和环境恶化的背景下，为了实现中国经济的可持续发展，必须进行能源产出结构的转型升级，向清洁能源和新兴能源倾斜，大力开发清洁能源和新兴能源的生产潜力。

**表 5-1　中国 1980—2016 年能源生产总量及构成**

| 年份 | 能源生产总量（万吨标准煤） | 占能源生产总量的比重（%） | | | |
|---|---|---|---|---|---|
| | | 原煤 | 原油 | 天然气 | 一次电力及其他能源 |
| 1980 | 62046 | 71.4 | 24.4 | 3.0 | 1.2 |
| 1981 | 61364 | 72.4 | 23.6 | 2.7 | 1.3 |
| 1982 | 64686 | 73.5 | 22.6 | 2.5 | 1.4 |
| 1983 | 68877 | 74.1 | 22.0 | 2.4 | 1.5 |
| 1984 | 75493 | 74.7 | 21.7 | 2.2 | 1.4 |
| 1985 | 83005 | 75.1 | 21.5 | 2.1 | 1.3 |
| 1986 | 85523 | 74.7 | 21.8 | 2.1 | 1.4 |
| 1987 | 88524 | 74.9 | 21.6 | 2.1 | 1.4 |
| 1988 | 92809 | 75.5 | 21.1 | 2.0 | 1.4 |
| 1989 | 98418 | 76.5 | 20.0 | 2.0 | 1.5 |
| 1990 | 100487 | 76.8 | 19.7 | 2.0 | 1.5 |
| 1991 | 101490 | 76.5 | 19.9 | 2.1 | 1.5 |
| 1992 | 103771 | 76.9 | 19.6 | 2.0 | 1.5 |
| 1993 | 107059 | 76.8 | 19.4 | 2.2 | 1.8 |
| 1994 | 114009 | 77.7 | 18.3 | 2.3 | 2.2 |
| 1995 | 123519 | 78.7 | 17.4 | 1.9 | 2.0 |
| 1996 | 127404 | 78.3 | 17.6 | 2.1 | 2.0 |
| 1997 | 127431 | 77.8 | 18.0 | 2.2 | 2.0 |
| 1998 | 123713 | 76.9 | 18.6 | 2.3 | 2.2 |

续表

| 年份 | 能源生产总量（万吨标准煤） | 占能源生产总量的比重（%） | | | |
|---|---|---|---|---|---|
| | | 原煤 | 原油 | 天然气 | 一次电力及其他能源 |
| 1999 | 126264 | 77.2 | 18.1 | 2.7 | 2.1 |
| 2000 | 132384 | 76.3 | 17.6 | 2.7 | 3.4 |
| 2001 | 139928 | 76.5 | 16.7 | 2.9 | 3.9 |
| 2002 | 148450 | 77.0 | 16.1 | 2.9 | 4.0 |
| 2003 | 170305 | 79.3 | 14.2 | 2.7 | 3.8 |
| 2004 | 196418 | 80.5 | 12.8 | 2.8 | 3.9 |
| 2005 | 218355 | 81.2 | 11.9 | 3.0 | 3.9 |
| 2006 | 233269 | 81.4 | 11.3 | 3.3 | 4.0 |
| 2007 | 251772 | 81.6 | 10.6 | 3.7 | 4.1 |
| 2008 | 262992 | 81.0 | 10.3 | 4.1 | 4.6 |
| 2009 | 271067 | 81.0 | 10.0 | 4.2 | 4.8 |
| 2010 | 294807 | 80.7 | 9.8 | 4.3 | 5.2 |
| 2011 | 323045 | 81.9 | 9.0 | 4.3 | 4.8 |
| 2012 | 330203 | 81.0 | 9.0 | 4.4 | 5.6 |
| 2013 | 336452 | 80.4 | 8.9 | 4.7 | 6.0 |
| 2014 | 336149 | 79.2 | 9.0 | 5.0 | 6.8 |
| 2015 | 333505 | 78.2 | 9.2 | 5.3 | 7.3 |
| 2016 | 315131 | 76.7 | 9.0 | 5.7 | 8.6 |

注：能源生产总量根据电热当量计量法计算。

资料来源：2017年《中国能源统计年鉴》。

### 5.1.2 能源消费结构分析

中国1980—2016年的能源消费总量及构成见表5-2。在中国粗放型经济增长模式的推动下，随着经济总量的进一步扩大，能源消费总量也在不断地扩大。中国1980—2016年能源消费总量呈持续上升趋势，已经从1980年的58587万吨标准煤上升到了2016年的405144万吨标准煤，2016年的能源消费总量几乎是1980年的6.9倍。2013年之前，煤炭消费总量在能源消费总量中占70%以上，由于煤炭燃烧排放的污染物是造成中国空气污染的重要原因，所以中国经济增长过程中对煤炭要素的高度依赖是中国环境污染状况逐渐恶化的主要原因。2013 年之后，随着环境保护意识的增强，对煤炭消费的百分比整体呈下降趋势，这在一定程度上会对缓解环境压力产生一定的积极影响。石油消费占能源消费总量的 20% 左右，是中国经济增长过程中重要的能源投入要素。随着生产水平的不断提高，虽然对天然气和一次电力及其他能源的消费比例呈整体上升趋势，但是其消费比例依然比较低。中国 2016 年天然气消费总量和一次电力及其他能源消费总量分别占能源消费总量的 6.7% 和 6.7%。这也表明由于技术水平所限和新兴能源供给不充分，清洁能源尚不能成为中国经济增长的主要推动力，因此，如果不加大清洁能源的供给，现阶段传统能源依然是中国经济增长过程中主要的生产动力，其对环境的影响也会持续下去。

**表 5-2　中国 1980—2016 年能源消费总量及构成**

| 年份 | 能源消费总量（万吨标准煤） | 占能源生产总量的比重（%） | | | |
|---|---|---|---|---|---|
| | | 煤炭 | 石油 | 天然气 | 一次电力及其他能源 |
| 1980 | 58587 | 74.2 | 21.4 | 3.2 | 1.2 |
| 1981 | 57577 | 75.1 | 20.6 | 2.9 | 1.4 |
| 1982 | 59966 | 76.3 | 19.6 | 2.6 | 1.5 |
| 1983 | 63635 | 77.0 | 18.8 | 2.5 | 1.7 |
| 1984 | 68495 | 77.8 | 18.1 | 2.5 | 1.6 |
| 1985 | 74112 | 78.5 | 17.7 | 2.3 | 1.5 |
| 1986 | 77776 | 78.2 | 17.9 | 2.4 | 1.5 |
| 1987 | 83850 | 78.7 | 17.6 | 2.2 | 1.5 |
| 1988 | 89963 | 78.8 | 17.6 | 2.1 | 1.5 |
| 1989 | 93666 | 79.3 | 17.1 | 2.0 | 1.6 |
| 1990 | 95384 | 79.0 | 17.2 | 2.1 | 1.7 |
| 1991 | 100413 | 78.7 | 17.7 | 2.1 | 1.5 |
| 1992 | 105602 | 78.3 | 18.1 | 2.0 | 1.6 |
| 1993 | 111490 | 79.0 | 17.1 | 2.1 | 1.8 |

续表

| 年份 | 能源消费总量（万吨标准煤） | 占能源生产总量的比重（%） | | | |
|---|---|---|---|---|---|
| | | 煤炭 | 石油 | 天然气 | 一次电力及其他能源 |
| 1994 | 118071 | 79.5 | 16.2 | 2.2 | 2.1 |
| 1995 | 123471 | 77.0 | 18.6 | 1.9 | 2.5 |
| 1996 | 129665 | 76.7 | 19.5 | 1.9 | 1.9 |
| 1997 | 130082 | 74.9 | 21.3 | 1.8 | 2.0 |
| 1998 | 130260 | 74.2 | 21.8 | 1.9 | 2.1 |
| 1999 | 135132 | 73.6 | 22.3 | 2.1 | 1.9 |
| 2000 | 140993 | 71.5 | 22.9 | 2.3 | 3.3 |
| 2001 | 148264 | 71.5 | 22.2 | 2.5 | 3.8 |
| 2002 | 161935 | 71.8 | 22.0 | 2.4 | 3.8 |
| 2003 | 189269 | 73.2 | 20.9 | 2.4 | 3.5 |
| 2004 | 220738 | 73.2 | 20.8 | 2.4 | 3.6 |
| 2005 | 250835 | 75.4 | 18.6 | 2.5 | 3.5 |
| 2006 | 275134 | 75.5 | 18.2 | 2.8 | 3.5 |
| 2007 | 299271 | 75.6 | 17.6 | 3.1 | 3.7 |
| 2008 | 306455 | 75.0 | 17.4 | 3.5 | 4.1 |
| 2009 | 321336 | 74.9 | 17.2 | 3.7 | 4.2 |
| 2010 | 343601 | 72.7 | 18.3 | 4.2 | 4.8 |
| 2011 | 370163 | 73.4 | 17.6 | 4.8 | 4.2 |
| 2012 | 381515 | 72.2 | 17.9 | 5.1 | 4.8 |
| 2013 | 394794 | 71.3 | 18.0 | 5.6 | 5.1 |
| 2014 | 400299 | 69.8 | 18.5 | 6.0 | 5.7 |
| 2015 | 402164 | 68.1 | 19.6 | 6.2 | 6.1 |
| 2016 | 405144 | 66.7 | 19.9 | 6.7 | 6.7 |

注：能源消费总量根据电热当量计量法计算。

资料来源：2013 年《中国能源统计年鉴》。

### 5.1.3 能源产出结构与能源消费结构对比分析

从能源生产总量和能源消费总量的对比分析图 5－1 可以看出，1991 年之前能源生产总量大于能源消费总量，能源供应与安全问题尚构不成制约中国经济增长的主要问题。随着中国经济增长速度和经济总量的不断提高，对能源需求加速扩张，1991年之后出现了能源消费总量大于能源生产总量的能源缺口问题。尽管能源生产总量和能源消费总量整体上都呈上升趋势，但是能源消费总量的增长速度快于能源生产总量，特别是2003年以来，能源缺口越来越大，为了满足国内经济增长对能源消费的需求，只能加大能源的进口或提高能源的使用效率。但是依靠进口维持生产过程中的能源物质投入终究不是独立自强的发展策略，在国际环境与国际关系发生变化时，进口能源的不确定性使经济增长更具脆弱性，特别是在经济危机发生时往往会受到较大的牵连冲击。因此，提高中国能源使用效率才是解决中国能源安全问题、走独立自强发展道路的重要措施。

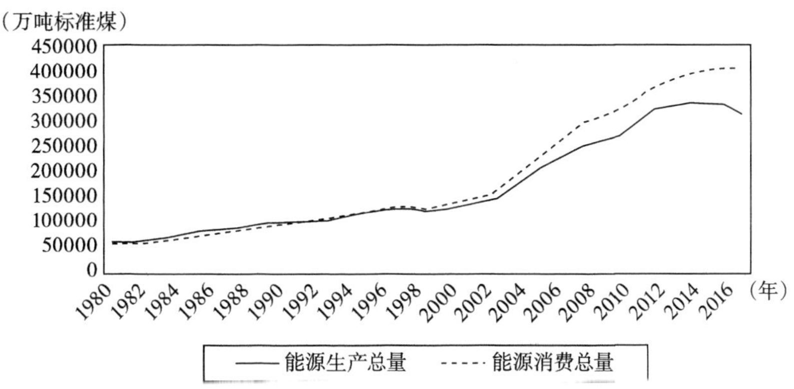


**图5－1　能源生产总量与能源消费总量**

从各类能源消费和能源生产的对比趋势图5－2、图5－3、图5－4和图5－5可以看出，原煤生产和煤炭消费以及一次电力及其他能源生产和消费的趋势一致，该两类能源结构的匹配性较强，其消费总量和生产总量具有很强的一致性。天然气生产总量和消费总量在2008年之前基本一致，匹配性较强；2008年之后，天然气消费总量增长速度大于其生产总量，导致天然气出现了较大的供给缺口。而原油生产总量和石油消费总量的供给缺口是导致中国能源总量供给缺口的主要因素，从图

5－3可以看出，1996 年以后，我国石油消费总量的增长速度远远大于原油生产总量的增长速度，中国经济增长对石油的需求量越来越大，而原油的生产总量不能满足中国庞大的石油需求量，因此，中国每年不得不进口大量的石油，这加大了中国经济发展对其他国家的依存度。

综上所述，无论是能源生产结构还是能源消费结构，中国对原煤的生产和消费比例都过大，对天然气和一次电力及其他能源的消费和生产比例则过小；而原煤、石油等传统能源往往是造成环境污染的主要原因，天然气和一次电力及其他能源等往往不会对环境产生压力。由于中国生产过程主要消耗传统高污染能源，在一定程度上对国内环境状况造成了消极影响。因此，在传统能源逐渐枯竭以及环境逐渐恶化的情况下，对可再生能源的开发利用是中国实现可持续增长的必要条件。但是，在可再生能源尚不能形成主要生产能力的情况下，提高传统能源的使用效率对于经济的可持续发展则更具有现实价值。因此，现阶段提高能源效率是保障中国能源供应安全、实现经济可持续增长的重要战略手段，并最终推动中国经济增长质量的提高。

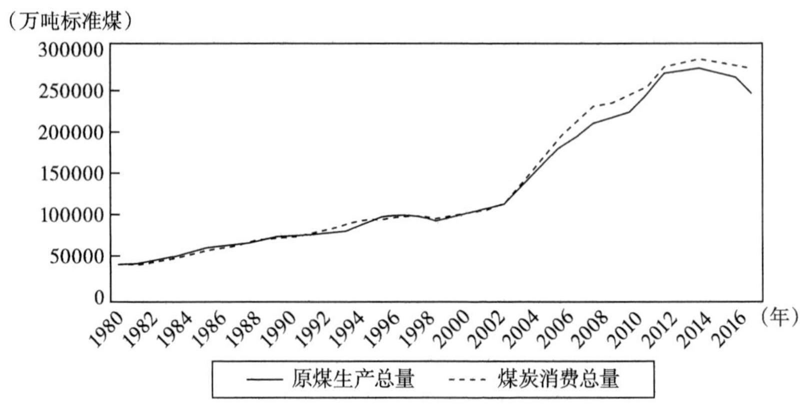


**图 5－2　原煤生产总量与煤炭消费总量**

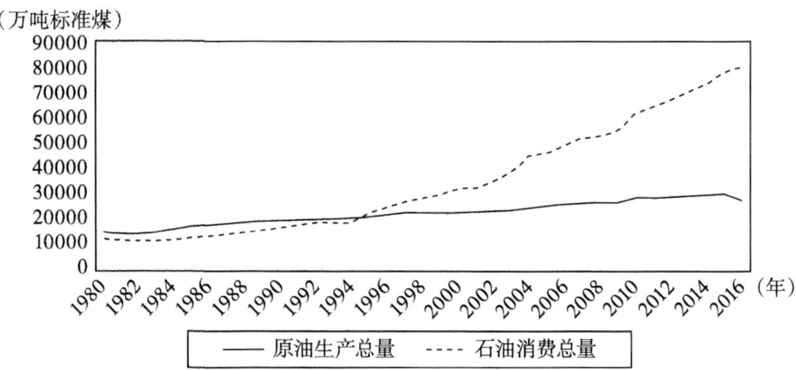


**图 5－3　原油生产总量与石油消费总量**

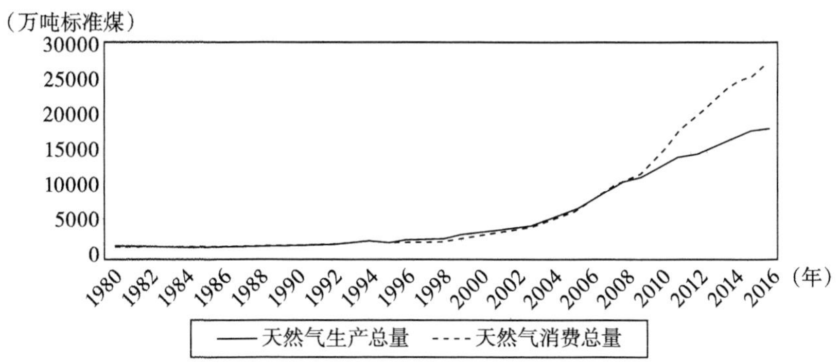


**图 5－4　天然气生产总量与消费总量**

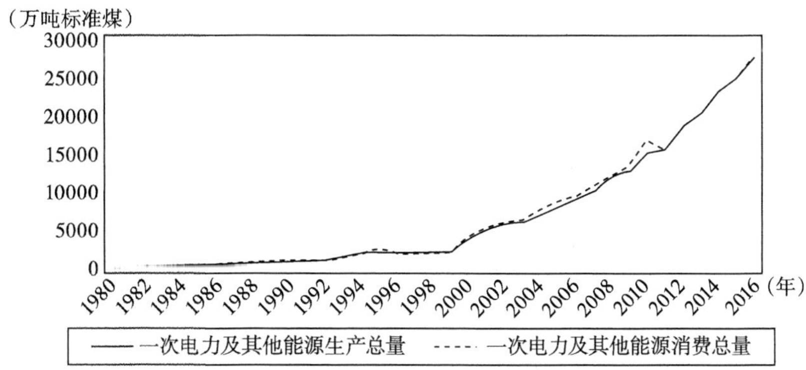


**图 5－5　一次电力及其他能源生产与消费总量**

## 5.2 中国全要素能源效率基本测算

目前，相关学者普遍使用能源强度指标来衡量能源效率，能源强度被定义为能源投入与国内生产总值之比（Patterson，1996；Renshaw，1981）。能源强度研究的是单一要素投入对产出的效率问题，在生产过程中能源必须与其他要素相结合才能产生产出，Hu 和 Kao（2007）认为能源强度是部分要素能源效率指标，当随着时间推移改变能源投入种类时，能源强度作为能源效率的衡量指标不再具有适用性。因此，应建立多投入模型来克服能源强度这种单一要素投入的局限性，其中数据包络分析方法（DEA）作为一种处理多投入和多产出的分析方法在估计能源效率方面具有无限潜力。基于数据包络分析方法，Hu 和 Wang（2006）首先提出了全要素能源效率的概念，并对中国 29 个省份的全要素能源效率进行测算，其估计结果和以往相比具有较大的改进，并更符合实际。Hu 和 Wang 将全要素能源效率定义为潜在投入与实际投入之比，认为全要素能源效率越高，一定产出水平下其能源投入被利用得越充分，其能源效率改进空间越小。基于 Hu 和 Wang 的开创性工作，Honma 和 Hu（2008）、Zhang 等（2011）、Chang（2013）等相关学者相继使用全要素能源效率指标来研究能源效率问题，并与传统的能源效率指标进行了对比。

以上学者在对全要素能源效率进行测算时，虽然考虑了劳动、资本以及能源等要素的投入约束，但在产出方面仅将国内生产总值这种合意产出作为唯一产出，而没有考虑经济增长过程中造成的大气污染、水污染等环境污染的非合意产出，即没有考虑环境约束。然而，环境约束对产出的影响是现实存在的，特别是近些年在中国经济高速发展导致的环境问题日益恶化的情况下，将非合意产出纳入模型更符合中国实际。Pittman（1983）首先将非合意产出纳入效率测算模型，基于 Pittman 的开创性工作，大量学者将非合意产出纳入能源效率的测算模型，Shi 等

（2010）和 Sabuj（2010）考虑在给定合意产出的情况下，通过研究实际非合意产出和潜在非合意产出的差额来衡量生产效率。Feng 等（2013）在考虑废水、废气和固体废物等非合意产出的情况下对中国钢铁行业 50 个企业的能源效率进行测量，结果表明环境治理对中国生产效率提高具有潜在的积极影响。

国内学者在对能源效率进行测量时，较多使用合意产出作为唯一的产出要素，如师博和沈坤荣（2008）、金培振等（2011），而对包含非合意产出的效率测算尚处于探索阶段。王喜平和姜晔（2012）运用方向距离函数和马氏指数模型，并将二氧化碳作为非合意产出纳入模型，对 36 个工业行业的全要素能源效率进行估算，结果表明能源消费结构对能源效率产生了不利影响。张伟和吴文元（2011）在使用多投入—多产出的 DEA 模型对长三角都市圈的全要素能源效率进行测量时，将工业废气排放量作为非合意产出纳入模型，认为废气的过度排放和能源的过度使用是长三角都市圈能源效率增长率降低的重要原因。

从以上分析可以看出，国内学者在考虑非合意产出时，往往使用单一的环境要素，并没有全面考虑经济增长导致的各种环境污染问题，以单一的非合意产出作为环境约束往往与实际不相符合。因此，本研究综合考虑多种环境污染因素和指标，并将其纳入非合意产出体系，以保证对全要素能源效率和节能减排的估计更加真实和可靠。

### 5.2.1　基于松弛的超效率模型

假设有 $n$ 个决策单元（$DMU$），每个决策单元有 $m$ 种投入 $x$ 和 $s$ 种产出 $y$，并分别定义投入矩阵和产出矩阵：$X = (x_{ij}) \in R_{m*n}$，$Y = (y_{ij}) \in R_{s*n}$。根据投入产出的实际过程，假定 $x > 0, y > 0$，可得生产可能集 $P$：$p = \{(x,y) \mid x \geqslant X\lambda, y \leqslant Y\lambda, \lambda \geqslant 0\}$，其中 $\lambda$ 为实际和前沿水平之间的权重向量。$x \geqslant X\lambda$ 表示与前沿投入相比，实际投入较大；$y \leqslant Y\lambda$ 表示与前沿产出水平相比，实际产出较低，这是由无效率造成的。

假定 $s^- \in R_m, s^+ \in R_s$ 分别为投入变量和产出变量的松弛，则对任何一个决策单元某一投入产出水平（$x_0,y_0$）可以表示为：$x_0 = X\lambda + s^-, y_0 = Y\lambda - s^+$。

则基于松弛的效率模型（SBM）的效率可表示如下：

$$\min_{\lambda,s^-,s^+} \rho = \frac{1 - \frac{1}{m}\sum_{i=1}^{m}\frac{s^-}{x_{i0}}}{1 + \frac{1}{s}\sum_{r=1}^{s}\frac{s^+}{y_{r0}}}$$

$$\text{s.t.} \quad x_0 = X\lambda + s^-$$

$$y_0 = Y\lambda - s^+$$

$$\lambda \geqslant 0, s^- \geqslant 0, s^+ \geqslant 0 \qquad (5-1)$$

其中效率指标 $\rho$ 介于0和1之间，随着投入松弛和产出松弛的增加而单调递减，当投入松弛越大时，表明要素投入存在浪费现象，从而效率较低；同理，当产出松弛越大时，表明产出越少，也是生产率不高的表现。

对效率指标 $\rho$ 变形，可得：

$$\rho = \left(\frac{1}{m}\sum_{i=1}^{m}\frac{x_{i0} - s_i^-}{x_{i0}}\right)\left(\frac{1}{s}\sum_{i=1}^{s}\frac{y_{r0} + s_r^+}{y_{r0}}\right)^{-1} \qquad (5-2)$$

当 $s^- = 0, s^+ = 0$ 时，$\rho = 1$，表明此时的投入松弛和产出松弛均为0，此时决策单元有效（SBM - efficient）。

如果决策单元无效，则可以通过对投入松弛和产出松弛的改变来实现有效率的生产。

在SBM模型中，$\rho$ 的最大值为1，当有多个决策单元同时处于有效状况时，无法对这些有效的决策单元进行再排序。为了解决这类问题，Tone（2001）将SBM模型拓展为SSBM模型（Super SBM），这样就允许 $\rho$ 大于1。SSBM模型如下：

$$\min_{\lambda,s^-,s^+} \rho^* = \frac{\frac{1}{m}\sum_{i=1}^{m}\frac{\bar{x}}{x_{i0}}}{\frac{1}{s}\sum_{r=1}^{s}\frac{\bar{y}}{y_{r0}}}$$

$$
\begin{aligned}
\text{s.t.}\quad & \bar{x} \geqslant \sum_{j=1}^{n} \lambda_j x_j \\
& \bar{y} \leqslant \sum_{j=1,\neq 0}^{n} \lambda_j y_j \\
& \sum_{j=1}^{n} \lambda_j = 1 \\
& \bar{x} \geqslant x_0 \text{ and } \bar{y} \leqslant y_0 \\
& \bar{y} \geqslant 0, \lambda \geqslant 0
\end{aligned} \tag{5-3}
$$

在 Super SBM 模型中允许效率值 $\rho^* \geqslant 1$，这样我们就解决了有效单元间的排序问题，能使得测量结果更加准确。

因此，基于上述 SSBM 测算方法，我们可以得到能源投入的松弛量 $s_e^-$，进而可计算出全要素能源效率 $\theta = \dfrac{E - s_e^-}{E}$，其中 $E$ 表示能源实际投入。

## 5.2.2　中国全要素能源效率估计与评价

### 5.2.2.1　数据来源与变量处理

本研究基于中国 1993—2012 年的省际面板数据，对中国各个省份的全要素能源效率进行测算。由于西藏自治区的数据在部分年份丢失，我们剔除掉西藏自治区，同时，由于重庆在 1997 年之后从四川省划分出去成为直辖市，鉴于数据的可获得性，我们将重庆并入四川省，因此我们共选择 29 个省份的数据进行分析，主要包括东部地区的北京、天津、河北、辽宁、上海、江苏、浙江、福建、山东、广东、广西、海南 12 个省、区、市；中部地区的山西、内蒙古、吉林、黑龙江、安徽、江西、河南、湖北、湖南 9 个省、区；西部地区的四川（并入重庆数据）、贵州、云南、陕西、甘肃、宁夏、青海、新疆 9 个省、区。投入指标和产出指标选取如下：

（1）劳动投入。我们使用各地区的实际就业人员作为劳动力的投入量，数据来源于各个地区的统计年鉴。

（2）资本投入。我们使用各地区固定资产投资存量指标作为资本投入，由于中国目前的统计资料尚未对固定资产投资的存量指标进行统计，所以我们使用永续盘存法对各个省份的固定资产投资存量进行估计。具体估计步骤如下：

$$K_{it} = K_{it-1} + I_{it} - D_{it} \tag{5-4}$$

其中，$K_{it}$、$I_{it}$ 和 $D_{it}$ 分别代表地区 $i$ 在 $t$ 期的固定资产投资存量值、固定资产投资流量值和固定资产折旧，相关数据来源于 1994—2013 年《中国统计年鉴》和各地区统计年鉴。

另外，永续盘存法涉及对基期固定资产存量的估计，我们使用许多国际研究机构的通用做法，如霍尔和琼斯（Hall 和 Jones，1999）在估计基期的资本存量时采用的计算方法，即基期的固定资产投资流量与样本期间投资增长的几何平均数加上折旧率后的比值 。

$$K_{it} = \frac{1}{g_i + \delta_i} \times I_{it} \quad i = 1,2,3 \tag{5-5}$$

其中，$K_{it}$ 和 $I_{it}$ 分别代表地区 $i$ 在 $t$ 期的固定资产投资存量与固定资产投资流量。$g_i$ 代表地区 $i$ 的固定资产投资增长率。

对于固定资产投资增长率，我们使用固定资产投资的几何平均增长率：

$$I_{i0}\ (1 + g_i)^n = I_{in} \tag{5-6}$$

$$g_i = (\frac{I_{in}}{I_{i0}})^{\frac{1}{n}} - 1 \tag{5-7}$$

根据式（5-4）、式（5-5）、式（5-6）和式（5-7），可计算出各个地区的固定资产投资存量，并使用固定资产投资价格指数以 1993 年为基期进行定基处理。

（3）能源投入。我们使用各地区的能源消费总量作为能源投入指标，相关数据来自 1994—2013 年《中国能源统计年鉴》。

（4）农作物总播种面积。由于《中国能源统计年鉴》的统计数据为传统的一次性能源，包括原煤和原油及其制品、天然气、电力，但是并不包括低热值燃料（指“不计入原煤产量，而可用作燃料的煤炭”）、生物质能和太阳能等可循环利用能源。然而这些可循环利用的能源中生物质能占很大的比例，且 Chang 等（2003）认为中国 2000 年的生物质能占中国能源消费总量的 19.9%。但由于中国对于生物质能的统计资料较少，数据不连贯，现有数据仅仅统计到 1999 年。这里我们参照 Hu 和 Wang（2006）的做法，选择农作物总播种面积作为生物质能的替代指标，他们认为生物质能大多是农作物的秸秆被土地溶解后的能量，且通过对中国 1995—1996 年的生物质能消费和农作物总播种面积的相关性进行研究，发现两者之间的相关系数为 0.841。因此，我们认为选择农作物总播种面积作为生物质能的代理变量是适当的，本部分相关数据来自 1994—2013 年《中国农村统计年鉴》。

（5）地区生产总值。各地区的生产总值来源于各地区统计年鉴，并以 1993 年为基期，进行了定基处理。

（6）非合意产出。由于工业固体废物排放在部分年份缺失，且各省份统计长度不统一，因此我们选择工业“三废”中的工业废气排放和工业废水排放作为非合意产出纳入模型之中，相关数据来自《中国能源统计年鉴》《中国环境年鉴》。

很多学者对非合意产出的处理方法采用污染物作为投入处理法。非合意产出投入处理法无论是在参数估计方法中，还是在非参数估计方法中，均得到了学者的大量运用。Reinhard（2000）通过将非合意产出作为一种要素投入引入生产函数，运用 DEA 和 SFA 方法对生产过程中的环境效率进行了研究。李涛和傅强（2011）通过非合意产出投入处理法，运用 DEA 技术对各地区的碳排放效率进行研究。贺彩霞和冉茂盛（2009）直接将环境污染这种非合意产出作为要素投入引入生产函数，通过面板数据模型对中国东、中、西部地区环境污染和经济增长之间的关系进行研究，并认为在实际生产过程中，合意产出的生产往往会伴随着非合意产出这种污染“副产品”的出现，且表现出显著的正相关关系，这与传统生产函数中的投入要素与产出要素类似。考虑到非合意产出符合越少越好的原则，同时非合意产出本身也构成了生产过程的外在环境约束，合意产出也是在这种环境约束下被生产出来的，将非合意产出作为一种投入纳入生产函数具有一定的合理性，本研究将采用这种非合意产出投入法进行处理。

#### 5.2.2.2 实证结果与评价

运用上文的测算方法，建立本研究的实证分析模型。在考虑非合意产出的环境约束情况下，运用 DEA SOVLER 软件测算出中国各省份的全要素能源效率，由于篇幅限制，我们仅列出了 2003—2012 年的估计结果，如表 5 - 3 所示。由于全要素能源效率为相对效率指标，本研究以下相关内容的分析均是在各年度数据的基础上进行的横截面分析。

从测算结果可以看出，有 5 个省份在研究样本期间的大部分年份处于效率前沿，其中 4 个省份处于东部地区，1 个省份处于中部地区。东部地区为北京、天津、上海和山东，中部地区为黑龙江。北京地区在研究样本期间的大部分年份的全要素能源效率为 1，上海地区在 2003 年之后的全要素能源效率全部为 1。这表明北京和上海目前拥有完全的效率水平，实现了能源效率利用程度的最优化水平，北京和上海在中国各地区中处于效率前沿，说明北京和上海拥有最好的技术水平和生产过程，从而拥有投入—产出的最优水平，其目前的能源效率水平应该成为其他地区调整技术水平和生产过程的目标。而天津、山东和黑龙江地区 2006 年之前拥有完全的效率水平，而 2006 年之后，不再处于效率前沿水平。

有 3 个省份的全要素能源效率在 2007 年变为 1，其中 2 个省份在东部地区，1 个省份在中部地区。东部地区为河北、广西。中部地区为安徽。表明这三个地区的经济发展逐渐重视能源效率的提高，对效率前沿省份的技术水平进行了大幅度的效率和技术追赶。

除以上分析的省份之外，其他省份在多数年份的全要素能源效率均未能达到最优状态，表明这些省份的能源效率仍有很大的提升空间。这些省份的经济增长往往注重量的提高，而忽视了质的转变，这与中国经济可持续增长的发展目标不一致。其中贵州、青海、宁夏和新疆地区的全要素能源效率比较低，大部分年份的全要素能源效率不到 50%，从空间分布上看，这些省份都处于中国的西部地区。

综上所述，北京和上海地区拥有完全的能源效率水平，处于中国各地区的效率前沿，其目前的能源效率水平应该成为其他地区调整技术水平和生产过程的目标。其他省份特别是西部地区省份在能源效率方面存在着很大的提升空间，这对于节省中国能源，提高中国经济增长质量意义重大。

**表 5 -3　中国各地区全要素能源效率估计结果**

| 地区 | 2003 年 | 2004 年 | 2005 年 | 2006 年 | 2007 年 | 2008 年 | 2009 年 | 2010 年 | 2011 年 | 2012 年 |
|---|---|---|---|---|---|---|---|---|---|---|
| 1. 北京 | 0. 9921 | 0. 9978 | 0. 9612 | 0. 9183 | 1. 0000 | 1. 0000 | 1. 0000 | 1. 0000 | 1. 0000 | 1. 0000 |
| 2. 天津 | 1. 0000 | 1. 0000 | 1. 0000 | 1. 0000 | 0. 6006 | 0. 6424 | 0. 7614 | 0. 7242 | 0. 6873 | 0. 6799 |
| 3. 河北 | 0. 4110 | 0. 4188 | 0. 4292 | 0. 4301 | 1. 0000 | 1. 0000 | 1. 0000 | 1. 0000 | 1. 0000 | 1. 0000 |
| 4. 山西 | 0. 2448 | 0. 2859 | 0. 3188 | 0. 3213 | 0. 7643 | 0. 8251 | 0. 7125 | 0. 7792 | 0. 7960 | 0. 9089 |
| 5. 内蒙古 | 0. 2821 | 0. 2984 | 0. 3071 | 0. 3191 | 0. 4872 | 0. 5092 | 0. 4576 | 0. 5238 | 0. 6093 | 0. 6011 |
| 6. 辽宁 | 0. 5061 | 0. 4034 | 0. 4914 | 0. 5147 | 0. 9530 | 0. 9743 | 0. 9702 | 0. 8822 | 0. 9001 | 0. 9152 |
| 7. 吉林 | 0. 7693 | 0. 7663 | 0. 5207 | 0. 5614 | 0. 7449 | 0. 6104 | 0. 6695 | 0. 6552 | 0. 7304 | 0. 7311 |
| 8. 黑龙江 | 1. 0000 | 1. 0000 | 1. 0000 | 1. 0000 | 0. 7692 | 0. 6576 | 0. 8111 | 0. 7034 | 0. 6263 | 0. 6279 |
| 9. 上海 | 1. 0000 | 1. 0000 | 1. 0000 | 1. 0000 | 1. 0000 | 1. 0000 | 1. 0000 | 1. 0000 | 1. 0000 | 1. 0000 |
| 10. 江苏 | 0. 9489 | 0. 8984 | 0. 8812 | 0. 8856 | 0. 9621 | 0. 8163 | 0. 8213 | 0. 7870 | 1. 0000 | 1. 0000 |
| 11. 浙江 | 1. 0000 | 1. 0000 | 1. 0000 | 1. 0000 | 0. 6875 | 0. 7292 | 0. 7349 | 0. 6918 | 0. 8043 | 0. 8462 |
| 12. 安徽 | 0. 8216 | 0. 7658 | 0. 6055 | 0. 6464 | 1. 0000 | 1. 0000 | 1. 0000 | 1. 0000 | 1. 0000 | 1. 0000 |
| 13. 福建 | 0. 9687 | 1. 0000 | 0. 8794 | 0. 8894 | 1. 0000 | 0. 7805 | 0. 8357 | 0. 8949 | 0. 8577 | 1. 0000 |
| 14. 江西 | 1. 0000 | 1. 0000 | 0. 6843 | 0. 8582 | 1. 0000 | 0. 9752 | 1. 0000 | 1. 0000 | 1. 0000 | 1. 0000 |
| 15. 山东 | 1. 0000 | 1. 0000 | 1. 0000 | 0. 5253 | 0. 8610 | 0. 7321 | 0. 4146 | 0. 8184 | 0. 8291 | 0. 7471 |

续表

| 地区 | 2003 年 | 2004 年 | 2005 年 | 2006 年 | 2007 年 | 2008 年 | 2009 年 | 2010 年 | 2011 年 | 2012 年 |
|---|---|---|---|---|---|---|---|---|---|---|
| 16. 河南 | 0.6882 | 0.6489 | 0.5040 | 0.5374 | 0.8901 | 0.7519 | 0.7973 | 0.6884 | 1.0000 | 0.9471 |
| 17. 湖北 | 0.5574 | 0.5415 | 0.5506 | 0.5598 | 0.7351 | 0.6457 | 0.6485 | 0.5952 | 0.8407 | 0.7064 |
| 18. 湖南 | 1.0000 | 0.8628 | 0.5643 | 0.5013 | 0.6333 | 0.5271 | 0.5843 | 0.6420 | 0.6335 | 0.6071 |
| 19. 广东 | 0.6244 | 0.7034 | 0.7132 | 0.7494 | 1.0000 | 0.9341 | 0.8732 | 0.8751 | 0.8542 | 0.9089 |
| 20. 广西 | 0.7913 | 0.7721 | 0.8799 | 0.9611 | 1.0000 | 1.0000 | 1.0000 | 1.0000 | 1.0000 | 1.0000 |
| 21. 海南 | 1.0000 | 1.0000 | 1.0000 | 1.0000 | 0.8863 | 0.8341 | 0.5984 | 0.5968 | 0.6213 | 0.7851 |
| 22. 四川 | 0.5309 | 0.5821 | 0.6729 | 0.8898 | 1.0000 | 0.8083 | 0.9342 | 0.9117 | 0.8242 | 0.7691 |
| 23. 贵州 | 0.2557 | 0.2760 | 0.2919 | 0.3367 | 0.5095 | 0.5301 | 0.4977 | 0.4915 | 0.7281 | 0.9270 |
| 24. 云南 | 0.4908 | 0.4903 | 0.4748 | 0.4775 | 0.9524 | 0.7796 | 0.8381 | 0.8225 | 1.0000 | 0.9171 |
| 25. 陕西 | 0.4865 | 0.5118 | 0.5376 | 0.5470 | 0.8026 | 0.9214 | 0.9735 | 0.9885 | 0.9818 | 0.8892 |
| 26. 甘肃 | 0.3367 | 0.3559 | 0.3573 | 0.3532 | 0.8072 | 0.7450 | 0.8176 | 0.6859 | 1.0000 | 1.0000 |
| 27. 青海 | 0.5240 | 0.5091 | 0.4613 | 0.4362 | 0.4881 | 0.4859 | 0.5831 | 0.5575 | 0.7396 | 0.7888 |
| 28. 宁夏 | 0.2670 | 0.2745 | 0.2833 | 0.2830 | 0.6772 | 0.7125 | 0.7580 | 0.7291 | 0.7241 | 0.7516 |
| 29. 新疆 | 0.5416 | 0.5216 | 0.4914 | 0.4792 | 0.7410 | 0.6129 | 0.6579 | 0.7298 | 0.7296 | 0.8782 |

我们进一步对中国及东、中、西部地区的全要素能源效率进行整体分析，分析结果如表5-4所示。从中国全要素能源效率的平均水平来看，样本期间中国全要素能源效率处于0.64~0.86，充分表明中国能源效率尚有较大的提升空间。目前中国实际能源投入有超过15%的节省空间，这对于缓解中国能源危机具有重要作用。中国的全要素能源效率水平较低存在以下两个原因：一是中国经济增长具有高投入、高能耗的显著特点，为了提高经济增长速度而忽略效率的提高，特别是近些年来经济增长速度逐渐放缓的背景下，为了保持经济增长速度，更加大了要素的投入力度，从而导致能源较低的效率水平。这是我们研究能源效率问题的关键所在。二是从全要素能源效率的定义来看，全要素能源效率是潜在能源投入与实际能源投入的比值，因此，在中国经济增长重视速度忽略效率提高的情况下，随着经济增长，实际能源投入越来越多，势必会导致实际能源投入与潜在能源投入的缺口较大，从而造成全要素能源效率徘徊在较低水平。

基于各个年份的估计结果，我们对东、中、西部地区全要素能源效率进行横截面的对比分析，可以看出，东部地区的全要素能源效率高于中部地区、中部地区高于西部地区，即东部地区的能源利用情况最好，西部地区最差。且东部地区全要素能源效率远远高于全国平均水平，西部地区全要素能源效率整体低于全国平均水平，估计结果与魏楚和沈满洪（2008）的研究结论类似。中部地区 2004 年之前的全要素能源效率高于全国平均水平，而 2004 年之后低于全国平均水平。这表明中西部地区的全要素能源效率与东部地区存在较大的差距，远远落后于东部地区。

**表 5－4　中国分东、中、西部地区全要素能源效率估计结果**

| 年份 | 全国平均 | 东部地区 | 中部地区 | 西部地区 |
|---|---|---|---|---|
| 1993 | 0. 7156 | 0. 7822 | 0. 7599 | 0. 5657 |
| 1994 | 0. 6904 | 0. 7808 | 0. 7462 | 0. 4922 |
| 1995 | 0. 6518 | 0. 7778 | 0. 6667 | 0. 4458 |
| 1996 | 0. 6531 | 0. 7805 | 0. 6993 | 0. 4100 |
| 1997 | 0. 6385 | 0. 7940 | 0. 6808 | 0. 3577 |
| 1998 | 0. 6637 | 0. 8544 | 0. 6861 | 0. 3525 |
| 1999 | 0. 6425 | 0. 8166 | 0. 6572 | 0. 3648 |
| 2000 | 0. 6957 | 0. 8478 | 0. 7503 | 0. 4062 |
| 2001 | 0. 6852 | 0. 8588 | 0. 7384 | 0. 3649 |
| 2002 | 0. 7079 | 0. 8863 | 0. 7182 | 0. 4288 |
| 2003 | 0. 6910 | 0. 8535 | 0. 7071 | 0. 4291 |
| 2004 | 0. 6857 | 0. 8495 | 0. 6855 | 0. 4402 |
| 2005 | 0. 6504 | 0. 8530 | 0. 5617 | 0. 4463 |
| 2006 | 0. 6545 | 0. 8228 | 0. 5894 | 0. 4753 |
| 2007 | 0. 8260 | 0. 9126 | 0. 7805 | 0. 7472 |
| 2008 | 0. 7773 | 0. 8702 | 0. 7225 | 0. 6995 |
| 2009 | 0. 7845 | 0. 8342 | 0. 7423 | 0. 7575 |
| 2010 | 0. 7853 | 0. 8559 | 0. 7319 | 0. 7396 |
| 2011 | 0. 8454 | 0. 8795 | 0. 8040 | 0. 8409 |
| 2012 | 0. 8598 | 0. 9069 | 0. 7922 | 0. 8651 |

## 5.3 基于全要素能源效率的节能减排测算与实证

从上节全要素能源效率的估计结果看，我们发现当以全国29个省份为样本来选取一个最优效率前沿省份时，各地区省份的能源效率存在巨大差异。特别是西部地区的能源效率利用情况远远落后于东、中部地区，如最差的甘肃、青海、宁夏和新疆等省区的全要素能源效率在大部分年份不足0.5，这主要是由于能源效率在实际生产过程中受到多种因素和政策的影响，最终是各类影响因素综合作用的结果。在中国目前现有生产力条件下，能源效率最高的省份往往掌握着最高能源利用技术，是相对于其他省份所能达到的最集约化的经济增长模式。经济运行中最合理的模式应表现为：只有能源效率才是影响能源投入和污染排放的主要因素，而其他因素如政府政策、产业结构、地区协作等因素对能源投入的影响不大，若全国所有省份均掌握了能源效率最高省份的能源利用技术，在这种情况下中国消耗的能源将是理论上消耗最低的。考虑到中国东、中、西部地区生产技术水平差距客观存在的现实，比较现实的设计是以地域范围为主，东、中、西部地区所有省份积极引进学习本地区能源效率最高省份的技术水平进行生产，这也能在保持经济合理增长的前提下，提高能源效率，节省能源消耗量。否则，在中国各省份的全要素能源效率存在较大差距的情况下，实现效率最低的省份对效率最高省份的效率的赶超，在现实中存在一定的困难，且需要较长的时期。这主要是由于各省份在人口规模、市场规模、产业结构、出口导向、资源禀赋等方面存在较大差异，难以向效率前沿省份完全看齐。因此我们认为，研究能源效率问题要充分考虑到东、中、西部地区间的实际差异，又要注意到东、中、西部地区内部各省份之间在市场、产业、出口导向等多方面具有的相似性。

鉴于以上原因，在中国目前能源利用技术水平条件下，通过提高能源效率达到节能减排、保障能源安全和减少环境污染目的方面，既需要区分理论最优的和实际可操作的最优节能减排规模的不同，又要辨别能源效率是否一直是影响能源消耗和节能减排的主要因素，即要考虑能源消耗和节能减排之间是否存在回弹效应。因此，本研究将区分两种情景分别估算中国可达到的节能减排规模，并对影响中国节能减排的主要因素是否发生变化做出判断，从而分析提高能源效率将分别在多大程度上保障中国能源安全和缓解中国环境污染。

情景一：在不考虑地区差距的情况下，以全国能源效率最高省份组成的前沿面作为能源利用标准，对节能减排规模进行测算。

情景二：在考虑地区实际差距的情况下，以各地区能源效率最高省份组成的前沿面作为各地区能源利用标准，对节能减排规模进行测算。

通过对以上两种情景下的节能减排规模进行测算，若情景一模式下的节能减排规模优于情景二，则表明能源效率是影响中国节能减排的主要因素，回弹效应在中国不显著；若情景二模式下的节能减排规模优于情景一，则表明能源效率不是影响中国节能减排的主要因素，中国能源效率与能源消耗之间存在显著的回弹效应；若两种情景模式下的节能减排规模出现交替现象，则说明影响中国节能减排的主要因素发生变化，回弹效应理论在中国不同的发展时期有着不同的适用性。

### 5.3.1　情景一下的节能减排分析

通过运用 5.2 节的方法和软件，我们对中国的能源节约规模和污染物减排数量进行测算和估计，实证分析均是基于各年份估计结果进行的横截面分析。在情景一模式下，中国各省份最大可节约的能源消费量即能源松弛如表 5 - 5 所示，由于北京和上海处于效率前沿，在以北京和上海作为效率最优标准的情况下，各省份均存在不同程度的节能空间。总体来看，中国在 2010 年、2011 年和 2012 年的能源节约规模依次为 76513.0918 万吨标准煤、58945.64534 万吨标准煤和 62030.3440 万吨标准煤，而能源供给缺口依次为 28293 万吨标准煤、30266 万吨标准煤和 30099 万吨标准煤，能源节约规模远远大于能源供需缺口。能源松弛在弥补能源缺口的同时，还能分别形成48220.0918万吨标准煤、28679.6453万吨标准煤和31931.3440万吨标准煤的节约。如果实现情景一的能源效率提高，不仅能够保障中国能源安全，而且能大幅度地减少对传统能源的开采和进口依赖，节省中国巨大的经济发展成本；同时拉低国际油价和国内物价，抑制中国通货膨胀。

同时，我们还可以看出中国能源缺口在2009年之前不断扩大，而从2009年开始能源缺口则趋于平稳状态，这主要是因为由2008年下半年美国次贷危机引发的全球金融危机，在对世界经济产生重创的同时也对中国经济产生了非常严重的不利影响。受这次危机影响，中国经济增长速度下滑，为了应对经济危机，抑制经济下滑，中国政府实施宽松的货币政策刺激经济增长，指令银行释放大量贷款，投资拉动型的发展方式成为中国应对金融危机的共同目标。随后，随着投资力度的不断加大，中国于2009年末至2010年出现了房地产景气上升、通货膨胀加剧、产能结构性严重过剩等不良经济现象（齐红倩和黄宝敏，2013）。

**表5-5　情景一模式下的能源节约估计结果**

单位：万吨标准煤

| 年份 | 能源松弛 | 能源生产 | 能源消费 | 能源缺口 |
|---|---|---|---|---|
| 1993 | 24870.2698 | 107059 | 111490 | 4431 |
| 1994 | 30488.2944 | 114009 | 118071 | 4062 |
| 1995 | 40725.0489 | 123519 | 123471 | -48 |
| 1996 | 42282.9051 | 127404 | 129665 | 2261 |
| 1997 | 47560.0768 | 127431 | 130082 | 2651 |
| 1998 | 41864.5417 | 123713 | 130260 | 6547 |
| 1999 | 46718.4320 | 126264 | 135132 | 8868 |
| 2000 | 41852.8930 | 128743 | 139445 | 10702 |
| 2001 | 46992.0948 | 136223 | 142972 | 6749 |
| 2002 | 48098.2664 | 142829 | 151789 | 8960 |
| 2003 | 61400.7056 | 164011 | 176074 | 12063 |
| 2004 | 71826.5118 | 187268 | 204219 | 16951 |

续表

| 年份 | 能源松弛 | 能源生产 | 能源消费 | 能源缺口 |
| --- | --- | --- | --- | --- |
| 2005 | 85787.8522 | 205860 | 225781 | 19921 |
| 2006 | 101639.6851 | 220895 | 247562 | 26667 |
| 2007 | 45418.9718 | 234956 | 268413 | 33457 |
| 2008 | 68728.2481 | 247010 | 277515 | 30505 |
| 2009 | 78722.1916 | 259767 | 292028 | 32261 |
| 2010 | 76513.0918 | 279694 | 307987 | 28293 |
| 2011 | 58945.6453 | 300907 | 331173 | 30266 |
| 2012 | 62030.3440 | 310995 | 341094 | 30099 |

在情景一模式下，我们将估计出的废气松弛和废水松弛总结如表 5－6 所示，可以看出，提高各地区的能源利用效率和其他要素投入的利用效率，将会减少污染排放总量，从而减少对环境的污染。另外，随着中国经济的不断增长，其经济规模总量将呈逐渐增加趋势，在经济总量不断增加的情况下，将会利用更多的能源等生产要素进行更大规模的生产，从而其工业废气松弛和工业废水松弛会相应地增加。

这充分表明中国粗放型经济增长方式将会对环境产生非常不利的影响，只有改变落后的生产方式，进行高质量的产业结构转型升级，才能缓解中国环境状况的继续恶化。在经济增长过程中，如果仅仅追求经济增长的数量目标，而忽略在此过程中由于低效率导致的环境污染问题，将与经济增长改善人类生存状况的目标相违背，其经济增长质量也将处于较低水平。在中国经济经历了长期的粗放型经济增长之后，其经济增长速度有所放缓，实现高效率、低排放的绿色经济发展模式将是经济新常态下发展中国经济的重要选择和历史机遇。

**表 5－6　情景一模式下的废气松弛和废水松弛**

单位：万吨标准煤

| 年份 | 废气松弛 | 废水松弛 |
| --- | --- | --- |
| 1993 | 19898.0386 | 524352.2663 |
| 1994 | 22591.3373 | 617396.7074 |

续表

| 年份 | 废气松弛 | 废水松弛 |
|---|---|---|
| 1995 | 30958. 5789 | 731878. 6376 |
| 1996 | 36565. 1036 | 515242. 3702 |
| 1997 | 45784. 7171 | 569748. 4895 |
| 1998 | 39992. 0719 | 537204. 8870 |
| 1999 | 41616. 2274 | 634760. 6286 |
| 2000 | 38166. 3102 | 671247. 6716 |
| 2001 | 50510. 1994 | 809770. 6445 |
| 2002 | 58844. 1772 | 809707. 3674 |
| 2003 | 82706. 5727 | 893109. 6034 |
| 2004 | 109740. 0849 | 1081303. 3468 |
| 2005 | 137122. 5990 | 1223762. 4481 |
| 2006 | 191751. 1408 | 1191394. 0137 |
| 2007 | 85748. 0924 | 1370036. 7198 |
| 2008 | 51726. 0048 | 1629115. 9998 |
| 2009 | 71600. 5165 | 1418491. 5456 |
| 2010 | 73810. 1711 | 1364442. 3709 |
| 2011 | 114418. 5740 | 1354847. 0548 |
| 2012 | 120262. 6795 | 1322966. 7455 |

### 5. 3. 2 情景二下的节能减排分析

情景二模式是在基于中国现有的技术水平且不考虑引进国外技术的条件下，将东、中、西部地区作为三个样本，分别选出这三个地区的效率前沿省份来估算各个地区的能源节约规模，同样利用 5. 2 节的方法和软件，我们对中国东、中、西部地区的能源节约规模进行测算和估计，估计结果如表 5 - 7 所示。

从地区空间来看，东部地区节能规模最大，西部次之，中部节能规模最小，主要存在以下几个原因：一是东部地区经济发展最快，经济总量最大，而浪费也最大，这也正验证了中国粗放型的经济增长方式到了必须转型的时期。二是西部地区属于中国经济发展比较落后的地区，其节能空间较大，在其生产效率提高时更能够获得较大的能源节约规模。三是中部地区的经济规模落后于东部地区，而其技术水平高于西部地区，技术效率水平的进一步提高对能源节约的积极作用受到一定限制，因此其节能规模最小。

从能源松弛与能源供需缺口的对比分析情况看，在情景二模式下，中国2010年、2011年和2012年的能源节省规模分别为62073.8773万吨标准煤、69671.6192万吨标准煤和69308.7587万吨标准煤，在弥补了能源缺口之后，2010年、2011年和2012年仍将剩余的能源为33780.8773万吨标准煤、39405.6192万吨标准煤和39209.7587万吨标准煤。

综上所述，即使在情景二这种较保守的技术水平下，由于能源效率提高而节省的能源也足以满足中国经济发展过程中的能源需求，保障中国的能源安全。由于情景二是以东、中、西部地区分别为样本进行能源效率和节能测算，该模式考虑了各个地区之间在资源禀赋、经济发展程度、产业结构、地理位置等的不同特点，将各地区内部省份的能源利用目标定为各地区的效率前沿省份，其分别实现本地区前沿省份的技术效率水平在短期内具有很大的可能性和可操作性，对于保障中国能源安全具有重要的现实意义。当然，这并不意味着我们将技术水平定位在本地区内部，从而造成地区经济发展不平衡的局面，相反，各地区之间要加强合作，相互沟通学习积极的生产方式和技术知识。情景二模式可以作为中国经济发展过程中的短期目标和策略，而最终向全国效率前沿省份学习与引进国外先进的技术和经验将是中国经济发展过程中的长期目标和长期策略。

**表5-7　情景二下中国能源最大节约规模**

单位：万吨标准煤

| 年份 | 东部地区 | 中部地区 | 西部地区 | 全国 |
| --- | --- | --- | --- | --- |
| 1993 | 9632.7451 | 487.6559 | 1832.8486 | 11953.2496 |
| 1994 | 12317.5531 | 3561.1959 | 2033.8028 | 17912.5518 |

**续表**

| 年份 | 东部地区 | 中部地区 | 西部地区 | 全国 |
|---|---|---|---|---|
| 1995 | 14984.8637 | 3384.1317 | 1689.6107 | 20058.6061 |
| 1996 | 15701.4580 | 5198.1142 | 4933.1799 | 25832.7521 |
| 1997 | 17437.1597 | 511.0910 | 4751.0031 | 22699.2539 |
| 1998 | 11009.4688 | 3923.7447 | 4056.5525 | 18989.7660 |
| 1999 | 15677.2695 | 2825.8159 | 4523.6581 | 23026.7435 |
| 2000 | 14663.9245 | 3578.6465 | 5598.9762 | 23841.5472 |
| 2001 | 15025.8352 | 571.1715 | 4660.5465 | 20257.5532 |
| 2002 | 13959.7812 | 820.1394 | 5077.5249 | 19857.4455 |
| 2003 | 20762.1250 | 905.2491 | 6583.2866 | 28250.6607 |
| 2004 | 24189.6458 | 1882.1208 | 5797.1325 | 31868.8991 |
| 2005 | 26375.2062 | 2087.0466 | 3259.3216 | 31721.5745 |
| 2006 | 41100.8139 | 2913.7712 | 7419.0938 | 51433.6790 |
| 2007 | 44207.7148 | 2876.6186 | 16946.5126 | 64030.8460 |
| 2008 | 42735.5568 | 3344.9318 | 17715.0294 | 63795.5179 |
| 2009 | 40095.5359 | 2931.3593 | 14703.1997 | 57730.0949 |
| 2010 | 36920.3389 | 3537.2895 | 21616.2489 | 62073.8773 |
| 2011 | 38029.2273 | 5572.0976 | 26070.2943 | 69671.6192 |
| 2012 | 39793.1848 | 7193.3281 | 22322.2458 | 69308.7587 |

在情景二模式下，中国东、中、西部地区及全国的废气和废水松弛如表5－8、表5－9所示，从各地区的空间规模来看，东部地区的废气和废水排放减少量远远高于中、西部地区，这一方面是因为东部地区经济规模总量较大，从而在效率提高的情况下其废气和废水松弛也越大，另一方面也表明东部地区前沿省份的技术水平较高，在东部地区整体实现较高的技术效率水平和能源使用效率的情况下，其废气和废水排放减少量较多。

**表 5 -8　情景二模式下东、中、西部地区废气松弛**

单位：万吨标准煤

| 年份 | 东部地区 | 中部地区 | 西部地区 | 全国 |
| --- | --- | --- | --- | --- |
| 1993 | 9225. 6107 | 2350. 6031 | 2164. 6916 | 13740. 9054 |
| 1994 | 9870. 1983 | 2892. 0372 | 2139. 4044 | 14901. 6398 |
| 1995 | 12521. 8536 | 3461. 4900 | 2355. 7264 | 18339. 0700 |
| 1996 | 16155. 8674 | 4841. 2347 | 4118. 8654 | 25115. 9675 |
| 1997 | 20960. 8518 | 1107. 7476 | 5253. 7655 | 27322. 3650 |
| 1998 | 14132. 1625 | 4766. 9374 | 4957. 2409 | 23856. 3408 |
| 1999 | 14973. 0554 | 4815. 1794 | 4888. 1938 | 24676. 4285 |
| 2000 | 14909. 0642 | 5738. 2989 | 5664. 9903 | 26312. 3534 |
| 2001 | 22152. 3620 | 3404. 7831 | 5019. 9764 | 30577. 1215 |
| 2002 | 23140. 2352 | 5130. 3049 | 4445. 5383 | 32716. 0784 |
| 2003 | 38038. 5780 | 5589. 3776 | 6933. 4307 | 50561. 3863 |
| 2004 | 52755. 2090 | 5054. 8757 | 5682. 0662 | 63492. 1508 |
| 2005 | 63040. 8607 | 6611. 2918 | 3623. 7128 | 73275. 8652 |
| 2006 | 99918. 2209 | 8733. 9098 | 7940. 3162 | 116592. 4469 |
| 2007 | 108940. 9771 | 10371. 8718 | 27839. 8533 | 147152. 7022 |
| 2008 | 118035. 7623 | 14351. 6838 | 7250. 4462 | 139637. 8924 |
| 2009 | 123189. 0657 | 12615. 5265 | 8589. 7798 | 144394. 3720 |
| 2010 | 141204. 6339 | 9124. 1244 | 29495. 5126 | 179824. 2710 |
| 2011 | 203863. 1921 | 22380. 5639 | 33263. 4518 | 259507. 2079 |
| 2012 | 213637. 8378 | 16099. 2021 | 22458. 6146 | 252195. 6544 |

**表 5 -9　情景二模式下东、中、西部地区废水松弛**

单位：万吨标准煤

| 年份 | 东部地区 | 中部地区 | 西部地区 | 全国 |
| --- | --- | --- | --- | --- |
| 1993 | 254442. 5661 | 36053. 9059 | 26400. 7159 | 316897. 1879 |
| 1994 | 302624. 8906 | 29801. 6428 | 24516. 7764 | 356943. 3099 |
| 1995 | 302738. 4931 | 30898. 7099 | 25655. 8542 | 359293. 0572 |
| 1996 | 272677. 8597 | 28416. 5950 | 39901. 3214 | 340995. 7760 |
| 1997 | 278581. 1245 | 27772. 6131 | 38199. 7740 | 344553. 5117 |
| 1998 | 272230. 3796 | 25962. 2424 | 30457. 8995 | 328650. 5214 |

续表

| 年份 | 东部地区 | 中部地区 | 西部地区 | 全国 |
|---|---|---|---|---|
| 1999 | 248474. 8301 | 24398. 5333 | 26399. 9542 | 299273. 3175 |
| 2000 | 312798. 4633 | 31918. 0162 | 19717. 9044 | 364434. 3839 |
| 2001 | 450611. 0495 | 36666. 2172 | 13378. 7042 | 500655. 9709 |
| 2002 | 442982. 1829 | 37431. 4585 | 13492. 8163 | 493906. 4577 |
| 2003 | 562337. 0239 | 46028. 9588 | 11819. 2869 | 620185. 2697 |
| 2004 | 627616. 4835 | 47142. 0386 | 8970. 4781 | 683729. 0002 |
| 2005 | 682065. 8902 | 51947. 2097 | 45072. 4352 | 779085. 5351 |
| 2006 | 739661. 6922 | 65309. 4341 | 22346. 7556 | 827317. 8820 |
| 2007 | 922668. 8484 | 77394. 1269 | 235143. 1977 | 1235206. 1731 |
| 2008 | 1035191. 9793 | 69632. 7261 | 231744. 2744 | 1336568. 9799 |
| 2009 | 1041328. 9347 | 71486. 5410 | 182748. 9972 | 1295564. 4729 |
| 2010 | 1071731. 7876 | 53863. 0125 | 147176. 7609 | 1272771. 5610 |
| 2011 | 981178. 9039 | 51009. 6564 | 172432. 4685 | 1204621. 0288 |
| 2012 | 885689. 7754 | 64681. 1550 | 133394. 6855 | 1083765. 6160 |

### 5.3.3 情景一和情景二的对比分析

为了进一步研究情景一和情景二模式下的能源松弛、废气松弛和废水松弛，我们将两种情景下各类松弛的结果进行对比分析，如表 5 -10 所示。从中可以看出，无论是情景一情况下以全国省份为总样本进行的效率测算，还是情景二情况下以东、中、西部地区省份分别为样本进行的效率测算，各个年份的能源松弛即能源节约规模都远远大于能源缺口。2007 年之前，情景一模式下的能源松弛要高于情景二模式下的能源松弛，这充分说明 2007 年之前，能源效率是影响能源投入的主要因素，能源效率提高得越大，能源节约规模也将越大。而 2007 年以后，情景一模式下的能源松弛并没有显著高于情景二下的能源松弛。

根据回弹效应理论，随着能源效率的提高，能源消费反而呈增加趋势，这主要是因为能源效率提高产生了价格效应、收入效应和技术效应，当能源效率整体水平提高时，将会导致能源价格下跌，从而导致价格效应，与此同时，价格下跌意味着收入增加，从而产生收入效应，价格效应和收入效应将会刺激能源消费的进一步增加。另外，能源效率提高往往基于整个社会的技术进步，这将推动整个社会的进一步发展，从而使能源需求进一步增加。2007 年之后能源效率和能源消费之间的回弹效应显著，我们认为随着中国经济的不断发展，生产效率对中国现有经济发展结构下的能源节约将会产生一定的瓶颈，即生产效率水平将不是影响能源节约的主要因素，进行产业结构的转型升级将挖掘出生产效率对节能减排的积极影响潜力。

**图 5 – 10　两种情景下的能源松弛与能源缺口对比分析**

单位：万吨标准煤

| 年份 | 情景一下的能源松弛 | 情景二下的能源松弛 | 能源缺口 |
|---|---|---|---|
| 1993 | 24870. 2698 | 11953. 2496 | 4431 |
| 1994 | 30488. 2944 | 17912. 5518 | 4062 |
| 1995 | 40725. 0489 | 20058. 6061 | –48 |
| 1996 | 42282. 9051 | 25832. 7521 | 2261 |
| 1997 | 47560. 0768 | 22699. 2539 | 2651 |
| 1998 | 41864. 5417 | 18989. 7660 | 6547 |
| 1999 | 46718. 4320 | 23026. 7435 | 8868 |
| 2000 | 41852. 8930 | 23841. 5472 | 10702 |
| 2001 | 46992. 0948 | 20257. 5532 | 6749 |
| 2002 | 48098. 2664 | 19857. 4455 | 8960 |
| 2003 | 61400. 7056 | 28250. 6607 | 12063 |
| 2004 | 71826. 5118 | 31868. 8991 | 16951 |
| 2005 | 85787. 8522 | 31721. 5745 | 19921 |
| 2006 | 101639. 6851 | 51433. 6790 | 26667 |
| 2007 | 45418. 9718 | 64030. 8460 | 33457 |
| 2008 | 68728. 2481 | 63795. 5179 | 30505 |
| 2009 | 78722. 1916 | 57730. 0949 | 32261 |
| 2010 | 76513. 0918 | 62073. 8773 | 28293 |
| 2011 | 58945. 6453 | 69671. 6192 | 30266 |
| 2012 | 62030. 3440 | 69308. 7587 | 30099 |

表 5－11 显示了两种情景下的工业废气松弛和工业废水松弛的对比分析，2007 年之前，情景一模式下的废气松弛大于情景二模式下的废气松弛，而 2007 年之后，情景二模式下的废气松弛大于情景一模式下的废气松弛，两种情景下的废气松弛表现出了显著的相关关系，且与两种情景下的能源松弛类似，其基本原因是 2007 年之后回弹效应显著存在，影响工业废气排放的主要要素已经不再是效率因素，而产业结构转型升级、大力发展新兴能源的开发使用等措施成为减少污染排放的重要途径。当产业结构没有实现转型升级时，随着中国经济的不断发展，如果按照情景一的模式使所有省份都向全国效率前沿省份进行技术追赶，中国整体生产率水平将会达到更高水平，会实现更多的产出，由于此时生产效率已经不是影响工业废气排放和能源松弛的主要因素，经济不断增长而导致的经济总量的增加将会排放更多的工业废气和消耗更多的能源。

情景一模式下的工业废水松弛大于情景二模式下的工业废水松弛，表明在中国目前的生产能力与技术水平下，生产效率一直是影响工业废水排放的主要因素。由于工业废气和工业废水的不同物理性质，以及所属的生产过程和生产技术不同，其在效率提高的情况下，表现出不同的排放特征。

**表 5－11　两种情景下的废气松弛与废水松弛对比分析**

单位：万吨标准煤

| 年份 | 废气松弛 | | 废水松弛 | |
|---|---|---|---|---|
| | 情景一 | 情景二 | 情景一 | 情景二 |
| 1993 | 19898. 0386 | 13740. 9054 | 524352. 2663 | 316897. 1879 |
| 1994 | 22591. 3373 | 14901. 6398 | 617396. 7074 | 356943. 3099 |
| 1995 | 30958. 5789 | 18339. 0700 | 731878. 6376 | 359293. 0572 |
| 1996 | 36565. 1036 | 25115. 9675 | 515242. 3702 | 340995. 7760 |
| 1997 | 45784. 7171 | 27322. 3650 | 569748. 4895 | 344553. 5117 |
| 1998 | 39992. 0719 | 23856. 3408 | 537204. 8870 | 328650. 5214 |

续表

| 年份 | 废气松弛 | | 废水松弛 | |
|---|---|---|---|---|
| | 情景一 | 情景二 | 情景一 | 情景二 |
| 1999 | 41616. 2274 | 24676. 4285 | 634760. 6286 | 299273. 3175 |
| 2000 | 38166. 3102 | 26312. 3534 | 671247. 6716 | 364434. 3839 |
| 2001 | 50510. 1994 | 30577. 1215 | 809770. 6445 | 500655. 9709 |
| 2002 | 58844. 1772 | 32716. 0784 | 809707. 3674 | 493906. 4577 |
| 2003 | 82706. 5727 | 50561. 3863 | 893109. 6034 | 620185. 2697 |
| 2004 | 109740. 0849 | 63492. 1508 | 1081303. 3468 | 683729. 0002 |
| 2005 | 137122. 5990 | 73275. 8652 | 1223762. 4481 | 779085. 5351 |
| 2006 | 191751. 1408 | 116592. 4469 | 1191394. 0137 | 827317. 8820 |
| 2007 | 85748. 0924 | 147152. 7022 | 1370036. 7198 | 1235206. 1731 |
| 2008 | 51726. 0048 | 139637. 8924 | 1629115. 9998 | 1336568. 9799 |
| 2009 | 71600. 5165 | 144394. 3720 | 1418491. 5456 | 1295564. 4729 |
| 2010 | 73810. 1711 | 179824. 2710 | 1364442. 3709 | 1272771. 5610 |
| 2011 | 114418. 5740 | 259507. 2079 | 1354847. 0548 | 1204621. 0288 |
| 2012 | 120262. 6795 | 252195. 6544 | 1322966. 7455 | 1083765. 6160 |

综上所述，情景一和情景二的估计结果都显示，能源效率提高带来的能源节约不仅能够弥补能源供需缺口，还能有大量的富余，以此减少的能源进口在平抑国际能源价格、遏制国内通货膨胀方面具有重大作用。因此，提高能源利用效率在保障中国能源安全和国家经济可持续发展方面具有至关重要的战略地位。但是，在中国现有的生产模式和产业结构模式下，提高生产效率并不能保证能源节约规模和工业废气减排规模不断增加，而必须进行产业结构转型升级，因为随着中国经济的不断增长，将会产生显著的回弹效应，能源效率不再是影响节能减排的主要因素，只有进行产业结构转型升级才能充分发挥生产效率的节能减排效果。

另外，情景一和情景二模式是限定在中国现有的技术水平且不考虑引进国外能源利用技术的条件下，全国其他省份的能源利用技术追赶上本国效率前沿省份的技术水平下的能源节约规模，是中国能源节约的保守估算。如果在中国产业结构转型升级过程中，引进国外先进技术，或者进行更高的技术创新，节能减排空间将进一步扩大，对能源安全和环境状况的保障将更加稳固。

## 5.4 能源效率对经济增长质量影响的阶段性特征与分析

中国经济增长过程中的高能耗特征是降低中国经济增长质量的重要因素，降低能源消耗是提高中国经济增长质量的重要措施。相关政策制定者往往会通过制定提高能源效率的措施来降低能源消耗，然而，本书5.3节中的实证分析结果表明，能源效率的不断提高并不总是伴随着能源消耗的减少，随着中国的经济发展，继续提高能源效率反而会增加能源消耗，这主要是因为回弹效应的作用逐渐显著。因此，在通过提高能源效率降低能耗时，必须考虑回弹效应的影响，能源效率的提高对于降低中国能耗水平和提高中国经济增长质量具有阶段性特征。

2007年之前，提高中国能源使用效率能够大幅度地节约中国能源消耗量，这表明该阶段能源效率是影响中国能耗的主要因素。提高能源效率不仅能提高中国经济增长质量，而且由于能源效率提高而带来的能耗减少也会对中国经济增长质量的提高起到积极作用，进而两者的协同效应对中国经济增长质量的提高具有基础性作用。

2007年之后，进一步提高中国能源使用效率并不能使能源消耗进一步减少，即能源效率不再是影响中国能耗的主要因素。这主要是由于回弹效应的显著性逐渐增加，在该经济发展阶段，能源消耗更易受价格效应、收入效应和技术效应的影响，即价格、收入和技术进步导致的经济总量扩大是影响能源消耗的敏感因素。能源效率提高对经济增长质量提高的贡献将会被其能耗增加对经济增长质量的降低所抵消，进而减弱其对中国经济增长质量提高的作用。

能源效率对中国能源消耗和经济增长质量的阶段性特征表明，在中国现有的经济增长模式下，进一步提高中国能源效率对于节能的积极作用受到限制，即回弹效应更加明显。如何发挥能源效率提高和节能增加对经济增长质量的协同效应，对于提高中国经济增长质量意义重大，转变中国经济增长方式和进行产业结构转型升级成为中国经济发展的必然选择，使中国经济增长方式由要素投入为主向效率提高为主转变，实现中国经济增长阶段的效率性、技术性及创新性等需求。

## 5.5　本章小结

本章首先对中国能源生产结构、能源消费结构的特征进行了基本分析。我们发现，随着中国经济的不断增长，能源生产总量和能源消费总量呈逐渐增加趋势，但是能源消费总量的增长速度大于能源生产总量的增长速度，逐渐扩大的能源缺口一方面加大了中国在能源使用方面的对外依存度，另一方面也加剧了中国能源安全的不稳定性。对原煤的生产和对煤炭的消费在能源生产结构和能源消费结构中占有较大的比重，均达到 70% 以上，而煤炭燃烧物的排放是造成空气污染的重要原因，因此中国较高的煤炭生产和使用比例对中国环境状况造成了非常不利的影响。原油在能源生产结构中的生产比例呈下降趋势，而石油在能源消费结构中的比例呈整体上升趋势，石油缺口是造成中国能源缺口的主要原因。而中国对于天然气、水电、核电及其他能源的生产比例和使用比例均较低，而这些清洁能源往往更加环保。

其次，本章通过基于松弛的超效率数据包络分析方法，对中国各地区的全要素能源效率进行测算，结果表明，东、中、西部地区全要素能源效率存在较大差距，中国以提高能源效率节约能源，从而保障中国能源安全具有较大空间；在考虑中国各地区全要素能源效率存在较大差距的情形下，短期内要想实现效率较低省份对效率前沿省份的效率赶超存在一定的困难。因此，为了进一步研究提高能源效率对中国节能减排的作用空间，本研究分别设计了不考虑地区差距的情况下以全国能源效率最高省份组成的前沿面作为能源利用标准，以及考虑地区实际差距情况下以各地区能源效率最高省份组成的前沿面作为各地区能源利用标准的两种情景，分别测算两种情景下中国目前技术水平所能达到的最优节能规模和实际可操作的节能规模，并判断回弹效应在中国的阶段性特征，对影响中国节能减排规模的主要因素是否发生变化做出判断。

本章得出以下实证分析结果：①两种情景下的节能估计结果均表明，能源效率的提高引起的能源节约规模不仅能够弥补能源供需缺口，而且将省下大量剩余。因此，提高能源效率是中国目前经济增长方式下保障能源安全的重要战略举措。②情景一模式下的能源松弛 2007 年之前大于情景二模式下的能源松弛，而 2007 年之后并没有显著大于情景二模式下的能源松弛，表明随着中国经济增长，能源效率和能源消耗之间的回弹效应显著，影响能源投入的主要因素发生变化，继续提高能源效率并不能显著降低能源消耗。我们认为主要是因为随着中国经济增长，在产业结构未经转型升级的前提下，生产效率不再是影响节能减排的主要因素，因此，加快产业结构的转型升级、加大新能源的开发使用力度是中国节能减排的重要战略措施。③两种情景下估计的工业废气和工业废水松弛表现出了不同的特征，工业废气松弛与能源松弛类似，随着经济发展，其效率不再是影响工业废气排放的主要因素；与工业废气排放不同，情景一模式下的工业废水松弛一直大于情景二模式下的工业废水松弛，表明能源效率一直是影响工业废水排放的主要因素，这主要是由两种污染物的性质和排放特点决定的。

本章的研究发现，中国在经济增长过程中存在大量的能源浪费与无效率现象，对中国经济的可持续发展产生了非常不利的影响，阻碍了经济增长质量的提高。针对本研究实证分析结果，本研究从能源效率方面提出以下保障中国能源安全和提高经济增长质量的具体措施：①以提高能源效率作为保障中国能源安全的最优战略举措。实证结果充分表明，由于能源效率的提高而节约的能源规模足以保障中国能源安全，因此，在中国目前经济增长阶段中，应将节约能源即提高能源效率的政策导向提到日程上来。由于各个省份普遍存在着对新能源的盲目开发研究，所以政策导向要积极地向提高能源效率倾斜，从而在考虑成本—效益的前提下不仅能够保障中国目前的能源安全，还可以实现效益最大化。同时，在利用能源效率进行节能减排的政策制定时，要充分考虑回弹效应的影响，积极地进行产业结构转型升级，降低回弹效应对节能减排的抑制作用。②打破“本位意识”，加强省际能源技术合作与交流。实证结果表明，各地区省际能源效率存在较大差距，由于地区内各省在产业结构、出口导向、市场规模、人口特征等多方面的相似性，地区内各省在能源效率上具备相互学习的可能。因此要积极引导能源效率低的省、市、县、企业积极向能源效率高的省、市、县、企业学习提高能源效率的先进经验和技术，为中国经济发展质量提高做好基础性的准备。

# 第 6 章　中国经济增长对环境污染影响的非线性特征检验

环境问题是经济社会发展过程中不可避免、必须面对和解决的问题，经济增长造成环境问题的出现，而环境问题能否通过经济的不断增长而自我解决成为经济学领域研究环境与经济增长关系的核心问题，环境库兹涅茨曲线假说是研究这一问题的集中体现。环境库兹涅茨曲线假说认为，一个国家或地区在经济水平由低向高发展的过程中，其最初的环境状况是比较好的，环境污染不明显，而随着经济发展水平的不断提高，其环境状况开始不断地恶化，直到经济发展水平达到一定高度，其污染也达到最大水平，但随着经济发展水平的进一步提高，其环境污染状况又会逐渐得到改善，直到恢复至良好的生态环境为止。环境库兹涅茨曲线假说阐述了一个重要思想，即环境污染是为得到经济发展而必须付出的代价，并能通过经济的不断发展而自我改善，我们所要做的就是加速促进经济增长，较早地跨越环境污染的拐点，而无须特别关注由于经济发展而带来的环境污染问题，因为环境污染问题最终会因为经济的不断发展而自我解决。

但是环境库兹涅茨曲线假说并未获得学者的一致认同。有些学者认为，环境库兹涅茨曲线假说只存在于发达国家，而在发展中国家并不存在。有些学者认为，环境与经济增长之间的关系复杂，并不一定总是倒“U”形。李小胜等（2013）认为，在对环境污染与经济增长之间的关系进行实证研究时，对计量经济模型、污染指标、数据处理方法等的不同选择，均会对实证结果产生一定的影响。因此，在环境与经济增长关系未能确定的情况下，特别是在中国经济发展过程中出现环境状况日益恶化的情况下，明确两者之间关系是研究中国经济新常态发展的基础，具有重要的现实价值和意义。

回顾以往研究，大多先设定经济增长和环境污染之间关系的模型，但这些模型本质上属于线性关系，即往往通过本质上属于线性关系的模型来解决经济增长和环境污染之间的非线性问题，因此经济增长与环境污染间的实证往往存在一定程度的偏差。本研究采用面板平滑门限回归模型（PSTR）研究经济增长与环境污染之间的非线性关系，在方法上成功地克服了以往研究的不足，使研究成果和结论更加真实。进一步，本研究将工业废气排放和工业废水排放指标作为环境污染的替代指标，建立两个 PSTR 模型，以分别捕捉两类环境污染指标与经济增长之间的非线性关系。两类污染指标的 PSTR 模型均表明，环境库兹涅茨曲线假说在中国不能成立，中国的环境问题无法通过经济增长而自我改善和解决，逐步加重的环境污染在一定程度上阻碍了中国经济增长质量的提高，因此在中国经济发展的新常态过程中，需对环境污染问题加以外部干涉和治理，保证中国经济的良性、高质量发展。

## 6.1　中国环境状况分析

环境污染问题是伴随着经济增长过程产生和不断发展的，特别是近年来中国大范围内的雾霾天气更是引发社会各界人士的广泛关注。表 6 - 1 显示了中国工业“三废”和二氧化硫的排放情况，从绝对量来看，工业废气排放量已经从 2000 年的 138145 亿立方米上升到了 2015 年的 685190 亿立方米，2015 年工业废气排放量几乎是 2000 年的 4. 96 倍。工业废水排放量也呈整体上升趋势。尽管工业固体废物产生量呈现逐年上升的趋势，但是工业固体废物排放量呈现逐年下降的趋势，主要原因在于工业固体废物综合利用率的逐年提高。另外，二氧化硫是影响环境污染和人体健康的主要污染源，其排放量也由2000年的1995.1万吨上升到了2006年的2588.8万吨，但2006年以后中国二氧化硫排放量又出现下降趋势。同时，2014年之后，中国工业“三废”和二氧化硫排放有所下降，这与中国的环境保护政策密切相关。

从中国工业“三废”和二氧化硫排放的整体情况出发考察中国的环境污染状况，可以看出，中国生产过程中排放的污染物总量是呈整体上升趋势的，但中国的环境承载能力却是有限的，当生产过程向自然界中排放的污染物总量达到一定程度时，中国环境自身的承载能力将会受到破坏，环境自身无法通过本身的清洁能力去消耗排放的污染物，形成无法避免的环境污染，其中雾霾的出现是其最直接的表现形式。

**表6-1　2000—2015年中国工业“三废”和二氧化硫排放情况**

| 年份 | 工业废气排放（亿立方米） | 工业废水排放（万吨） | 工业固体废物排放（万吨） | 二氧化硫排放（万吨） |
|---|---|---|---|---|
| 2000 | 138145 | 1942405 | 3186.2 | 1995.1 |
| 2001 | 160863 | 2026282 | 2893.8 | 1947.2 |
| 2002 | 175257 | 2071885 | 2635.2 | 1926.6 |
| 2003 | 198906 | 2122527 | 1940.9 | 2158.5 |
| 2004 | 237696 | 2211425 | 1762.0 | 2254.9 |
| 2005 | 268988 | 2431121 | 1654.7 | 2549.4 |
| 2006 | 330990 | 2401946 | 1302.1 | 2588.8 |
| 2007 | 388169 | 2466493 | 1196.7 | 2468.1 |
| 2008 | 403866 | 2416511 | 781.8 | 2321.2 |
| 2009 | 436064 | 2343857 | 710.5 | 2214.4 |
| 2010 | 519168 | 2374732 | 498.2 | 2185.1 |
| 2011 | 674509 | 2308743 | 433.3 | 2217.9 |
| 2012 | 635519 | 2216000 | 144.2 | 2117.6 |
| 2013 | 669361 | 2098398 | 129.3 | 2043.9 |
| 2014 | 694190 | 2053430 | 59.4 | 1974.4 |
| 2015 | 685190 | 1994983 | 55.8 | 1859.1 |

注：以上数据来源于2001—2016年《中国环境统计年鉴》。

在经济增长过程中，导致中国环境状况不断恶化的污染物排放总量呈整体上升趋势。这表明中国的生产过程仍以消耗产生大量污染的煤炭、石油等传统能源为主，对天然气的使用比例仍然比较低，对风能、太阳能、生物质能等清洁能源的使用更少。虽然中国经济总量和经济规模呈逐渐扩大的趋势，在经济发展规模不断扩张的情况下排放更多的污染物在一定程度上具有合理性，但是这并不意味着中国环境状况的恶化是理所当然的。同时，长期以来中国经济增长的方式以高能耗的粗放增长方式为主，产业结构低级化，生产效率不高，造成了高能耗高排放的生产模式，这也说明中国经济增长过程中的生产效率未得到大幅度提高。为此，通过合理、科学的模型，准确有效地实证分析中国经济发展与环境间的真实关系有其紧迫性和必要性。

## 6.2　中国经济增长与污染排放的统计性分析

### 6.2.1　数据选取与数据处理

为了研究中国经济增长与环境污染之间的非线性特征，我们选取中国29个省份1993—2012年的面板数据进行分析。鉴于各个省份的固体废物排放数据参差不齐，且缺失较为严重，我们在环境污染指标上选取较为共性的人均工业废气和人均工业废水两个指标，经济增长指标则选取人均GDP。

有学者认为，人口密度是影响环境状况的重要因素，他们认为人口密度对环境的影响存在两面性：一方面，人口密度的增加将会对该地区的自然环境和生态环境产生一定的破坏作用；另一方面，人们又迫切渴望良好的生态环境，人口密度的增加会增加人们对环境压力的舆论，有效抑制破坏环境行为的发生，这方面的研究主要有杨林和高宏霞（2012）等。因此，我们将人口密度作为控制变量引入模型。另外，在经济增长的同时，伴随着各种环境问题的出现，Grossman 和 Krueger

（1995）认为技术进步和产业结构转型在促进经济增长的同时也间接地对环境造成影响，其对环境造成的间接影响主要是通过能源强度的改变而形成的。Sue 和 Eckaus（2007）认为，在过去的 40 多年里，产业结构转型和技术进步在很大程度上降低了美国的能源强度。Xu 和 Jiang（2007）的研究结果表明，美国产业结构的改变对其能源效率的提高产生了最重要的影响。然而，Ang 和 Zhang（2000）认为，对于不同国家、不同地区以及不同历史时期，产业结构和能源效率的关系具有不确定性。如 Richard 等（1999）、Chunbo 和 Stern（2008）通过对中国能源效率的研究，认为产业结构因素提高了中国的能源强度。结构红利假说认为，在产业结构高级化的过程中，各生产部门的生产率水平依然存在较大差异，市场资源配置功能促使投入要素从低生产率部门向高生产率部门转移，并最终提高整个社会的生产率水平，进而维持经济的可持续增长（Peneder，2002）。Zhou 等（2013）通过研究产业结构高级化对生产效率的影响，并最终研究产业结构高级化对环境的影响，基于中国 1995—2009 年的省际面板数据，研究了产业结构转型与二氧化碳排放之间的关系，研究结果表明产业结构的调整对二氧化碳的减排产生了滞后的积极影响，产业结构转型是减少地区二氧化碳排放的重要途径。同时，由于产业结构指标具有更广泛的包容性，是对一个经济社会生产过程的综合体现，产业结构高级化程度往往包含着较多的经济信息，如生产效率、工业化程度、能源需求等，特别突出的是产业结构高级化程度体现着生产效率。因此，我们将产业结构也作为控制变量引入模型。在数据长度受限的情况下，对产业结构这种具有广泛包容性指标的选取具有合理性。对于人均工业废气、人均工业废水、人口密度等相关变量，我们通过《中国能源统计年鉴》《中国环境年鉴》《中国人口统计年鉴》和《中国统计年鉴》的相关数据计算而来。

对产业结构的度量，相关学者往往使用非农产业的比重来表示，但是，近年来随着中国服务业的不断发展，经济的发展方向逐渐向服务化方向发展，传统的产业结构高级化指标没有反映经济结构的服务化倾向（干春晖等，2011）。因此，我们综合考虑三次产业进行产业结构高级化指标的构建，以更广泛地包含产业结构高级化的内容。我们按照付凌晖（2010）的做法来构造产业结构高级化指标。

$W$ 值越大，代表产业结构高级化程度越高；$W$ 值越小，代表产业结构高级化程度越低。通过估计，中国省际产业结构指标值的动态趋势如图 6-1 所示，从估计结果可以看出，中国产业结构在研究的样本期间整体处于缓慢上升趋势，这也符合中国经济发展的实际情况。

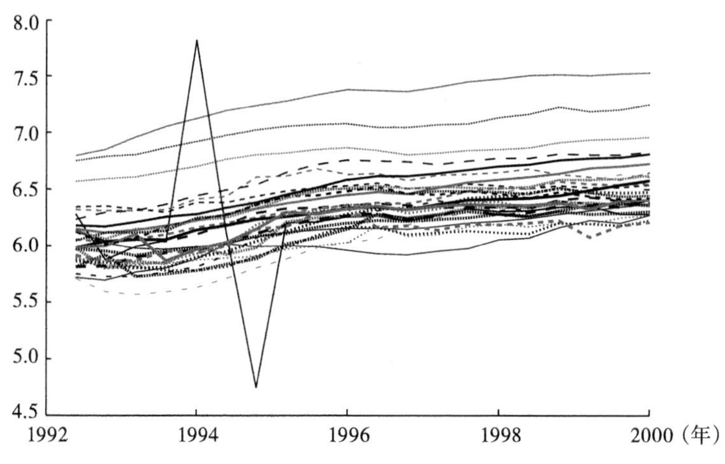


**图 6-1　中国各个省份产业结构高级化 $W$ 值趋势**

## 6.2.2　数据统计性分析

为了更好地研究中国经济增长与污染排放之间的非线性关系，要对经济增长和污染排放之间的数据特征有一个直观的把握。同时，对中国经济增长与污染排放之间的数据特征做初步的分析也有利于我们对模型的构建和实证结果进行研判。因此，我们首先做出中国 29 个省份 1993—2012 年人均污染排放（工业废气、工业废水）和人均 GDP 的散点图。人均工业废气和人均工业废水与人均 GDP 的散点图分别如图 6-2和图 6-3 所示。

从人均工业废气与人均 GDP 之间的散点图可以看出，除北京地区之外，其他各个省份的散点图呈上升趋势，这说明人均工业废气排放随中国经济发展水平的不断提高而增加。这从直观上告诉我们，随着中国经济的不断增长，人均工业废气排放对环境的破坏作用不断增加，中国工业废气排放并没有随着经济发展水平的不断提高而出现改善的情况。同时，我们可以看出，各个省份人均工业废气与人均 GDP 之间的散点图呈现出不同的特征，各个省份人均工业废气与人均 GDP 的斜率变化不同，且各个省份各散点的分布呈现出不同的特征。这表明，如果简单地以线性模型来研究人均工业废气排放与人均 GDP 之间的关系将会出现显著的偏差。

从人均工业废水与人均 GDP 之间的散点图可以看出，各个地区的散点图呈现出复杂多变的特征。北京、上海、辽宁和湖南 4 个省份的散点图呈下降趋势，山东和河南两个省份的散点图呈明显上升趋势，其他各个省份的散点图呈现出复杂的不规律特征。这一方面表明各个省份人均工业废水与人均 GDP 之间的关系呈现不同的斜率关系和非线性特征，另一方面也潜在地表明，人均工业废水与人均 GDP 之间的关系将比人均工业废气与人均 GDP 之间的关系更加复杂。人均工业废水和人均工业废气与人均 GDP 的不同关系，是由两类不同污染物的性质决定的。工业废气在一般情况下具有不可发现的特点，只有当生产过程向空气中的废气排放达到一定程度而导致空气雾霾等现象发生时，人们才会意识到空气质量下降的问题，相关部门才会采取相关政策和措施进行管控。而工业废水排放则比较容易被发现，从而将会出台针对工业废水排放的各类政策规定并进行舆论监督，因此各地区人均工业废水排放与人均 GDP 表现出了更加复杂的特征。

综合上述分析可以看出，中国各个省份人均工业废气和人均工业废水对人均 GDP 的影响系数是不同的，不能简单地用相同的系数来描述，这也从直观上要求我们采取合理的非线性回归模型分析两者之间的影响系数，因此本章建立的 PSTR 模型对于研究中国污染排放与经济发展水平之间的关系具有较好的适用性。

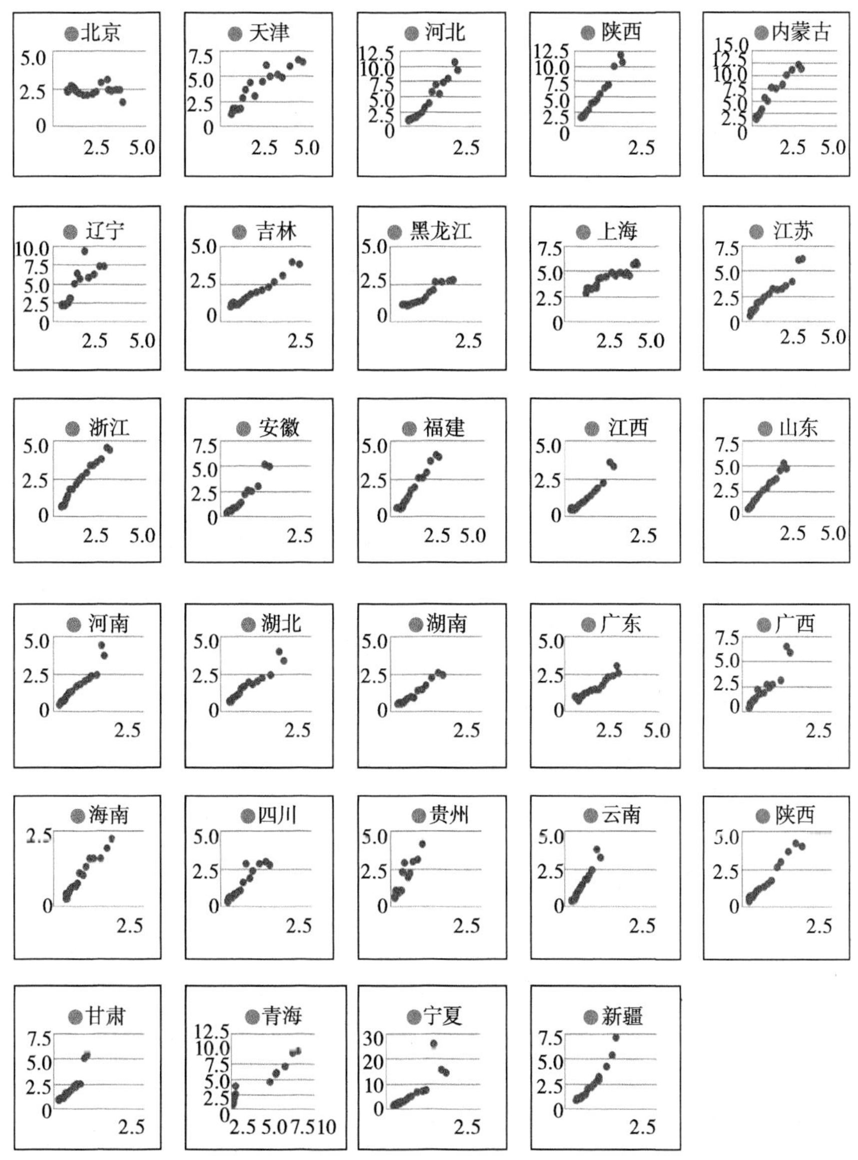


**图 6－2　人均工业废气与人均 GDP 的散点图**

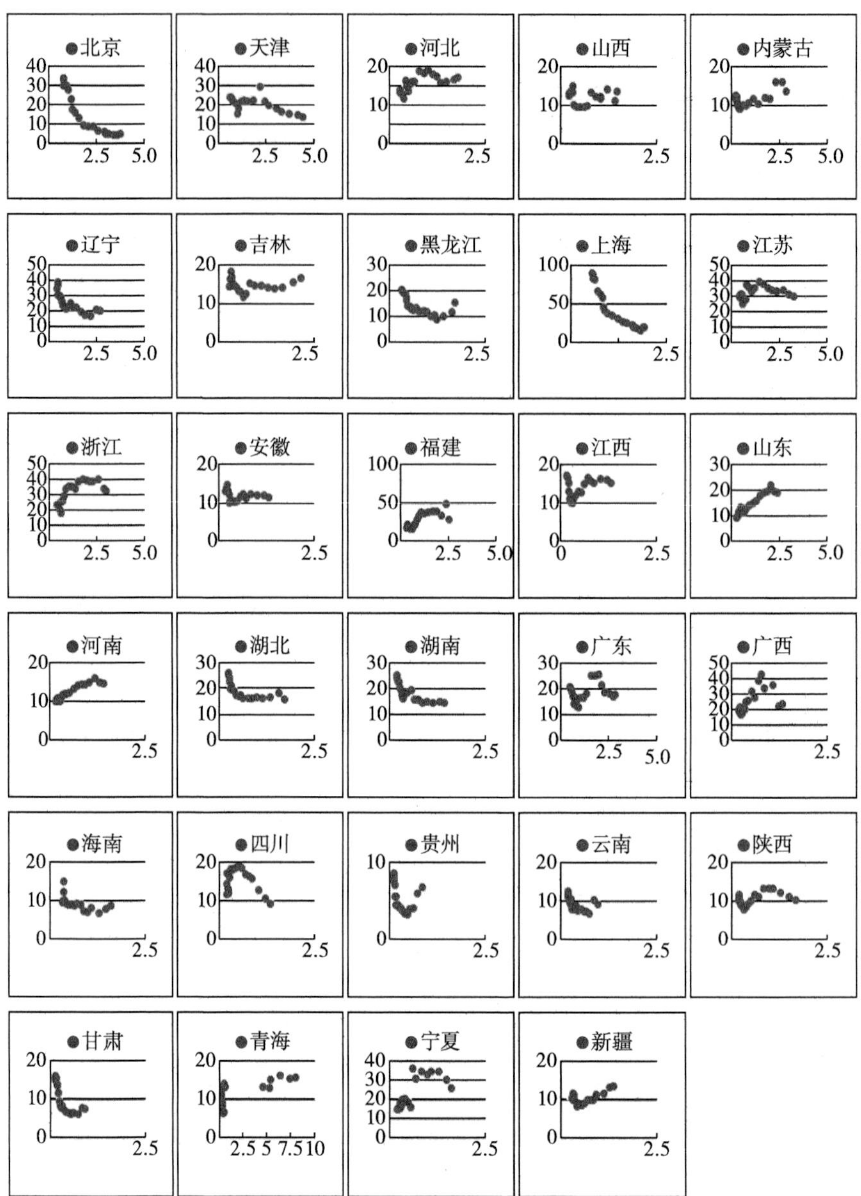


**图 6-3　人均工业废水与人均 GDP 的散点图**

## 6.3　经济增长对环境污染的非线性特征及实证分析

### 6.3.1　模型建立

基于数据的可得性，我们选取人均工业废气排放和人均工业废水排放两个指标作为污染排放指标，并研究中国经济增长与其之间的非线性关系，分别建立模型如下：

工业废气排放模型：

$$\begin{cases} GAS_{it} = \alpha_i + \beta_1 Y_{it} + \beta_2 S_{it} + \beta_3 P_{it} + \\ \qquad \sum_{k=1}^{K} (\beta_1^k Y_{it} + \beta_2^k S_{it} + \beta_3^k P_{it}) \Gamma^k (Y_{it};.) + \varepsilon_{it} \\ \Gamma^k (Y_{it};\gamma^k, \bar{Y}_h^k) = [1 + \exp(-\gamma^k \prod_{h=1}^{H_k} (Y_{it} - \bar{Y}_h^k))]^{-1} \end{cases} \quad (6-1)$$

工业废水排放模型：

$$\begin{cases} WATER_{it} = \alpha_i + \beta_1 Y_{it} + \beta_2 S_{it} + \beta_3 P_{it} + \\ \qquad \sum_{k=1}^{K} (\beta_1^k Y_{it} + \beta_2^k S_{it} + \beta_3^k P_{it}) \Gamma^k (Y_{it};.) + \varepsilon_{it} \\ \Gamma^k (Y_{it};\gamma^k, \bar{Y}_h^k) = [1 + \exp(-\gamma^k \prod_{h=1}^{H_k} (Y_{it} - \bar{Y}_h^k))]^{-1} \end{cases} \quad (6-2)$$

其中，$i = 1, 2, \cdots, 29$ 表示我们选取的省份样本数为 29，$t$ 表示时期。方程中的所有变量均以标量形式表示，其中 $GAS_{it}$ 和 $WATER_{it}$ 为被解释变量，表示省份 $i$ 在 $t$ 时期的人均工业废气排放和人均工业废水排放。$Y_{it}$ 为人均 GDP，表示中国的经济发展水平和居民生活水平，我们选取 $Y_{it}$ 为门限变量，$\bar{\bar{Y}}$ 为待估计的位置参数。$S_{it}$ 和 $P_{it}$ 为控制变量，分别表示省份 $i$ 在 $t$ 时期的产业结构和人口密度。

我们基于 González 等（2005）的方法，通过 Matlab 2008a 软件首先对本研究中的面板数据的非线性特征进行检验，以判断本研究样本数据是否具有非线性，检验结果如表 6－2 所示。González 等（2005）认为，

当位置参数 $m = 1$ 或者 $m = 2$ 时足以对所研究的问题起到代表性作用。因此，我们分别在位置参数取 1 和位置参数取 2 两种情形下对本研究数据的非线性进行检验。检验结果表明，对人均工业废气方程和人均工业废水方程来说，无论 $m$ 取值 1 还是 2，两个模型的 3 个检验统计量都在 1% 的显著性水平下拒绝具有线性特征的原假设。因此，本研究建立的两个模型都表现出了显著的非线性特征，这也证明了我们模型建立的正确性。

**表 6 -2　PSTR 模型的非线性特征检验结果**

| 统计量 | 工业废气排放 | | 工业废水排放 | |
|---|---|---|---|---|
| | $m = 1$ | $m = 2$ | $m = 1$ | $m = 2$ |
| *LM* | 125.183<br>(0.000) | 189.695<br>(0.000) | 26.957<br>(0.000) | 66.938<br>(0.000) |
| *LMF* | 50.277<br>(0.000) | 44.146<br>(0.000) | 8.904<br>(0.000) | 11.851<br>(0.000) |
| *LRT* | 141.018<br>(0.000) | 229.737<br>(0.000) | 27.603<br>(0.000) | 71.126<br>(0.000) |

为了更好地对本研究建立的面板平滑门限回归模型进行估计，我们需要确定转换函数和位置参数的个数。首先，我们对转换函数的个数进行检验，以确定最优的转换函数个数。检验结果如表 6 -3 所示。

检验结果表明，对于人均工业废气排放方程来说，当 $m = 1$ 时，3 个检验统计量在 1% 的显著性水平下接受转换函数个数为 2 的原假设，即位置参数为 1 时的最优转换函数的个数为 2；当 $m = 2$ 时，3 个检验统计量在 1% 的显著性水平下接受转换函数个数为 3 的原假设，即位置参数为 2 时的最优转换函数的个数为 3。

对于人均工业废水排放方程来说，当 $m = 1$ 时，3 个检验统计量在 1% 的显著性水平下接受转换函数个数为 3 的原假设，即位置参数为 1 时最优转换函数的个数为 3；当 $m = 2$ 时，3 个检验统计量在 1% 的显著性水平下接受转换函数个数为 2 的原假设，即位置参数为 2 时最优转换函数的个数为 2。

**表 6－3　PSTR 模型转换函数个数检验**

| | 统计量 | 工业废气排放 | | 工业废水排放 | |
|---|---|---|---|---|---|
| | | $m=1$，$m=2$ | | $m=1$，$m=2$ | |
| H0：$r=1$；<br>H1：$r\geqslant 2$ | *LM* | 19. 313<br>(0. 000) | 27. 232<br>(0. 000) | 26. 894<br>(0. 000) | 28. 906<br>(0. 000) |
| | *LMF* | 6. 223<br>(0. 000) | 4. 426<br>(0. 000) | 8. 785<br>(0. 000) | 4. 712<br>(0. 000) |
| | *LRT* | 19. 642<br>(0. 000) | 27. 892<br>(0. 000) | 27. 537<br>(0. 000) | 29. 651<br>(0. 000) |
| H0：$r=2$；<br>H1：$r\geqslant 3$ | *LM* | 1. 640<br>(0. 650) | 29. 153<br>(0. 000) | 16. 897<br>(0. 001) | 16. 630<br>(0. 011) |
| | *LMF* | 0. 509<br>(0. 676) | 4. 728<br>(0. 000) | 5. 391<br>(0. 001) | 2. 637<br>(0. 016) |
| | *LRT* | 1. 642<br>(0. 650) | 29. 911<br>(0. 000) | 17. 148<br>(0. 001) | 16. 873<br>(0. 010) |
| H0：$r=3$；<br>H1：$r\geqslant 4$ | *LM* | | 5. 261<br>(0. 511) | 3. 768<br>(0. 288) | |
| | *LMF* | | 0. 813<br>(0. 560) | 1. 168<br>(0. 321) | |
| | *LRT* | | 5. 285<br>(0. 508) | 3. 781<br>(0. 286) | |

其次，得到了不同个数位置参数下的最优转换函数后，我们还需要进一步确认位置参数的个数，相关检验统计量如表 6－4 所示。对人均工业废气排放方程来说，当 $m=1$ 时，最优的转换函数个数为 2，参数估计结果合理。当 $m=2$ 时，最优的转换函数个数为 3，此时线性部分、第二个转换函数、第三个转换函数前的系数估计值较大，而第一个转换函数前的系数估计非常小，同时，产业结构线性部分的系数为正值且较大，有违经济理论。因此，我们最终选择位置参数为 1，转换函数为 2。同时，当 $m=1$ 时其非线性检验的 F 统计量大于 $m=2$ 时的非线性检验

的 F 统计量，证明当 $m = 1$ 时数据的非线性特征更加显著，选择 $m = 1$ 也有着统计上的合理性。

对人均工业废水排放方程来说，当 $m = 1$ 时，最优转换函数的个数为 3，此时参数估计的结果几乎全部为 0，缺乏明显的合理性。当 $m = 2$ 时，最优转换函数的个数为 2，此时参数估计结果较为合理。同时，当 $m = 2$ 时其非线性检验的 F 统计量大于 $m = 1$ 时的非线性检验的 F 统计量，证明当 $m = 2$ 时数据的非线性特征更加显著，因此，选择 $m = 2$ 也有着统计上的合理性。另外，根据 Colletaz 和 Hurlin（2006）选择位置参数的最小 AIC 和 BIC 准则，当 $m = 2$ 时的 AIC 和 BIC 值同时小于 $m = 1$ 时的 AIC 和 BIC 值。

综上分析，对于人均工业废气排放方程来说，我们最终确定其转换函数个数为 2，位置参数个数为 1。对于人均工业废水排放方程来说，我们最终确定其转换函数个数为 2，位置参数个数为 2。

**表 6－4　PSTR 模型位置参数个数检验**

| | 工业废气排放 | | 工业废水排放 | |
|---|---|---|---|---|
| | $m = 1$ | $m = 2$ | $m = 1$ | $m = 2$ |
| 最优转换函数个数 | 2 | 3 | 3 | 2 |
| AIC | 0. 360 | 0. 286 | 2. 887 | 2. 883 |
| BIC | 0. 458 | 0. 444 | 3. 023 | 2. 996 |
| 非线性检验的 F 统计量 | 50. 277 | 44. 146 | 8. 904 | 11. 851 |

### 6. 3. 2　模型估计结果评价

通过 Matlab 2008a 软件，我们对本研究建立的两个 PSTR 模型进行估计，估计结果如表 6－5 所示。

对于人均工业废气排放来说，人均 GDP 对人均工业废气排放的影响系数分别为 3. 5683、1. 0783 和 －0. 1855，由于转换函数的数值在 0 ~ 1，因此人均 GDP 对人均工业废气排放的影响系数在 3. 3828 ~ 4. 6466，这意味着当人均 GDP 提高 1 个单位，中国人均工业废气排放量最少提高 3. 3828 个单位，最多提高 4. 6466 个单位，即人均 GDP 对人均工业废气排放的影响系数总是大于 0 的。即使仅考虑线性部分的显著影响系数，而不考虑两个转移函数的非显著系数时，人均 GDP 对人均工业废气排放的影响系数也是大于 0 的。因此，我们认为中国人均工业废气排放和人均 GDP 之间的环境库兹涅茨曲线假说并不成立，中国由工业废气排放造成的环境污染不会通过经济的增长而得到改善，在促进经济增长的同时，必须考虑大气污染对经济增长质量提高的约束。

产业结构对人均工业废气排放量的影响系数分别为 -0. 4461、0. 5281 和 -5. 0816，因此产业结构对人均工业废气排放量的影响系数处于 -5. 277 ~0. 082，这表明中国产业结构的转型对人均工业废气排放具有两面性，既能减少工业废气的排放，从而改善环境状况，也能增加工业废气的排放，使环境状况更加恶化，即在一定时期，产业结构每升级 1 个单位，人均工业废气排放最大将增加 0. 082 个单位，在另一时期，产业结构每升级 1 个单位，人均工业废气排放最大可减少 5. 277 个单位。这主要是由中国各地区产业结构发展的不平衡导致的，凸显出中国在产业结构高级化过程中存在的一些问题：首先，某些省份在产业结构高级化进程中，第二、第三产业比重的快速上升并没有建立在效率提高的基础之上，在较低层次产业效率水平仍然很低且仍属于粗放型发展方式的情况下，大力发展较高层次产业，势必导致整个经济效率水平低下，特别是能源效率低下。其次，中国地区之间产业结构存在严重的不合理现象，主要表现为各地区产业结构转型升级存在相互模仿的情况，而不是根据各地区的自身发展现状和资源禀赋推进适合本地区产业结构的高级化进程。最后，中国各地区重复建设严重，势必导致大量资源的浪费和能源效率的降低。当然，中国一些省份进行了产业结构的合理化升级，将产业结构与科技进步相结合，保证了经济发展的质量。

因此，在产业结构高级化进程中必须警惕可能出现的各种问题，使之与能源效率的提高相协调。在中国产业结构高级化进程中必须注重科学先进技术的运用和效率的提高，在进行科学技术创新时必须为产业结构高级化服务，只有这样才能延缓中国环境的继续恶化。

人口密度对人均工业废气排放的影响系数分别为0.0021、-0.0082和0.0093，因此人口密度对人均工业废气排放的影响系数处于-0.0061~0.0114，人口密度对人均工业废气排放的影响与产业结构对人均工业废气排放的影响类似。一方面，人口密度增加将会提供更多的劳动力，进行更多的生产，从而产生更多的工业废气；另一方面，人口密度的增加将会唤醒更多人对环境保护的关注，从而迫使企业和政府采取相关措施减少工业废气的排放。人口密度对人均工业废气排放的影响将取决于这两种方向不同的影响，当其正向影响大于负向影响时，人口密度的增加能够减少工业废气的排放，当其负向影响大于正向影响时，人口密度的增加将会增加工业废气的排放。

对于人均工业废水排放来说，人均 GDP 对人均工业废水排放表现出了复杂的非线性特征。人均 GDP 对人均工业废水排放的影响系数分别为-4.5277、-3.1329和7.2946，总体来看，人均 GDP 对人均工业废水排放的影响系数处在-7.6606~2.7669。Aslanidis 和 Iranzo（2009）认为，当要研究的解释变量线性部分的系数为正值、线性部分的系数和非线性部分的系数之和为负值时，才存在环境库兹涅茨曲线。因此，我们认为人均 GDP 与人均工业废水之间并不存在环境库兹涅茨曲线。

产业结构对人均工业废水排放的影响系数分别为-0.7570、1.6815和-0.8891，因此产业结构对人均工业废水排放量的影响系数处在-1.6461~0.9245，并在这两个指标之间平滑转换。这与人均工业废气排放方程的估计结果类似，证明产业结构的升级对人均工业废水排放和人均工业废气排放具有类似的影响路径。

人口密度对人均工业废水排放的影响系数分别为-0.0055、-0.0094和-0.0088，因此人口密度对人均工业废水排放量的影响系数处在-0.0237~-0.0055。人口密度每增加一个单位，人均工业废水排放量最少下降 0.0055 个单位，最多下降 0.0237 个单位，表明人口密度较大的地区能够抑制工业废水排放。这主要是由工业废水不同于工业废气的物理性质造成的，相对工业废气来说，工业废水更具有可见性，其对人类生存环境的影响更易于被观察，在人口密度比较大的地区，工业废水的不合理排放将受到更大的舆论监督，因此人口密度比较大的地区，其工业废水排放量将受到一定限制。

**表 6-5　PSTR 模型参数估计结果**

| | 人均工业废气排放量 | | | 人均工业废水排放量 | | |
|---|---|---|---|---|---|---|
| | 线性部分 | 第一个转移函数 | 第二个转移函数 | 线性部分 | 第一个转移函数 | 第二个转移函数 |
| 人均 GDP | 3.5683 ** (2.3169) | 1.0783 (1.0151) | -0.1855 (-0.5138) | -4.5277 * (-2.1841) | -3.1329 ** (-2.4224) | 7.2946 *** (4.1176) |
| 产业结构 | -0.4461 (-1.2358) | 0.5281 *** (3.3647) | -5.0816 *** (-6.2214) | -0.7570 (-0.9285) | 1.6815 *** (6.3541) | -0.8891 ** (-2.7011) |
| 人口密度 | 0.0021 (0.8505) | -0.0082 *** (-4.5022) | 0.0093 *** (4.5686) | -0.0055 (-1.5323) | -0.0094 *** (-6.5538) | -0.0088 *** (-7.6745) |
| 位置参数 | | 0.6079 | 4.1912 | | 0.1582 1.4109 | 0.7683 1.7254 |
| 平滑参数 | | 3.8650 | 0.6929 | | 0.0295 | 1.3267 |

注：括号内为 T 统计量。

### 6.3.3　经济增长对环境污染的影响系数分析

为了更加直观地研究人均 GDP 对环境污染影响系数的变化规律，我们对模型（6-1）和模型（6-2）求人均 GDP 的偏导数，根据估计结果做出两个模型影响系数与人均 GDP 的散点图。

#### 6.3.3.1　人均 GDP 对人均工业废气排放的影响系数

对于人均工业废气排放方程来说，其实际人均 GDP 的位置参数分别为 0.6079 万元和 4.1912 万元，说明中国人均 GDP 的实际值在 0.6079 万元和 4.1912 万元时，其对人均工业废气排放的影响将会发生平滑转移。这也可以从人均 GDP 与影响系数的散点图 6－4 看出，当人均 GDP 低于 0.6 万元时，随着人均 GDP 的不断增加，其对人均工业废气排放量的影响为正，且其影响强度是不断加强的；当人均 GDP 为 0.6 万～4 万元时，其对人均工业废气排放量的影响为正，其影响强度是不断减弱的，但是依然对环境产生了消极影响；当人均 GDP 高于 4 万元时，人均 GDP 对人均工业废气排放的影响系数又逐渐增强。由此可以看出，随着中国经济的不断增长，工业废气排放量是不断增加的，对环境造成的破坏作用也会不断地加大，即使当中国人均 GDP 达到 4 万元以上时，人均工业废气排放量随着经济的增长也会进一步增加，而不会因为经济发展水平的不断提高而改善。

为了更进一步更清晰地研究人均 GDP 与影响系数的关系，我们将控制变量产业结构和人口密度固定为其样本期间的均值，散点图如图 6－5所示。当人均 GDP 达到 3.3 万元之前，随着人均 GDP 的不断增加，人均工业废气排放不断增加，人均 GDP 对人均工业废气排放的影响系数在 0.6 万元左右时达到最大，这与散点图 6－4 的结果一致。当人均 GDP 处于 3.3 万～4 万元时，随着人均 GDP 的增加，人均工业废气排放将会出现减少的现象，当人均 GDP 超过 4 万元时，人均 GDP 对人均工业废气排放的负向影响系数不断减弱，直到人均 GDP 达到 5.5 万元时，经济增长对环境的积极影响完全消失，继而会对环境产生消极影响，人均工业废气排放进一步增加。经济增长对环境改善短暂的积极影响是因为传统经济增长方式造成环境破坏已经达到了一定严重的程度，相关部门不得不采取一些应急措施去治理环境。但是这些应急措施终究不是解决环境的根本手段，要想从根本上解决中国经济增长过程中的环境污染问题，需提高中国经济增长质量、实现环境与经济增长的协调发展。

#### 6.3.3.2 人均 GDP 对人均工业废水排放的影响系数

对人均工业废水排放方程来说，第一个转换函数的位置参数为

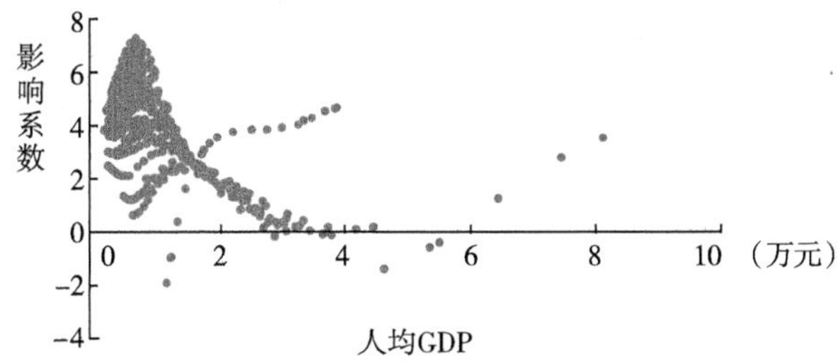


图 6 −4　人均 GDP 与影响系数的散点图

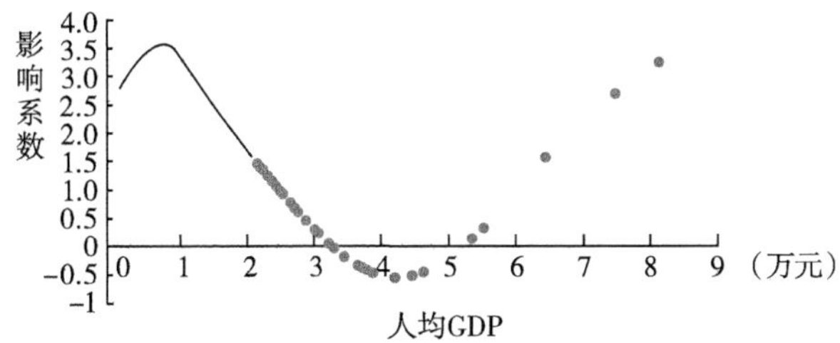


图 6 −5　固定控制变量情况下的散点图

0. 1582 和 1. 4109，第二个转换函数的位置参数为 0. 7683 和 1. 7254，这说明人均工业废水排放方程具有较复杂的非线性特征，也可以从人均 GDP 与影响系数的散点图 6 −6 看出。由于散点图是两个转换函数和线性部分的叠加，因此人均 GDP 对人均工业废水排放的影响系数的拐点不再是位置参数。由散点图可以看出，当人均 GDP 达到 0. 7 万元之前，随着人均 GDP 的不断增加，人均工业废水排放量也是不断增加的，但是其增加幅度是变小的；当人均 GDP 处于 0. 7 万元至 2 万元之间时，随着人均 GDP 的增加，人均工业废水排放将不断减少，这种负向影响系数在 1. 3 万元左右时达到最大；当人均 GDP 处于 2 万元和 2. 5 万元之间时，随着人均 GDP 的进一步增加，人均工业废水又会不断增加；当人均 GDP 大于 2. 5 万元时，随着经济进一步增长，人均工业废水排放量呈递减趋势，但是依然造成了工业废水的不断排放，随着累计工业废水排放不断增加，当工业废水超过环境承载能力时，将会对环境造成无法修复的恶果。

为了进一步更清晰地研究人均 GDP 与影响系数的关系，我们将控制变量产业结构和人口密度固定为其样本期间的均值，散点图将如图 6 - 7 所示。中国人均 GDP 在 0.7 万元至 2 万元之间时，经济增长对环境状况改善产生了短暂的积极影响，其他大部分经济增长阶段，并没有有效地减少人均工业废水排放，而是随着经济增长，其累计工业废水排放量不断增加。因此，人均工业废水排放同样不能通过经济增长而改善。

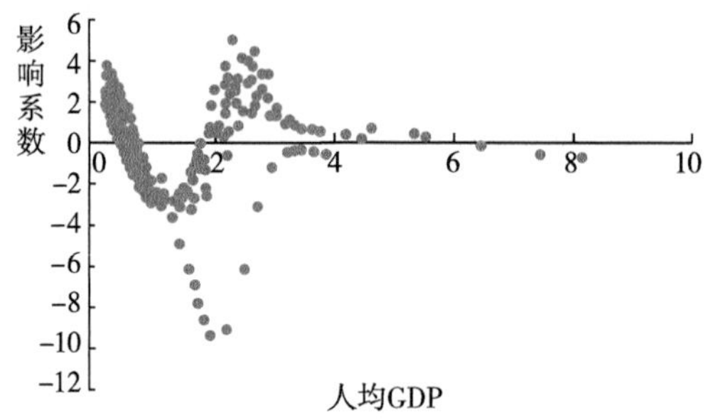


**图 6 - 6　人均 GDP 与影响系数的散点图**

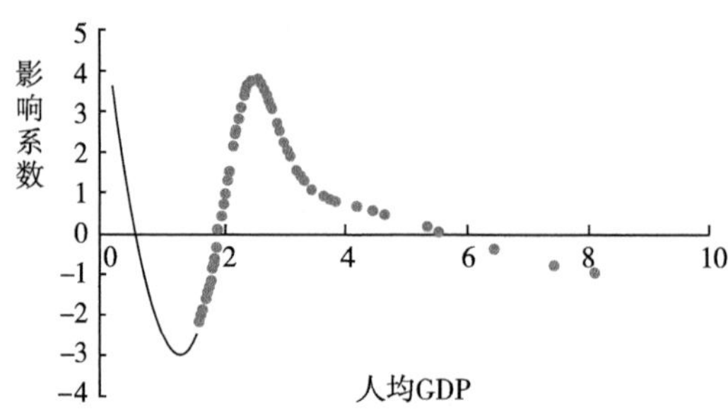


**图 6 - 7　固定控制变量情况下的散点图**

## 6.4　环境约束对中国经济增长质量影响的启示

环境是人类生产和生活活动的重要载体，人类的所有活动都是无法脱离自然环境的。然而，随着人类生产活动、消费活动的不断展开，其会向自然环境中排放越来越多的污染物，并且随着污染物的不断积聚，环境已经无法通过其本身的净化能力对被破坏的部分进行修复，近年来全国范围内的雾霾天气是环境污染恶化的直接体现。在环境不断恶化并且得不到解决的情况下，必然对人类的生产和生活活动产生严重的消极影响，对经济增长的可持续性构成严重威胁。如何真实分析出经济增长与环境变化间的关系及二者关系的基本特征是本章重点研究的问题，通过本章的基础性研究，客观认识和衡量中国经济增长对环境的影响，为相关部门制定政策和措施提供科学依据。

在本章的实证分析中，我们得出环境库兹涅茨曲线假说在中国不能成立的结论，即中国的环境污染状况不会随着中国经济的增长而改善。因此，现实和未来的环境污染必然对中国经济增长速度和经济增长质量的提高产生制约，如果环境污染状况持续恶化下去或者得不到改善，一方面，将会对中国居民的生存环境产生严重的威胁，影响居民的身体健康和生活质量，进而造成强大的国内和国际舆论压力，对中国和平稳定发展产生不利影响。另一方面，环境的不断恶化将会制约中国的经济增长，影响中国旅游业的发展和吸引外资的能力。同时，这些不利影响进而会影响中国政治的稳定，与经济发展的目标相违背，不利于中国经济增长质量的提高。

本章实证结果表明，当中国人均实际 GDP 达到 4 万元以上时，随着中国经济增长水平的进一步提高，中国工业废气排放量会进一步增加，环境污染状况更加恶化，环境约束对中国经济增长将产生更加严重的消极影响，经济增长在环境维度方面的水平进一步降低，最终对中国经济增长质量提高产生不利影响。

因此，环境约束已经成为中国经济发展不得不考虑的现实约束条件，环境问题事关经济社会生活的各个方面，对中国经济增长质量的影响深远。解决好环境问题，能够较好地释放经济增长的约束条件，进而促进经济的可持续发展和经济增长质量的不断提高。

## 6.5 本章小结

环境污染问题伴随在经济增长过程中，环境库兹涅茨曲线假说认为该问题能够通过经济的不断增长而解决，但该假说是否成立受到理论与实证等方面的挑战，因此环境污染和经济增长之间的关系一直是经济学领域的重点研究问题。从经济增长质量角度来看，如果经济增长造成了环境状况的不断恶化，将与经济增长目标相违背，不利于经济增长质量的提高。本章主要围绕两者间的关系，通过研究中国经济增长与环境污染之间的非线性关系，从环境约束方面检验中国经济增长质量。

本章首先对环境污染指标与经济增长指标的数据特征做统计分析，环境污染与经济增长之间的散点图表明，当以人均工业废气与人均工业废水作为环境污染指标时，中国各个省份人均 GDP 与人均污染指标之间的散点图表现出不同的特征，人均 GDP 对中国人均工业废气排放与人均工业废水排放的影响系数不同，且其散点图的分布表现出了较大的差异性。这说明中国人均 GDP 与人均污染排放之间的关系不能简单地用相同的系数来描述，也从直观上要求我们采取合理的非线性回归模型对两者之间的关系进行研究，本章建立的 PSTR 模型对于研究中国污染排放与经济发展水平之间的关系具有较好的适用性。

本章对人均工业废气方程的实证分析结果表明，人均 GDP 对人均工业废气的影响系数总是大于 0 的，即随着人均 GDP 的不断提高，人均工业废气排放量逐渐提高，由工业废气产生的环境污染并不会通过经济的不断增长而解决。当人均实际 GDP 为 0. 62 万元和 4. 2 万元时，其对人均工业废气排放的影响系数发生转移，当人均 GDP 在 4. 2 万元以上时，人均工业废气排放量是随着经济增长而逐渐增加的，这充分说明在中国现有经济结构和生产方式不变的情况下，随着中国经济的不断增长和经济规模的不断扩大，工业废气对环境造成的污染将越来越严重。

对人均工业废水方程的实证分析结果同样表明，环境库兹涅茨曲线假说在中国不能成立，两个转换函数经过叠加之后，当人均实际 GDP 大于 2 万元时，随着人均 GDP 不断增加，人均工业废水排放对环境造成的破坏越发严重。尽管在人均 GDP 小于 2 万元的某一较短时期经济增长抑制了工业废水排放，但这只是一个短暂调整时期，而在大部分经济增长时期，人均工业废水累计排放量将随着经济增长而不断增加。

中国经济增长与环境污染之间的非线性关系表明，中国经济增长带来的环境污染问题不会通过经济的进一步提高而改善，只会更加恶化，从而降低中国经济增长的质量。如果不改变现有的经济增长方式，中国的环境污染问题将会越来越严重，一旦环境污染突破了环境承载能力，中国经济增长和发展质量将受到严重制约。因此在经济增长过程中，必须同步考虑环境约束，实现经济增长与环境的和谐，从而提高中国经济增长质量。

# 第7章　基于供给与需求冲击的中国经济增长质量及微观效率评价

改革开放以来，中国经济以接近10%的年均增长速度增长，人民生活水平获得了巨大提高，物质生活更加丰富。但是，随之而来的环境污染问题、能源安全问题也严重困扰着中国经济发展的可持续性，这些问题已经对中国经济的可持续发展和中华民族的伟大复兴构成严重威胁。造成这些问题的根本原因在于中国的粗放型经济增长方式，这种粗放型经济增长方式的最大弊端在于高能耗、低效率。以中国经济发展过程中对能源的消耗为例，随着中国经济的不断增长，其对能源的需求快速增加，Kadoshin 和 Nishiyama（2000）认为，截至2010年，中国对能源的需求总量是1992年的3倍。2011年中国GDP能耗是世界平均水平的2.5倍，美国的3.3倍，更是日本的7倍，这是中国长期以来粗放型经济增长的必然结果，高投入、高能耗已经成为中国经济增长的显著特点与弊端，且对能源的需求仍然具有刚性，能源枯竭的威胁是影响中国经济可持续增长的重要能源约束。因此，提高中国的生产效率，降低能耗和其他消耗是提高中国经济增长质量的重要一环。

中国以高投入、高能耗为显著特点的粗放型经济增长方式无法实现中国经济的可持续发展和环境的保护，因此，在专注于提高中国经济增长速度的同时，必须提高中国经济增长质量。钟学义（1996）等认为，生产率是衡量中国经济增长质量的重要方法，提高生产率是提高中国经济增长质量的重要手段。相关学者也认为，对经济增长效率的研究是对狭义经济增长质量的研究，且主要通过研究全要素生产率来研究狭义经济增长质量。全要素生产率是指“生产活动在一定时间内的效率”，是衡量单位总投入和总产量关系的生产率指标，且常常被视为科技进步的指标，是对经济社会中生产效率的衡量，反映了一个国家的经济增长质量。

目前，对全要素生产率的研究主要体现在对其的直接测算和间接的增长率测算，而且传统研究的假定条件限定在生产函数本身，缺少从外生经济变量和冲击的视角去研究的现实手段，因此对经济发展质量的研究欠缺真实性和全面性。在全球经济发展放缓的背景下，中国经济能否持续增长和发展由供给与需求共同决定。当经济增长发生波动时，或者是由生产部门的供给因素导致，或者是由消费部门的需求因素造成。如果供给下降造成经济衰退，政府应该对企业进行税收调节或对企业进行补贴；如果需求下降成为经济衰退的原因，政府应该实施宏观调控来刺激需求。因此，在明确经济增长波动的根本原因及核心推动力的基础上，才能制定出有针对性的宏观调控政策。

本章内容在已有研究的基础上，构造包含劳动、资本和能源要素的计量方法，并通过数理推导分析，测算中国经济社会的生产能力指标，通过实际产出与生产能力的差额信息，将中国全要素生产率分解为供给冲击、需求冲击和其他冲击，估计出中国全要素生产率，以此检验中国经济增长的微观质量；并通过构造面板向量自回归模型（PVAR）研究供给冲击、需求冲击、其他冲击对全要素生产率的动态作用路径。生产能力利用率的估计结果显示，中国产能过剩具有阶段性，是中国经济发展过程中供求关系的一个阶段性特征；需求冲击和其他冲击是影响中国现阶段全要素生产率的重要因素，供给冲击对全要素生产率贡献较小，这主要是因为长期以来中国的生产以劳动密集型为主要方式，缺乏技术创新和科技含量，这些影响供给的因素长期以来较为稳定，没有形成新的供给冲击。脉冲响应结果显示，正向的供给冲击、需求冲击和其他冲击对全要素生产率均存在积极的影响路径。因此，积极地从供给冲击因素出发，对于提高中国全要素生产率具有较大的发展空间。

## 7.1 供需对全要素生产率的影响机理分析

供给冲击与需求冲击是经济体中两类最基本的冲击，供需冲击的变化势必引起其他冲击相应的变化，而价格冲击的变化是供给冲击与需求冲击变化的最直接后果。供给冲击的发生将会引起生产能力、生产成本的变化，从而引起生产曲线发生移动。如自然灾害、石油危机等都将引起价格上升，从而影响企业的供给行为，形成相应的供给冲击。需求冲击是引起居民对商品和劳务需求的因素，如降低个人所得税、提高政府补助等都将增加居民的消费能力，从而形成正向的需求冲击。供给冲击与需求冲击的共同作用一方面体现着宏观经济的态势，另一方面又决定着企业和家庭的微观行为，是宏观经济运行与微观个体行为的桥梁。供给冲击与需求冲击是研究经济问题最根本的因素冲击，一切经济变量的变化均源自供需冲击的影响。因此，从供给冲击与需求冲击这两个经济发展过程中的基本冲击角度研究问题，有利于我们发现经济现象背后最本质的根源（齐红倩等，2014）。

经济运行中的市场机制通过价格机制平衡供求关系，以实现资源的有效配置。首先，供给冲击与需求冲击的共同作用将会对居民的消费行为产生影响，供给冲击与需求冲击影响产品或劳务的价格以及居民收入并调节市场的需求。市场需求将影响企业的生产行为和提高生产效率的动力，一方面，当市场需求增加时，企业必须扩大生产规模以满足市场需求，提高生产效率是企业增加产品供给的重要手段，同时，市场需求增加也将为企业带来更多的留存利润，企业将会有更多的资金用于科技研发，这对企业生产效率的提高具有积极意义。另一方面，市场需求的增加也会对企业的研发意愿产生一定的消极影响，在厂商现有的生产模式能够满足市场需求，且能够获得较大的市场份额的情况下，这些厂商往往不愿意花费精力和投入去进行研发，从而不利于生产效率的提高。

其次，供给冲击与需求冲击的共同作用将会对企业的生产行为产生影响，当供需冲击的共同作用导致厂商的生产成本上升或者市场份额下降时，企业往往会进行技术创新，从而有利于生产效率的提高。当供需冲击的共同作用导致厂商的生产成本下降或者市场份额上升时，一方面，企业将会获得更多的留存利润，从而拥有更多的资金用于研发以提高生产效率；另一方面，生产成本的下降或者市场份额的上升有可能让企业满足于短期利润，这种短视行为将不利于增强企业的研发意愿，从而不利于生产效率的提高。

因此，供给冲击与需求冲击是通过影响消费者行为和厂商行为，从而最终影响到生产效率，供给冲击与需求冲击是影响全要素生产率最根本的因素冲击，是全要素生产率变化的本质影响因素。

## 7.2　基于供给与需求冲击的全要素生产率测算方法

### 7.2.1　模型设定

我们基于传统的柯布—道格拉斯生产函数，同时引入能源投入变量作为测算全要素生产率的研究基础，其函数形式如下：

$$Y_t = AL_t^{\beta_l}K_t^{\beta_k}E_t^{\beta_e} \tag{7-1}$$

其中，$Y_t$、$L_t$、$K_t$ 和 $E_t$ 分别代表生产部门在第 $t$ 期的产出水平、劳动投入、资本投入和能源投入。$A$、$\beta_l$、$\beta_k$ 和 $\beta_e$ 为未知常数，$A$ 代表技术进步。

式（7-1）取对数如下：

$$y_t = \alpha + \beta_l l_t + \beta_k k_t + \beta_e e_t + u_t \tag{7-2}$$

其中，$y_t = \log Y_t$，$\alpha = \log A$，$l_t = \log L_t$，$k_t = \log K_t$，$e_t = \log E_t$，$u_t$ 为残差。然而，正如 Marschak 和 Andrews（1944）等所讨论的，式（7-2）可能存在由于残差和解释变量的相关性而导致的内生性问题。

解决这种内生性问题的一种常用方法是将残差分解，为此，将式(7－2)残差项 $u_t$ 分解为 $\omega_t$ 和 $\tau_t$ 两部分：

$$y_t = \alpha + \beta_l l_t + \beta_k k_t + \beta_e e_t + \omega_t + \tau_t \tag{7-3}$$

其中，$\omega_t$ 与解释变量相关，$\tau_t$ 为独立残差。

给定产出水平 $Y$ 和要素投入价格（$r,w,n$）（分别为资本、劳动和能源的投入价格）的情况下，成本最小化函数及其预算约束方程如下：

$$\min C_t = rK_t + wL_t + nE_t \tag{7-4}$$

$$\text{s.t.} \quad Y_t = AL_t^{\beta_l}K_t^{\beta_k}E_t^{\beta_e} \tag{7-5}$$

成本最小化问题的拉格朗日函数为：

$$\Gamma = rK_t + wL_t + nE_t + \lambda(Y_t - AL_t^{\beta_l}K_t^{\beta_k}E_t^{\beta_e}) \tag{7-6}$$

$L_t$、$K_t$ 和 $E_t$ 的一阶条件分别为：

$$w = \lambda AK_t^{\beta_k}E_t^{\beta_e}\beta_l L_t^{\beta_l-1} \tag{7-7}$$

$$r = \lambda AL_t^{\beta_l}E_t^{\beta_e}\beta_k K_t^{\beta_k-1} \tag{7-8}$$

$$n = \lambda AL_t^{\beta_l}K_t^{\beta_k}\beta_e E_t^{\beta_e-1} \tag{7-9}$$

联立式（7－7）、式（7－8）、式（7－9）和预算约束，可得成本最小化条件下的最优要素投入规模为：

$$L_t^* = [\frac{Y_t}{A}(\frac{r\beta_l}{w\beta_k})^{\beta_k}(\frac{n\beta_l}{w\beta_e})^{\beta_e}]^{\frac{1}{\beta_l+\beta_k+\beta_e}} \tag{7-10}$$

$$K_t^* = [\frac{Y_t}{A}(\frac{w\beta_k}{r\beta_l})^{\beta_l}(\frac{n\beta_k}{r\beta_e})^{\beta_e}]^{\frac{1}{\beta_l+\beta_k+\beta_e}} \tag{7-11}$$

$$E_t^* = [\frac{Y_t}{A}(\frac{w\beta_e}{n\beta_l})^{\beta_l}(\frac{r\beta_e}{n\beta_k})^{\beta_k}]^{\frac{1}{\beta_l+\beta_k+\beta_e}} \tag{7-12}$$

其中，$L_t^*$、$K_t^*$ 和 $E_t^*$ 分别为成本最小化条件下的最优劳动投入、最优资本投入和最优能源投入。

### 7.2.2 供给冲击、需求冲击和其他冲击的分解过程

我们借鉴 Konishi 和 Nishiyama（2013）采用三种冲击测算 TFP 的方法，并增加能源投入变量，结合中国实际对该方法进行改进。在柯布—

道格拉斯生产函数的模型设定下，拟从社会的实际产出与生产能力之间的差额入手，将全要素生产率分解为供给冲击、需求冲击和其他冲击，在此基础上对全要素生产率进行测算。

生产能力是指在给定生产要素投入并被充分利用的情况下经济可能达到的产出水平。生产能力是一种潜在的生产水平，代表着对要素投入的最大利用，因此，生产能力受供给冲击的影响，但并不受需求冲击的影响。而实际产出不仅受供给冲击的影响，还受需求冲击和其他冲击的影响。因此，实际产出与生产能力的差额反映了需求冲击和其他冲击的程度，这是我们将全要素生产率分解为供给冲击、需求冲击和其他冲击的基础和关键。

对生产能力函数定义如下：

$$\bar{Y}_t = A\bar{L}_t^{\beta_l}\bar{K}_t^{\beta_k}\bar{E}_t^{\beta_e} \tag{7-13}$$

其中，$\bar{L}_t$、$\bar{K}_t$ 和 $\bar{E}_t$ 为社会生产部门在第 $t$ 时期可用的劳动投入、资本投入和能源投入，并达到充分利用水平。$\bar{Y}_t$ 为劳动、资本和能源充分利用情况下的产出水平，即生产能力。$A$、$\beta_l$、$\beta_k$ 和 $\beta_e$ 为未知常数，$A$ 代表技术进步。

生产能力函数的对数形式如下：

$$\bar{y}_t = \alpha + \beta_l\bar{l}_t + \beta_k\bar{k}_t + \beta_e\bar{e}_t + \omega_t \tag{7-14}$$

其中，$\bar{y}_t = \log\bar{Y}_t$，$\bar{l}_t = \log\bar{L}_t$，$\bar{k}_t = \log\bar{K}_t$，$\bar{e}_t = \log\bar{E}_t$，$\alpha = \log A$。按照 Levinsohn 和 Petrin（2003）、Ichimura 等（2011）的做法，由于生产能力只受供给冲击的影响，我们令残差 $\omega_t$ 代表供给冲击。此函数表示在要素投入都给定并被充分利用的情况下社会能够达到的生产能力水平，并仅受供给冲击的影响。通过对式（7－14）进行估计，我们可以得到 $\beta_l$、$\beta_k$ 和 $\beta_e$ 的估计值 $\hat{\beta}_l$、$\hat{\beta}_k$ 和 $\hat{\beta}_e$，并估计出供给冲击 $\omega_t$。

然而现实经济中，社会生产能力并不能反映社会的实际生产状况。由于企业在决定其生产产量时往往要考虑库存、生产资源限制以及社会需求等因素，并不能同时实现劳动和资本要素的充分利用，从而使其实际产量小于生产能力产量，即 $y_t < \bar{y}_t$ 。我们假设有 $\Delta_t \bar{L}_t$ 的劳动被充分利用，$\Delta_t^{\rho} \bar{K}_t$ 的资本投入被充分利用。我们用 $\Delta_t$ 表示 $t$ 时期劳动投入中被充分利用的比例，$\Delta_t^{\rho}$ 表示 $t$ 时期资本投入中被充分利用的比例，$\rho$ 的不同代表了劳动投入和资本投入中被充分利用的不同程度。为方便说明，下文我们将 $\Delta_t$ 和 $\Delta_t^{\rho}$ 分别称为劳动运作效率和资本运作效率。

由此，可得实际产出函数：

$$Y_t = A\,(\Delta_t \bar{L}_t)^{\beta_l}\,(\Delta_t^{\rho} \bar{K}_t)^{\beta_k} E_t^{\beta_e} \tag{7-15}$$

其中，$Y_t$ 代表社会生产部门在第 $t$ 时期的实际产出。

实际产出函数式（7－15）的对数形式如下：

$$\begin{aligned} y_t &= \alpha + \beta_l(\log\Delta_t + \log\bar{L}_t) + \beta_k(\rho\log\Delta_t + \log\bar{K}_t) + \beta_e \log E_e + \omega_t + \tau_t \\ &= \alpha + (\beta_l + \rho\beta_k)\delta_t + \beta_l \bar{l}_t + \beta_k \bar{k}_t + \beta_e \bar{e}_t + \omega_t + \tau_t \end{aligned} \tag{7-16}$$

其中，$y_t = \log Y_t$，$\delta_t = \log\Delta_t$，$\tau_t$ 为独立的其他冲击。

我们从另一个角度来考虑式（7－16）。假设社会计划使产出达到 $\bar{y}_t$，此时观测到一个下降的需求冲击 $\xi_t$，从而社会决定生产 $\bar{y}_t - \xi_t$ 的产量，即社会产出水平由原来的 $e^{\bar{y}_t}$ 变为 $e^{\bar{y}_t - \xi_t}$，亦即新的产出水平为 $\bar{Y}_t e^{-\xi_t}$ 。

给定产出水平 $\bar{Y}_t e^{-\xi_t}$ 和要素投入价格 $(r, w, n)$（分别为资本、劳动和能源的投入价格）的情况下，成本最小化函数及其预算约束方程如下：

$$\min C_t = rK_t + wL_t + nE_t \tag{7-17}$$

$$\text{s.t.} \quad \bar{Y}_t e_t^{-\xi_t} = AL_t^{\beta_l} K_t^{\beta_k} E_t^{\beta_e} \tag{7-18}$$

通过构造拉格朗日函数，对 $L_t$ 、$K_t$ 和 $E_t$ 求一阶导数，并联立预算约束可求得成本最小化条件下的要素最优投资规模：

$$L_t^* = [\frac{\bar{Y}_t e^{-\xi_t}}{A}(\frac{r\beta_l}{w\beta_k})^{\beta_k}(\frac{n\beta_l}{w\beta_e})^{\beta_e}]^{\frac{1}{\beta_l+\beta_k+\beta_e}} \tag{7-19}$$

$$K_t^* = [\frac{\bar{Y}_t e^{-\xi_t}}{A}(\frac{w\beta_k}{r\beta_l})^{\beta_l}(\frac{n\beta_k}{r\beta_e})^{\beta_e}]^{\frac{1}{\beta_l+\beta_k+\beta_e}} \tag{7-20}$$

$$E_t^* = [\frac{\bar{Y}_t e^{-\xi_t}}{A}(\frac{w\beta_e}{n\beta_l})^{\beta_l}(\frac{r\beta_e}{n\beta_k})^{\beta_k}]^{\frac{1}{\beta_l+\beta_k+\beta_e}} \tag{7-21}$$

对受需求冲击影响后的最优资本和劳动投入取对数，结合式（7－10）、式（7－11）和式（7－12），其实际要素投入的对数将变为：

$$\bar{l}_t - \frac{\xi_t}{\beta_l+\beta_k+\beta_e}, \bar{k}_t - \frac{\xi_t}{\beta_l+\beta_k+\beta_e}, \bar{e}_t - \frac{\xi_t}{\beta_l+\beta_k+\beta_e}$$

将对数实际劳动投入 $\bar{l}_t - \frac{\xi_t}{\beta_l+\beta_k+\beta_e}$、对数实际资本投入 $\bar{k}_t - \frac{\xi_t}{\beta_l+\beta_k+\beta_e}$ 和对数实际能源投入 $\bar{e}_t - \frac{\xi_t}{\beta_l+\beta_k+\beta_e}$ 代入式（7－16），得：

$$\begin{aligned} y_t &= \alpha + \beta_l(\bar{l}_t - \frac{\xi_t}{\beta_l+\beta_k+\beta_e}) + \beta_k(\bar{k}_t - \frac{\xi_t}{\beta_l+\beta_k+\beta_e}) + \\ &\quad (\beta_e(\bar{e}_t - \frac{\xi_t}{\beta_l+\beta_k+\beta_e}) + \omega_t + \tau_t \\ &= \alpha - \xi_t + \beta_l\bar{l}_t + \beta_k\bar{k}_t + \beta_e\bar{e}_t + \omega_t + \tau_t \end{aligned} \tag{7-22}$$

对比式（7－16）与式（7－22）可得：

$$\xi_t = -(\rho\beta_k + \beta_l)\delta_t \tag{7-23}$$

式（7－23）即对需求冲击的估计。

再由式（7－14）与式（7－16）做差可得：

$$\bar{y}_t - y_t = -(\rho\beta_k + \beta_l)\delta_t - \tau_t \tag{7-24}$$

式（7－24）表明实际产出与生产能力的差额信息，包括需求冲击和其他冲击。通过对式（7－24）进行估计，我们可以估计出其他冲击 $\tau_t$ 和需求冲击 $\xi_t$。

其他冲击估计如下：

$$\hat{\tau}_t = y_t - \bar{y}_t - (\hat{\rho}\hat{\beta}_k + \hat{\beta}_l)\delta_t \tag{7-25}$$

需求冲击估计如下：

$$\hat{\xi}_t = -(\hat{\rho}\hat{\beta}_k + \hat{\beta}_l)\delta_t \tag{7-26}$$

因此，在三种冲击下，全要素生产率采用残差估计方法，可由三种冲击的残差和表示，并最终估计出 *TFP* 值。

$$TFP = \hat{\omega}_t + \hat{\xi}_t + \hat{\tau}_t \tag{7-27}$$

### 7.2.3 生产能力利用率的估计方法

由全要素生产率的分解与测算方法可知，将全要素生产率分解的关键是实际产出与生产能力的差额信息，而中国目前的统计数据缺少对生产能力的统计指标。因此，我们需要对生产能力这一指标进行估计。由于直接对生产能力进行估计存在一定的困难，我们通过估计生产能力利用率来间接估计生产能力。与上面对全要素生产率的分解基础一致，我们仍然基于柯布—道格拉斯生产函数对生产能力利用率进行估计。

生产能力利用率是指实际产出与生产能力的比值，生产能力利用率越接近 1，其对要素资源的利用程度越高。生产能力利用率定义如下：

$$U_t = \frac{Y_t}{\bar{Y}_t} \tag{7-28}$$

其中，$Y_t$ 为实际产出，$\bar{Y}_t$ 为生产能力，$U_t$ 为生产能力利用率。

$$\bar{Y}_t = A\bar{L}_t^{\beta_l}\bar{K}_t^{\beta_k}\bar{E}_t^{\beta_e} \tag{7-29}$$

将式（7-29）代入式（7-28），有：

$$U_t = \frac{Y_t}{A\bar{L}_t^{\beta_l}\bar{K}_t^{\beta_k}\bar{E}_t^{\beta_e}} \tag{7-30}$$

对式（7-30）两边取对数：

$$\log U_t = \log Y_t - (\log A + \beta_l \log\bar{L}_t + \beta_k \log\bar{K}_t + \beta_e \log\bar{E}_t) \tag{7-31}$$

即有：

$$u_t = y_t - (\alpha + \beta_l \bar{l}_t + \beta_k \bar{k}_t + \beta_e \bar{e}_t) \qquad (7-32)$$

其中，$u_t = \log U_t$，$y_t = \log Y$，$\alpha = \log A$，$\bar{l}_t = \log \bar{L}_t$，$\bar{k}_t = \log \bar{K}_t$，$\bar{e}_t = \log \bar{E}_t$。

对于 $t-1$ 期有：

$$u_{t-1} = y_{t-1} - (\alpha + \beta_l \bar{l}_{t-1} + \beta_k \bar{k}_{t-1} + \beta_e \bar{e}_{t-1}) \qquad (7-33)$$

式（7－32）－式（7－33）可得：

$$u_t - u_{t-1} = y_t - y_{t-1} - \beta_l(\bar{l}_t - \bar{l}_{t-1}) - \beta_k(\bar{k} - \bar{k}_{t-1}) - \beta_e(\bar{e}_t - \bar{e}_{t-1}) \qquad (7-34)$$

式（7－34）可以表示为：

$$\Delta u_t = \Delta y_t - \beta_l \Delta \bar{l}_t - \beta_k \Delta \bar{k} - \beta_e \Delta \bar{e}_t \qquad (7-35)$$

其中，$\Delta u_t = u_t - u_{t-1} = \log U_t - \log U_{t-1} \approx \frac{U_t - U_{t-1}}{U_{t-1}}$，表示生产能力利用率的增长率。

$\Delta y_t = y_t - y_{t-1} = \log Y_t - \log Y_{t-1} \approx \frac{Y_t - Y_{t-1}}{Y_{t-1}}$，表示实际产出增长率。

$\Delta l_t = \bar{l}_t - \bar{l}_{t-1} = \log L_t - \log L_{t-1} \approx \frac{L_t - L_{t-1}}{L_{t-1}}$，表示劳动投入增长率。

$\Delta k_t = \bar{k}_t - \bar{k}_{t-1} = \log K_t - \log K_{t-1} \approx \frac{K_t - K_{t-1}}{K_{t-1}}$，表示资本投入增长率。

$\Delta e_t = \bar{e}_t - \bar{e}_{t-1} = \log E_t - \log E_{t-1} \approx \frac{E_t - E_{t-1}}{E_{t-1}}$，表示能源投入增长率。

式（7－35）可以写成如下形式：

$$\Delta y_t = \beta_l \Delta \bar{l}_t + \beta_k \Delta \bar{k} + \beta_e \Delta \bar{e}_t + \Delta u_t \qquad (7-36)$$

我们将 $\Delta u_t$ 看成式（7－35）的残差：

$$\Delta y_t = \beta_l \Delta \bar{l}_t + \beta_k \Delta \bar{k} + \beta_e \Delta \bar{e}_t + \varpi_t \qquad (7-37)$$

通过估计其残差，即可以得到生产能力利用率增长率的估计值。有了生产能力利用率增长率指标，通过设定基期生产能力利用率，就可求得生产能力指标。

## 7.3 中国全要素生产率测算与结果评价

### 7.3.1 数据来源与变量处理

我们基于中国29个省份1993—2012年的数据，对中国全要素生产率进行测算与分解。对于生产能力数据，我们利用上述建立的包含劳动、资本和能源投入变量三因素的计量方法进行估计；对于实际产出数据，我们使用国内生产总值进行估计。对于生产能力方程中的劳动力资源，我们使用15～64岁的劳动力人口作为代表劳动力生产能力的劳动力资源，对于实际生产函数方程中的劳动投入，我们使用实际就业人口进行估计。对资本投入我们使用固定资产投资存量进行估计，相关数据采用第5章中永续盘存法的估计结果。对于能源投入，我们使用能源消费总量进行估计。对于劳动运作率，我们使用实际就业人口和15～64岁的劳动力人口的比值进行估计。除生产能力外，相关数据均来自《中国统计年鉴》《中国人口和就业统计年鉴》《中国能源统计年鉴》。对绝对值数据，我们进行定基处理以消除价格因素的影响，对于固定资产投资，我们通过固定资产投资价格指数进行定基处理，对于实际GDP数据，我们使用消费者价格指数进行定基处理。另外，我们使用Stata软件对模型进行估计与计算。

### 7.3.2 全要素生产率估计结果

#### 7.3.2.1 生产能力利用率估计结果分析

直接对生产能力进行估计比较困难，我们首先基于柯布—道格拉斯生产函数对生产能力利用率增长率进行估计，即对式（7－37）的残差进行估计。考虑到方程可能存在由于$\Delta u_t$和回归元$\Delta \bar{l}_t$、$\Delta \bar{k}_t$和$\Delta \bar{e}_t$相关而导致的内生性问题，OLS 估计方法可能无法应用。一般认为劳动力市场和固定资产投资要素在短期内具有刚性，所以，当生产效率发生变化时，短期内对劳动投入和资本投入的影响并不大，因此我们假定劳动投入和资本为外生变量。而能源要素投入受生产效率的影响较大，当生产效率改变时，生产部门可以对能源要素投入进行调节，效率变化将会对能源消耗迅速产生影响，因此我们假定能源投入在方程中是内生变量。

解决内生性问题涉及工具变量的选择，工具变量的选择要满足两个必要条件：一是工具变量相对于系统方程是外生的，即工具变量与误差项不相关；二是工具变量需和解释变量相关。由于污染排放和能源投入存在直接关系，是衡量能源投入的重要因素，我们选取工业废气排放和工业废水排放作为能源投入的工具变量。

为了从统计上检验式（7－37）是否存在内生性问题，我们基于 OLS 估计和工具变量估计结果进行 Hausman 检验，以检验其是否存在内生性。另外，我们通过怀特检验和德宾检验对式（7－37）进行了异方差诊断与自相关分析，相关检验结果如表 7－1 所示。Hausman 检验结果表明，式（7－37）并不存在能源投入的内生性问题。怀特检验结果表明，式（7－37）不存在异方差。而德宾检验结果表明，DW 统计量落在了接受原假设的区域，故式（7－37）不存在自相关问题。因此，我们认为式（7－37）在 1% 的显著性水平上无内生性问题、同方差，且不存在自相关问题。

**表 7－1　Hausman 检验、怀特检验和德宾检验结果**

| Hausman 检验结果 | 怀特检验结果 | 德宾检验结果 |
|---|---|---|
| $x^2$ － value　1.05<br>p － value　0.7903 | $x^2$ － value　15.88<br>p － value　0.0695 | Durbin － Watson<br>d ＝1.80 |
| | | $d_l$ ＝0.83　$d_u$ ＝1.26 |

注：德宾检验取的是在 1% 水平上的临界值。

因此，普通最小二乘回归就能满足对方程估计的需求，估计结果如表 7－2 所示。$\Delta l_t$ 的系数不显著，表明增加劳动投入并不能显著提高中国经济增长率。由于我们仅取方程的残差，因此该系数不显著并不影响实证研究。

表 7 -2　生产能力利用率增长率方程估计结果

| 因变量 $\Delta y_t$ | | | |
|---|---|---|---|
| 自变量 | 系数（标准差） | t | p - Value |
| $\Delta l_t$ | 1.1213（1.1611） | 0.97 | 0.349 |
| $\Delta K_t$ | 0.3271***（0.0622） | 5.26 | 0.0000 |
| $\Delta e_t$ | 0.5705***（0.1903） | 3.00 | 0.009 |
| $\bar{R}^2$ | 10.9606 | $R^2$ | 0.9669 |

注：＊＊＊表示在 1% 的水平上显著。

根据式（7 - 37）的残差可以得到生产能力利用率增长率的估计值，如表 7 -3 所示。估计结果显示，中国生产能力利用率增长率分别在 1994—1995 年、2000—2001 年、2004 年、2009 年以及 2012 年为负值，表明中国生产能力利用率在此期间呈下降趋势。究其原因，我们发现，中国生产能力利用率下降的期间或年份分别和世界上出现的几次较大的金融危机相对应。

1990 年由美国引发的储蓄和贷款危机逐渐波及欧洲国家、澳大利亚、加拿大及日本等国家，这场危机一直持续到 1994 年仍未摆脱其阴影，再加上 1994—1995 年的墨西哥金融危机，也对亚洲经济产生了一定影响。而在 2001 年出现了互联网危机、安然公司造假丑闻以及阿根廷的银行危机。2008 年下半年出现了由美国次贷危机引发的全球性金融危机，中国也受到影响。在此基础上，中国 2011 年末爆发的温州民间借贷危机，使各地的民间金融危机陆续浮出水面，对中国 2012 年的经济产生了不利影响。由此可以看出，在这几次危机发生期间，中国生产能力利用率增长率均出现负值，而在非金融危机期间，中国生产能力利用率不断得到提高。

随着经济全球化趋势的不断发展，各国经济发展更加紧密，世界上的每一次危机都会对中国经济产生或大或小的影响。当世界性的经济危机出现时，必然对中国的出口产生冲击，随着出口的下降，生产部门对机器设备、劳动投入等要素的利用程度降低，必然导致生产能力利用率的下降。生产能力利用率下降期间与世界性的金融危机期间的高度吻合，也验证了我们通过生产能力利用率对生产能力指标估计的可信性和合理性。

**表 7-3　生产能力利用率增长率估计结果**　(%)

| 年份 | 生产能力利用率增长率 | 年份 | 生产能力利用率增长率 |
|---|---|---|---|
| 1994 | -1.3757 | 2004 | -0.0970 |
| 1995 | -3.8861 | 2005 | 0.8443 |
| 1996 | 0.5260 | 2006 | 1.1421 |
| 1997 | 2.0973 | 2007 | 2.4328 |
| 1998 | 2.0452 | 2008 | 3.0603 |
| 1999 | 2.6498 | 2009 | -4.7665 |
| 2000 | -0.1873 | 2010 | 1.3237 |
| 2001 | -0.0581 | 2011 | 1.1878 |
| 2002 | 0.2065 | 2012 | -3.8843 |
| 2003 | 0.2052 | | |

在生产能力利用率增长率指标估计的基础上，为了估计 1993—2012 年中国生产能力利用率，还必须设定基期 1993 年的生产能力利用率。欧美国家根据产能过剩与否及过剩程度等来对生产能力利用率的范围做出界定，其界定标准如表 7-4 所示。

**表 7-4　国外生产能力利用率范围界定**

| 生产能力利用率范围 | 产能过剩与否及过剩程度 |
|---|---|
| 小于 79% | 产能严重过剩 |
| 79% ~83% | 基本为正常范围 |
| 83% ~85% | 产能未实现充分利用 |
| 85% ~90% | 产能实现充分利用 |
| 大于 90% | 产能不足，有超设备能力发挥现象 |

资料来源：以上数据及标准根据 MBA 智库提供的资料整理而得。

我们借鉴欧美国家对生产能力利用率的标准，衡量中国生产能力利用率的状况。中国经济体制改革于 1984 年由农村转向了城市，沿海 14 个城市相继实现对外开放，并大力引进外资、机器设备、技术等生产要素，解放了生产力，为经济的快速发展创造了条件。随着中国生产力的不断解放与发展，中国经历了 1984—1991 年高经济增长和高通货膨胀的“双高”发展之后，逐步摆脱短缺经济，市场出现供大于求的买方市场，出现了产能过剩现象的萌芽，但是尚未达到严重产能过剩的程度。因此，我们将 1993 年的生产能力利用率定为 79% 。根据我们估算出的中国 1994—2012 年的生产能力利用率增长率，我们估计出中国的生产能力利用率如表 7 –5 所示。

从生产能力利用率的估计结果可以看出，1993—1998 年中国的生产能力利用率不足 80% ，主要原因在于 1984—1991 年高经济增长和高通货膨胀的“双高”发展造成中国经济出现了一定程度的过剩现象，从而导致 1993—1998 年要靠降低生产能力利用率来消化前阶段造成的部分产能过剩。经过 1993—1998 年的调整，1999—2006 年，中国生产能力利用率归于正常的范围内，并于 2008 年实现了产能的充分利用。2008 年下半年，由美国次贷危机引发的全球金融危机给世界经济带来重创的同时，中国经济也受到金融危机的负面冲击和影响，生产能力相应下降。

**表 7 –5　生产能力利用率估计结果**　(%)

| 年份 | 生产能力利用率 | 年份 | 生产能力利用率 |
|---|---|---|---|
| 1993 | 79. 0000 | 2003 | 80. 6418 |
| 1994 | 77. 9132 | 2004 | 80. 5635 |
| 1995 | 74. 8854 | 2005 | 81. 2437 |
| 1996 | 75. 2793 | 2006 | 82. 1716 |
| 1997 | 76. 8582 | 2007 | 84. 1706 |
| 1998 | 78. 4301 | 2008 | 86. 7465 |
| 1999 | 80. 5083 | 2009 | 82. 6117 |
| 2000 | 80. 3575 | 2010 | 83. 7053 |

续表

| 年份 | 生产能力利用率 | 年份 | 生产能力利用率 |
|---|---|---|---|
| 2001 | 80.3108 | 2011 | 84.6995 |
| 2002 | 80.4767 | 2012 | 81.4095 |

进一步，我们由估计出的生产能力利用率，根据式（7－28）可求得社会的生产能力指标，从而为我们将全要素生产率分解为需求冲击、供给冲击和其他冲击提供了数据基础。

#### 7.3.2.2　供给冲击、需求冲击及TFP的估计结果分析

（1）供给冲击估计过程

为了估计供给冲击，根据估计的生产能力，我们对式（7－14）进行估计。按照同样的方法，我们从统计上对式（7－14）的内生性进行验证，并进行异方差诊断和自相关分析，检验结果如表7－6所示。Hausman检验结果表明，式（7－14）不能拒绝不存在内生性的原假设，即不存在内生性问题。怀特检验结果表明，式（7－14）不存在异方差。德宾检验结果表明，DW统计量落在接受原假设的区域，即式(7－14)不存在自相关问题。因此，我们认为式（7－14）不存在内生性、自相关和异方差问题。

**表7－6　Hausman检验、怀特检验和德宾检验结果**

| Hausman检验结果 | 怀特检验结果 | 德宾检验结果 |
|---|---|---|
| $x^2$ – value　2.41<br>p – value　0.4927 | $x^2$ – value　14.96<br>p – value　0.0921 | Durbin – Watson<br>d = 1.42 |
| | | $d_l = 0.77$　$d_u = 1.41$ |

我们使用普通最小二乘估计方法对式（7－14）进行估计，估计结果如表7－7所示，结果表明系数显著，方程拟合程度很高。从而我们依据式（7－38）计算供给冲击：

$$\hat{\omega}_t = \bar{y}_t + 11.37163 - 0.3431 \times \bar{k}_t - 1.0958 \times \bar{l}_t - 0.5385 \times \bar{e}_t \tag{7-38}$$

表 7－7　供给冲击方程估计结果

| 因变量 $\bar{y}_t$ | | | |
|---|---|---|---|
| 自变量 | 系数（标准差） | t | p－value |
| $\bar{l}_t$ | 1.0958*** (0.0982) | 11.1 | 60.0000 |
| $\bar{k}_t$ | 0.3431*** (0.0063) | 54.52 | 0.0000 |
| $\bar{e}_t$ | 0.5385*** (0.0103) | 52.20 | 0.0000 |
| $\bar{R}^2$ | 1.0000 | $R^2$ | 1.0000 |

注：＊＊＊表示在1%的水平上显著。

（2）其他冲击估计过程

为了对其他冲击进行估计，我们需要估计式（7－25），由于 $\tau_t$ 为我们分解出的独立冲击，因此不存在内生性问题，Hausman 检验结果也证明了式（7－25）并不存在内生性问题，估计结果如表 7－8 所示。

表 7－8　其他冲击方程估计结果

| 因变量 $y_t - \bar{y}_t$ | | | |
|---|---|---|---|
| 自变量 | 系数（标准差） | t | p－value |
| $\delta_t$ | 5.7623*** (0.3167) | 18.19 | 0.0000 |
| $R^2$ | 0.9457 | $\bar{R}^2$ | 0.9429 |

注：＊＊＊表示在1%的水平上显著。

根据式（7－25）可得其他冲击估计结果如下：

$$\hat{\tau}_t = y_t - \bar{y}_t - 5.7623 \times \delta_t \tag{7-39}$$

（3）需求冲击估计过程

根据式（7－26），我们可以估计出需求冲击，需求冲击如下：

$$\hat{\xi}_t = -(\hat{\beta}_l + \hat{\rho}\hat{\beta}_k)\delta_t \tag{7-40}$$

（4）全要素生产率估计

通过全要素生产率的分解成分供给冲击、需求冲击和其他冲击，我们可以估计出全要素生产率的估计结果如下：

$$TFP = \hat{\omega}_t + \hat{\xi}_t + \hat{\tau}_t \tag{7-41}$$

供给冲击、需求冲击、其他冲击和全要素生产率（TFP）估计结果如表 7 – 9 所示，从表 7 – 9 与图 7 – 1 中的供给冲击、需求冲击、其他冲击及全要素生产率的估计结果及变化趋势可以看出：首先，供给冲击对全要素生产率的影响较小，最大的正向供给冲击出现在 1995 年，为 0.3258%，最大的负向供给冲击出现在 1994 年，为 – 0.0592%。供给冲击的变化趋势表明，中国经济的增长受供给冲击影响较小，在中国经济增长的过程中，供给冲击相对稳定，主要存在以下原因：一方面，由于中国技术落后，研发能力不足，产品创新和技术含量较低，因而对产出变化的供给冲击相对较小；另一方面，中国是劳动密集型经济，相当长的时间内，劳动力成本相对稳定，这些影响供给的因素在中国经济发展过程中没有发生太大变化，因而供给冲击相对稳定。

其次，中国经济在样本期间一直存在着对 TFP 的正向需求冲击。这表明中国需求冲击对全要素生产率产生了重要影响，需求是影响中国经济增长的重要因素。与供给冲击形成鲜明对比，需求冲击保持着稳定的趋势，而供给冲击趋于 0，这期间由于国家出台了宏观刺激需求的经济政策，对需求冲击产生了积极影响，导致需求冲击出现了快速的增长。这也表明，近年来国家对内需的刺激政策对正向的需求冲击产生了重要影响，中国刺激内需的政策目标取得了一定的成效。另外，由于中国经济增长在一段时间内依赖进出口，因此世界性的商品需求对中国 TFP 的影响大，中国生产受外部商品需求的影响明显，这与我们分析的结论一致。在此基础上，中国供给生产的特点主要是以大批量满足国际商品基本品的需求为主，生产要素的投入侧重生产性而非研发性，由生产行业本身创新带来的供给冲击比例不大，也与我们的分析一致。

其他冲击对 TFP 的影响呈现正负交替的现象。1993—2001 年，除个别年份外，其他冲击表现出负向影响，而其他样本期主要表现为正向影响。从其他冲击和全要素生产率的变动趋势可以看出，其他冲击（如政策冲击、货币冲击、金融市场稳定性冲击等）和 TFP 表现出显著的相关关系，表明其他冲击也是影响中国经济增长的重要因素。

中国全要素生产率在 1993 年与 1994 年处于较低的水平，主要是因为中国经济出现投资需求与消费需求的双膨胀，全国商品零售价格指数分别上升 13. 2% 与 21. 7% ，产生了严重的通货膨胀，产出的增加更多的是由通货膨胀因素造成的，而全要素生产率对产出的贡献几乎为 0。随着经济好转，需求冲击和其他冲击的积极影响加强，中国全要素生产率在 1995 年出现了一个较大的波峰，但是 1997—2000 年保持较低的水平。我们认为原因在于 1997 年的亚洲金融海啸对中国经济增长造成重创，需求冲击、供给冲击和其他冲击都处于较低水平。2000 年之前全要素生产率处于较低波动状态，其对经济增长的贡献较小，中国经济增长主要依赖要素投入。2000 年之后，全要素生产率整体呈上升趋势，表明中国经济发展逐渐由要素投入型向效率提高型转变，由于 2008 年全球金融危机和 2011 年中国民间借贷危机的爆发，中国全要素生产率又出现缓慢下降的趋势，但是整体看来，2000 年之后中国 TFP 上升到了一个较高的水平。

**表 7 - 9　供给冲击、需求冲击、其他冲击和全要素生产率估计结果　（%）**

| 年份 | 供给冲击 | 需求冲击 | 其他冲击 | 全要素生产率 |
|---|---|---|---|---|
| 1993 | -0. 1822 | 14. 4082 | -9. 1641 | 5. 0619 |
| 1994 | -0. 0592 | 17. 2090 | -7. 7485 | 9. 4013 |
| 1995 | 0. 3258 | 34. 6030 | 5. 6819 | 40. 6107 |
| 1996 | 0. 2551 | 18. 7713 | -9. 6252 | 9. 4012 |
| 1997 | 0. 0883 | 19. 4349 | -6. 8860 | 12. 6372 |
| 1998 | 0. 0030 | 17. 4377 | -6. 8585 | 10. 5822 |
| 1999 | -0. 1338 | 17. 7291 | -3. 9519 | 13. 6434 |
| 2000 | -0. 1077 | 18. 5190 | -3. 3495 | 15. 0618 |
| 2001 | -0. 0784 | 20. 5659 | -1. 3607 | 19. 1269 |
| 2002 | -0. 0752 | 22. 8405 | 1. 1202 | 23. 8856 |
| 2003 | 0. 0220 | 23. 0428 | 1. 5275 | 24. 5923 |
| 2004 | 0. 1873 | 23. 0621 | 1. 4496 | 24. 6990 |

续表

| 年份 | 供给冲击 | 需求冲击 | 其他冲击 | 全要素生产率 |
|---|---|---|---|---|
| 2005 | 0.0960 | 22.8635 | 2.0918 | 25.0513 |
| 2006 | -0.0285 | 22.4730 | 2.8369 | 25.2815 |
| 2007 | -0.3216 | 21.5378 | 4.3054 | 25.5216 |
| 2008 | -0.6171 | 21.9898 | 7.7718 | 29.1446 |
| 2009 | 0.2240 | 21.5903 | 2.4884 | 24.3027 |
| 2010 | 0.0749 | 21.0632 | 3.2764 | 24.4145 |
| 2011 | -0.0694 | 20.6557 | 4.0496 | 24.6359 |
| 2012 | 0.4085 | 19.9225 | -0.6453 | 19.6857 |

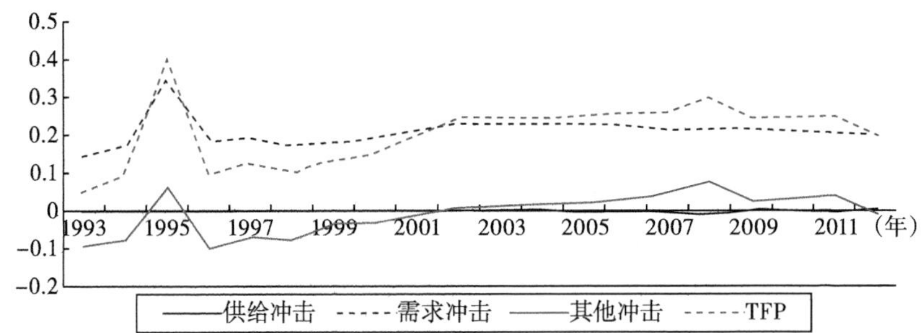


**图 7-1　全国供给冲击、需求冲击、其他冲击与 TFP 估计结果**

## 7.4　东、中、西部地区全要素生产率测算与评价

为了更详尽地研究中国全要素生产率，我们按照以上分解方法分别对东、中、西部地区的全要素生产率进行测算与分解，对不同地区全要素生产率和各类冲击的不同影响进行分析。

### 7.4.1　东、中、西部地区生产能力利用率估计

我们首先对于东、中、西部地区式(7-37)是否存在内生性问题进行检验，并通过怀特检验和德宾检验对式（7-37）进行了异方差诊断与自相关分析，相关检验结果如表 7-10 所示。东、中、西部地区的 Hausman 检验结果均表明式（7-37）在 1% 的显著性水平下不能拒绝

不存在内生性的原假设，因此式（7－37）并不存在内生性问题，且怀特检验结果均表明不存在异方差性。东、中部地区的德宾检验结果表明德宾统计量落在了不能拒绝原假设的区域，即不存在自相关问题，但是西部地区的德宾检验结果表明，德宾统计量落在了无法确定是否具有自相关性的区域，因此，我们进一步通过拉格朗日乘数检验对西部地区式（7－37）的自相关性进行检验，LM 检验结果表明在 1% 的显著性水平下不能拒绝不存在自相关的原假设，即我们认为对于西部地区式（7－37）也不存在自相关问题。综上所述，我们认为对东、中、西部地区来说，式（7－37）在 1% 的显著性水平上，无内生性问题、同方差，且不存在自相关问题。

**表 7－10　东、中、西部地区 Hausman 检验结果、怀特检验结果和德宾检验结果**

| 东部地区 | 中部地区 | 西部地区 |
|---|---|---|
| Hausman 检验结果<br>$x^2$ – value　1.40<br>p – value　0.7049 | Hausman 检验结果<br>$x^2$ – value　1.01<br>p – value　0.7994 | Hausman 检验结果<br>$x^2$ – value　0.70<br>p – value　0.8737 |
| 怀特检验结果<br>$x^2$ – value　14.52<br>p – value　0.1050 | 怀特检验结果<br>$x^2$ – value　15.58<br>p – value　0.0763 | 怀特检验结果<br>$x^2$ – value　4.59<br>p – value　0.8683 |
| 德宾检验<br>Durbin – Watson<br>d = 2.02<br>$d_l$ = 0.83　$d_u$ = 1.26 | 德宾检验<br>Durbin – Watson<br>d = 1.99<br>$d_l$ = 0.83　$d_u$ = 1.26 | 德宾检验<br>Durbin – Watson<br>d = 1.14<br>$d_l$ = 0.83　$d_u$ = 1.26 |
|  |  | LM 检验结果<br>$x^2$ – value 2.84<br>P – value 0.0919 |

注：德宾检验为在 1% 显著水平下的临界值。

因此，我们运用普通最小二乘回归对方程进行估计，而无须再考虑工具变量估计造成的偏差问题。估计结果如表 7－11 所示，结果表明东、中、西部地区的生产能力利用率增长率方程均具有较高的拟合度。

**表 7－11　东、中、西部地区生产能力利用率增长率方程估计结果**

| 东部地区 | | | | 中部地区 | | | | 西部地区 | | | |
|---|---|---|---|---|---|---|---|---|---|---|---|
| 因变量：$\Delta y_t$ | | | | 因变量：$\Delta y_t$ | | | | 因变量：$\Delta y_t$ | | | |
| 自变量 | 系数 | t 值 | p 值 | 自变量 | 系数 | t 值 | p 值 | 自变量 | 系数 | t 值 | p 值 |
| $\Delta l_t$ | 0.0659 | 0.09 | 0.933 | $\Delta l_t$ | 2.5031 | 2.03 | 0.060 | $\Delta l_t$ | 1.136657 | 0.98 | 0.342 |
| $\Delta k_t$ | 0.3825 | 6.30 | 0.000 | $\Delta k_t$ | 0.2310 | 2.67 | 0.017 | $\Delta k_t$ | 0.368898 | 3.20 | 0.006 |
| $\Delta e_t$ | 0.7178 | 4.31 | 0.001 | $\Delta e_t$ | 0.4300 | 3.35 | 0.004 | $\Delta e_t$ | 0.467590 | 1.59 | 0.131 |
| $\bar{R}^2$ | 0.9644 | $R^2$ | 0.9701 | $\bar{R}^2$ | 0.9471 | $R^2$ | 0.9554 | $\bar{R}^2$ | 0.8452 | $R^2$ | 0.8697 |

注：＊＊＊表示在 1% 的水平上显著。

根据式（7－37）的残差可以得到各地区生产能力利用率增长率的估计值，如表 7－12 所示，结果表明东、中、西部地区生产能力利用率增长率为负值的年份大体和世界上几次较大的经济危机相对应，不同的是，西部地区在面对经济危机时受到影响的持续性更长，因此西部地区生产能力利用率增长率为负值的年份多于东、中部地区。一方面，西部地区在面对经济危机时表现出了更大的脆弱性；另一方面，表明西部地区在经济危机到来时的自我调节能力弱于东、中部地区。这也与现实情况相符，表明了估计结果的可靠性。

**表 7－12　东、中、西部地区生产能力利用率增长率估计结果**

| 年份 | 生产能力利用率增长率（%） | | |
|---|---|---|---|
| | 东部地区 | 中部地区 | 西部地区 |
| 1994 | 0.5026 | －3.9130 | －5.8807 |
| 1995 | －0.8031 | －4.1063 | －8.3756 |
| 1996 | 0.4971 | 1.0330 | －1.7197 |
| 1997 | 3.5234 | 0.1105 | －2.0624 |
| 1998 | 1.8774 | 1.4647 | －0.6956 |
| 1999 | 1.3063 | 2.2430 | 1.3107 |
| 2000 | －2.9862 | 1.0650 | 0.8398 |
| 2001 | 0.7369 | 0.3846 | －3.7006 |
| 2002 | 0.9553 | －0.9913 | －1.1801 |
| 2003 | 0.9550 | 0.8129 | －2.9510 |

**续表**

| 年份 | 生产能力利用率增长率（%） | | |
|---|---|---|---|
| | 东部地区 | 中部地区 | 西部地区 |
| 2004 | 0. 5653 | 0. 1967 | 1. 1272 |
| 2005 | -1. 1772 | 0. 9992 | 4. 3395 |
| 2006 | 0. 6534 | 1. 4883 | 2. 2963 |
| 2007 | 1. 3843 | 1. 6092 | 13. 4423 |
| 2008 | 3. 4216 | 3. 7563 | 5. 0841 |
| 2009 | -3. 8926 | -5. 6855 | -3. 9603 |
| 2010 | 0. 6411 | 3. 2296 | 2. 4445 |
| 2011 | 1. 3762 | 2. 6500 | 2. 1631 |
| 2012 | -4. 3999 | -3. 0841 | -2. 9201 |

进一步，我们通过生产能力利用率增长率指标估计出中国东、中、西部地区的生产能力利用率，估计结果如表 7-13 和图 7-2 所示。结果表明，东部地区的生产能力利用率最高，而西部地区的生产能力利用率最低。东部地区的生产能力利用率处于较高水平，这是因为中国东部地区是经济发展较好，比较有活力的地区，有着较大的现实市场需求，能够吸收较多的产能，因此东部地区的生产能力利用率较高。中部地区 2006 年之前的生产能力利用率低于 80%，说明中部地区对产能的吸收能力较弱，市场未被充分开发出来，随着经济的不断发展，中部地区市场活力逐渐被激活，其生产能力利用率逐渐提高，且对产能的吸收能力逐渐加强。西部地区的生产能力利用率一直处于较低水平，这和西部地区的经济发展水平有很大关系，较低的经济发展水平和居民收入水平不能将其消费意愿转换为消费能力，造成其现实需求较低，市场容量较小，从而不能吸收其产能，造成了产能过剩的表象。但是这种产能过剩并不是一种真的产能过剩，而是一种结构性失衡，是生产能力与消费能力的不匹配造成的。同时也说明，中国各个地区市场之间发展不平衡，没有充分发挥各个市场之间的协调效应和空间溢出效应。

**表 7－13　东、中、西部地区生产能力利用率估计结果**

| 年份 | 生产能力利用率（%） | | |
|---|---|---|---|
| | 东部地区 | 中部地区 | 西部地区 |
| 1994 | 79. 3971 | 75. 9087 | 74. 3543 |
| 1995 | 78. 7594 | 72. 7917 | 68. 1267 |
| 1996 | 79. 1509 | 73. 5436 | 66. 9551 |
| 1997 | 81. 9398 | 73. 6249 | 65. 5742 |
| 1998 | 83. 4781 | 74. 7032 | 65. 1181 |
| 1999 | 84. 5686 | 76. 3788 | 65. 9716 |
| 2000 | 82. 0432 | 77. 1923 | 66. 5256 |
| 2001 | 82. 6478 | 77. 4892 | 64. 0638 |
| 2002 | 83. 4373 | 76. 7210 | 63. 3077 |
| 2003 | 84. 2341 | 77. 3446 | 61. 4395 |
| 2004 | 84. 7102 | 77. 4967 | 62. 1321 |
| 2005 | 83. 7131 | 78. 2711 | 64. 8283 |
| 2006 | 84. 2601 | 79. 4360 | 66. 3170 |
| 2007 | 85. 4264 | 80. 7142 | 75. 2315 |
| 2008 | 88. 3494 | 83. 7461 | 79. 0564 |
| 2009 | 84. 9103 | 78. 9848 | 75. 9255 |
| 2010 | 85. 4546 | 81. 5357 | 77. 7815 |
| 2011 | 86. 6306 | 83. 6964 | 79. 4640 |
| 2012 | 82. 8190 | 81. 1151 | 77. 1436 |

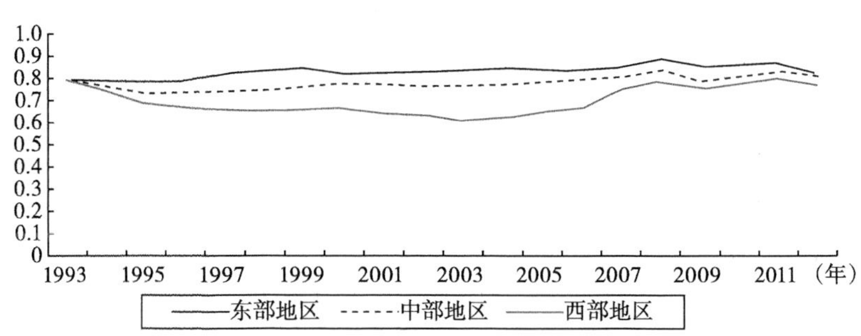


**图 7－2　东、中、西部地区生产能力利用率趋势**

### 7.4.2 东、中、西部地区供给冲击、需求冲击及 TFP 的估计结果及分析

#### 7.4.2.1 供给冲击估计过程

首先，我们需要对式（7－14）的内生性、自相关性和异方差性进行检验。检验结果如表 7－14 所示。Hausman 检验结果表明，对于东、中、西部地区，式（7－14）均不存在内生性问题。怀特检验结果表明，对于东、中、西部地区，式（7－14）均不存在异方差。德宾检验结果表明，对于东、中部地区，式（7－14）不存在自相关问题。但是，西部地区的 DW 统计量落在了无法判断是否存在自相关问题的区域，因此，我们进一步通过拉格朗日乘数检验进行自相关检验，结果表明在 1% 的显著性水平下不存在自相关问题。综上所述，我们认为，对于东、中、西部地区，式(7－14)均不存在内生性、自相关和异方差问题。

表 7－14 东、中、西部地区 Hausman 检验结果、怀特检验结果和德宾检验结果

| 东部地区 | 中部地区 | 西部地区 |
| --- | --- | --- |
| Hausman 检验结果<br>$x^2$ － value 2.12<br>p － value 0.5480 | Hausman 检验结果<br>$x^2$ － value 0.47<br>p － value 0.9249 | Hausman 检验结果<br>$x^2$ － value 3.53<br>p － value 0.3174 |
| 怀特检验结果<br>$x^2$ － value 11.22<br>p － value 0.2607 | 怀特检验结果<br>$x^2$ － value 9.53<br>p － value 0.3901 | 怀特检验结果<br>$x^2$ － value 16.06<br>p － value 0.0656 |
| 德宾检验<br>Durbin － Watson<br>d = 1.64<br>$d_l$ = 0.77 $d_u$ = 1.41 | 德宾检验<br>Durbin － Watson<br>d = 1.88<br>$d_l$ = 0.77 $d_u$ = 1.41 | 德宾检验<br>Durbin － Watson<br>d = 1.13<br>$d_l$ = 0.77 $d_u$ = 1.41 |
| | | LM 检验结果<br>$x^2$ － *value* 3.29<br>p － value 0.0699 |

对供给冲击式（7－14）进行估计，估计结果如表7－15所示，结果表明系数显著，方程拟合程度很高。

**表7－15 东、中、西部地区供给冲击方程估计结果**

| 东部地区 | | | | 中部地区 | | | | 西部地区 | | | |
|---|---|---|---|---|---|---|---|---|---|---|---|
| 因变量：$\Delta y_t$ | | | | 因变量：$\Delta y_t$ | | | | 因变量：$\Delta y_t$ | | | |
| 自变量 | 系数 | t值 | p值 | 自变量 | 系数 | t值 | p值 | 自变量 | 系数 | t值 | p值 |
| $\Delta l_t$ | 0.0682 | 1.17 | 0.261 | $\Delta l_t$ | 0.4520 | 27.63 | 0.0000 | $\Delta l_t$ | 1.378086 | 10.55 | 0.0000 |
| $\Delta k_t$ | 0.3981 | 91.21 | 0.0000 | $\Delta k_t$ | 0.2411 | 29.88 | 0.0000 | $\Delta k_t$ | 0.40427 | 39.69 | 0.0000 |
| $\Delta e_t$ | 0.6903 | 69.64 | 0.0000 | $\Delta e_t$ | 0.4090 | 57.98 | 0.0000 | $\Delta e_t$ | 0.38004 | 15.59 | 0.0000 |
| $\bar{R}^2$ | 1.0000 | $R^2$ | 1.0000 | $\bar{R}^2$ | 1.0000 | $R^2$ | 1.0000 | $\bar{R}^2$ | 0.9999 | $R^2$ | 0.9999 |

东部地区：$\hat{\omega}_t = \bar{y}_t + 2.2196 - 0.3981 \times \bar{k}_t - 0.0682 \times \bar{l}_t - 0.6903 \times \bar{e}_t$。

中部地区：$\hat{\omega}_t = \bar{y}_t + 21.5724 - 0.2411 \times \bar{k}_t - 2.4520 \times \bar{l}_t - 0.4090 \times \bar{e}_t$。

西部地区：$\hat{\omega}_t = \bar{y}_t + 11.6765 - 0.4043 \times \bar{k}_t - 1.3781 \times \bar{l}_t - 0.3800 \times \bar{e}_t$。

#### 7.4.2.2 其他冲击估计过程

为了对其他冲击进行估计，我们需要估计其他冲击式（7－25），由于$\tau_t$为我们分解出的独立冲击，因此不存在内生性问题，Hausman检验结果也证明了式（7－25）并不存在内生性问题，因此我们使用OLS对其进行估计，估计结果如表7－16所示，估计结果表明东、中、西部地区的方程均具有较高的拟合度，且系数均显著。

**表7－16 其他冲击方程估计结果**

| 东部地区 | | | | 中部地区 | | | | 西部地区 | | | |
|---|---|---|---|---|---|---|---|---|---|---|---|
| 因变量：$y_t - \bar{y}_t$ | | | | 因变量：$\Delta y_t$ | | | | 因变量：$\Delta y_t$ | | | |
| 自变量 | 系数 | t值 | p值 | 自变量 | 系数 | t值 | p值 | 自变量 | 系数 | t值 | p值 |
| $\delta_t$ | 5.4727 | 15.15 | 0.0000 | $\delta_t$ | 6.8930 | 15.98 | 0.0000 | $\delta_t$ | 5.6273 | 6.53 | 0.0000 |
| $R^2$ | 0.9235 | $\bar{R}^2$ | 0.9195 | $R^2$ | 0.9308 | $\bar{R}^2$ | 0.9271 | $R^2$ | 0.6918 | $\bar{R}^2$ | 0.6756 |

#### 7.4.2.3 需求冲击估计过程

根据式（7－26），我们可以估计出需求冲击，需求冲击如下：

$$\hat{\xi}_t = -(\hat{\beta}_l + \hat{\rho}\hat{\beta}_k)\delta_t \tag{7-42}$$

#### 7.4.2.4 全要素生产率估计

通过全要素生产率的分解成分供给冲击、需求冲击和其他冲击，我们可以估计出全要素生产率的估计结果如下：

$$TFP = \hat{\omega}_t + \hat{\xi}_t + \hat{\tau}_t \tag{7-43}$$

通过以上估计方法，对东、中、西部地区的供给冲击、需求冲击、其他冲击及 *TFP* 的估计结果如图 7-3 所示。估计结果显示，东部地区和中部地区的估计结果具有相似的变化趋势，这表明东部地区和中部地区的 *TFP* 变化趋势相同，且受各类冲击的影响路径相似。中部地区的 *TFP* 估计结果要高于东部地区的 *TFP* 估计结果，这貌似与我们的理论和实际预期不一致，但是，本研究对 *TFP* 的研究是从冲击角度进行的，是对 *TFP* 冲击变化的一种研究，是对 *TFP* 动态变化量的研究，而不是一种绝对量的研究。因此，东部地区的 *TFP* 估计结果低于中部地区，主要是因为东部地区作为中国经济比较发达的地区，其技术和生产力已经达到了一个较高的水平，其技术和生产率的进一步提高将更加困难，而中部地区和西部地区 *TFP* 的提高属于对东部地区的效率和技术追赶。

西部地区的供需冲击和 *TFP* 的估计结果与东、中部地区有很大的不同，西部地区在 1995 年出现了供给冲击、需求冲击、其他冲击和 *TFP* 的波峰，这也是造成中国整体供给冲击、需求冲击、其他冲击和 *TFP* 在 1995 年出现波峰的原因。究其原因，我们发现西部地区在 1995 年的需求冲击和其他冲击出现了一个较大的波动状态，主要是因为西部地区在 1995 年的生产能力利用率出现了一个较大的降低幅度，说明其市场已经形成了过剩的产能，在供大于求的买方市场情况下，消费者具有更大的议价能力，其消费能力也会增加。同时，为了促进过剩产能的消化吸收，政府部门也将出台相关的积极政策措施以提高市场需求，从而形成了一个较大的需求冲击和其他冲击波动。

从东、中、西部地区的整体对比结果来看，供给冲击对其 *TFP* 波动冲击的影响不大，需求冲击是影响其 *TFP* 波动的主要因素，其他冲击对 *TFP* 也产生了重要影响。

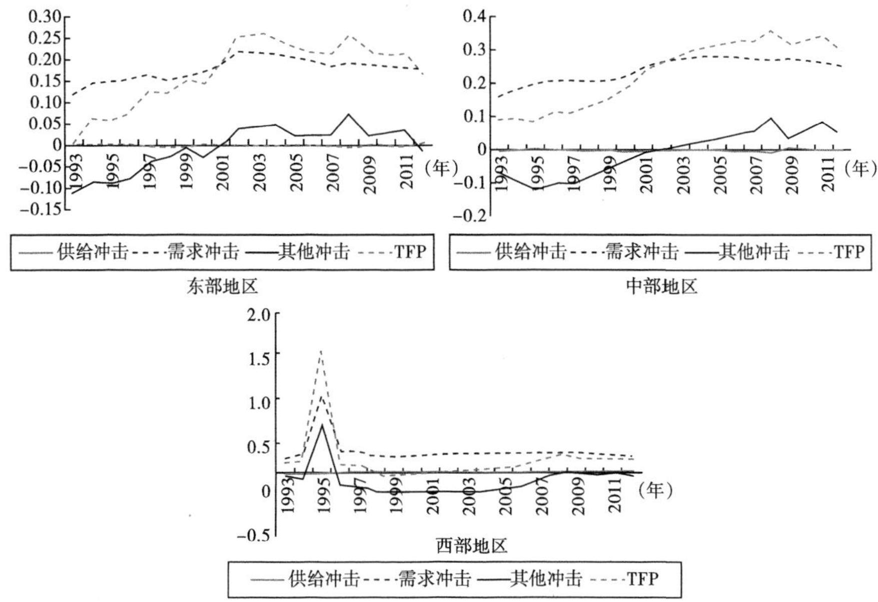


**图 7－3　东、中、西部地区供给冲击、需求冲击、其他冲击与 TFP 估计结果**

## 7.5　全要素生产率对供需冲击的脉冲响应

### 7.5.1　PVAR 模型设定

空间向量自回归模型（PVAR）是在向量自回归模型（VAR）的基础上发展而来的，不仅包含时间序列因素，还包含空间个体效应。

VAR 是把系统中的每一个内生变量作为所有内生变量的滞后值的函数来构造，$p$ 阶向量自回归的数学表达式是：

$$y_t = \Phi_1 y_{t-1} + \cdots + \Phi_p y_{t-p} + Hx_t + \varepsilon_t \qquad t = 1,2,\cdots,T \quad (7-44)$$

其中，$y_t$ 是 $k$ 维列向量，为内生变量，$x_t$ 是 $d$ 维列向量，为外生变量，$T$ 是样本个数，$p$ 为滞后阶数。$\Phi_1,\cdots,\Phi_p$ 是 $k \times k$ 维系数矩阵，$H$ 是 $k \times d$ 维系数矩阵，系数矩阵为待估计的矩阵。式（7－44）展开式如下：

$$\begin{bmatrix} y_{1t} \\ y_{2t} \\ \vdots \\ y_{kt} \end{bmatrix} = \Phi_1 \begin{bmatrix} y_{1t-1} \\ y_{2t-1} \\ \vdots \\ y_{kt-1} \end{bmatrix} + \cdots + \Phi_p \begin{bmatrix} y_{1t-p} \\ y_{2t-p} \\ \vdots \\ y_{kt-p} \end{bmatrix} + H \begin{bmatrix} x_{1t} \\ x_{2t} \\ \vdots \\ x_{dt} \end{bmatrix} + \begin{bmatrix} \varepsilon_{1t} \\ \varepsilon_{2t} \\ \vdots \\ \varepsilon_{kt} \end{bmatrix} \quad t = 1,2,\cdots,T \tag{7-45}$$

脉冲响应函数往往分析的是当 VAR 模型受到某种冲击时对系统的动态影响，即扰动项的影响是如何传播到各个变量的，以 VAR（2）为例简述基本思想：

$$\begin{cases} x_t = a_1 x_{t-1} + a_2 x_{t-2} + b_1 z_{t-1} + b_2 z_{t-2} + \varepsilon_{1t} \\ z_t = c_1 x_{t-1} + c_2 x_{t-2} + d_1 z_{t-1} + d_2 z_{t-2} + \varepsilon_{2t} \end{cases} \quad t = 1,2,\cdots,T \tag{7-46}$$

其中，$a_i, b_i, c_i, d_i$ 是参数，$\varepsilon_t = (\varepsilon_{1t}, \varepsilon_{2t})'$ 为白噪声向量，具有以下性质：

$E(\varepsilon_{it}) = 0$ 对 $\forall it = 1,2$

$\mathrm{var}(\varepsilon_t) = E(\varepsilon_t \varepsilon'_t) = \sum = \{\sigma_{ij}\}$ 对 $\forall t$

$E(\varepsilon_{it}\varepsilon_{is}) = 0$ 对 $\forall t \neq s \quad i = 1,2$

假设系统从 0 期开始活动，第 0 期的扰动项 $\varepsilon_{10} = 1, \varepsilon_{20} = 0$，并且其后均为 0，同时假定 $x_{-1} = x_{-2} = z_{-1} = z_{-2} = 0$，则 $x_t$、$z_t$ 的响应过程如下：

$t = 0$ 时，$x_0 = 1$，$z_0 = 0$。

$t = 1$ 时，$x_1 = a_1$，$z_1 = c_1$。

$t = 2$ 时，$x_2 = a_1^2 + a_2 + b_1 c_1$，$z_2 = c_1 a_1 + c_2 + d_1 c_1$。

依次计算下去，可得结果：$x_0, x_1, x_2, x_3, x_4, \cdots$ 称为由 $x$ 的脉冲引起的 $x$ 的响应函数；$z_0, z_1, z_2, z_3, z_4, \cdots$ 称为由 $x$ 的脉冲引起的 $z$ 的响应函数。

基于以上对 VAR 模型的推导分析过程，PVAR 模型可以表示为以下形式：

$$y_{it} = \alpha_i + c_0 + \sum_{j=1}^{p} \beta_j y_{i,t-j} + \gamma_{i,t} + \varepsilon_{i,t} \tag{7-47}$$

## 7.5.2 实证结果评价

### 7.5.2.1 模型估计

首先，我们对东、中、西部地区的全要素生产率和各类冲击变量的平稳性进行检验，不平稳序列经过一阶差分后，变为平稳序列。在平稳序列的基础上，我们对 PVAR 模型进行估计。在滞后变量的选择上，我们根据脉冲响应函数的收敛情况，选择滞后 2 阶的 PVAR。模型设定形式如下：

$$Y_{it} = \alpha_i + \beta_t + \beta_{1t} Y_{it-1} + \beta_{2t} Y_{it-2} + \varepsilon_{it} \tag{7-48}$$

其中，$i$ 为地区个体，$t$ 表示时期，$\alpha_i$ 为不可观测的固定效应向量，$\beta_t$ 为时间效应向量，$\varepsilon_{it}$ 为随机误差项，且与其他变量不相关，$Y_{it}$ 为包含 *TFP*、供给冲击、需求冲击和其他冲击的向量，即 $Y_{it} = [TFP_{it}, Supply_{it}, Demand_{it}, Other]'$。

为了消除模型中个体效应和时间效应对估计系数的偏差影响，我们通过截面均值差分剔除时点效应，按照 Arellano 和 Bover（1995）的做法，通过向前均值差分（Helmert 转换）进行个体效应的剔除，使转换后的变量正交于滞后变量，从而使滞后变量正交于误差项，然后将滞后变量设定为工具变量进行 GMM 估计。基于 Love（2006）的 PVAR 程序，运用 Stata12.0 进行估计，估计结果如表 7－17 和表 7－18 所示。

从估计结果可以看出，以 *TFP* 为因变量的 *TFP* 方程中，供给冲击、需求冲击和其他冲击均对 *TFP* 产生了积极影响，不同的是各类冲击对 *TFP* 的影响存在不同的滞后程度。供给冲击对 *TFP* 存在滞后 1 期的积极影响，而需求冲击对 *TFP* 存在滞后 1 期和滞后 2 期的积极影响，其他冲击对 *TFP* 存在滞后 1 期的积极影响和滞后 2 期的消极影响。在以供给冲击 *Supply* 为因变量的 *Supply* 方程中，各个变量的滞后值对供给冲击的影响均不显著，因此，全要素生产率、供给冲击、需求冲击和其他冲击之间的关系是非对称的，这也符合我们的理论预期。在以需求冲击

*Demand* 为因变量的 *Demand* 方程中，滞后 1 期和滞后 2 期的 *TFP* 对需求冲击的影响均显著，滞后 1 期的 *TFP* 对需求冲击产生了显著的消极影响，而滞后 2 期的 *TFP* 对需求冲击产生了显著的积极影响；滞后 1 期和滞后 2 期的其他冲击均对需求冲击产生了显著影响。在以其他冲击为因变量的方程中，各个变量对其均存在不同时期的显著影响。

**表 7－17　*TFP* 和 *Supply* 方程估计结果**

| | *TFP* 方程估计结果 | | | *Supply* 方程估计结果 | | |
|---|---|---|---|---|---|---|
| | *b_ GMM* | *se_ GMM* | *t_ GMM* | *b_ GMM* | *se_ GMM* | *t_ GMM* |
| *ΔTFP* | －1. 8252 | 0. 5873 | －3. 1079 *** | 0. 0268 | 0. 0381 | 0. 7021 |
| *ΔSupply* | 7. 4431 | 3. 2545 | 2. 2870 ** | 0. 2606 | 0. 3444 | 0. 7566 |
| *ΔDemand* | 0. 3708 | 0. 7416 | 0. 5000 | 0. 0124 | 0. 0660 | 0. 1879 |
| *ΔOther* | 3. 4085 | 0. 8832 | 3. 8594 *** | －0. 0694 | 0. 0581 | －1. 1951 |
| *ΔΔTFP* | 1. 2875 | 0. 5123 | 2. 5131 ** | －0. 0184 | 0. 0251 | －0. 7310 |
| *ΔΔSupply* | －3. 0826 | 2. 6682 | －1. 1553 | －0. 2022 | 0. 3205 | －0. 6309 |
| *ΔΔDemand* | 0. 1211 | 0. 0301 | 4. 0260 *** | －0. 0033 | 0. 0027 | －1. 2494 |
| *ΔΔOther* | －2. 2742 | 0. 7316 | －3. 1087 *** | 0. 0522 | 0. 0515 | 1. 0132 |

注：＊表示在 10% 的水平下显著，＊＊表示在 5% 的水平下显著，＊＊＊表示在 1% 的水平下显著。

**表 7－18　*Demand* 和 *Other* 方程估计结果**

| | *Demand* 方程估计结果 | | | *Other* 方程估计结果 | | |
|---|---|---|---|---|---|---|
| | *b_ GMM* | *se_ GMM* | *t_ GMM* | *b_ GMM* | *se_ GMM* | *t_ GMM* |
| *ΔTFP* | －1. 3201 | 0. 2787 | －4. 7362 *** | －1. 4937 | 0. 3547 | －4. 2114 *** |
| *ΔSupply* | 1. 8560 | 1. 2435 | 1. 4926 | 7. 0458 | 2. 1654 | 3. 2539 *** |
| *ΔDemand* | 0. 1221 | 0. 3540 | 0. 3393 | －0. 1844 | 0. 4703 | －0. 3921 |
| *ΔOther* | 1. 6093 | 0. 3836 | 4. 1958 *** | 3. 2660 | 0. 5185 | 6. 2982 *** |
| *ΔΔTFP* | 0. 6270 | 0. 2442 | 2. 5678 ** | 0. 7459 | 0. 3014 | 2. 4747 ** |
| *ΔΔSupply* | －1. 6293 | 1. 1016 | －1. 4790 | －2. 4281 | 1. 9683 | －1. 2337 |
| *ΔΔDemand* | 0. 0584 | 0. 0174 | 3. 3475 *** | 0. 0573 | 0. 0181 | 3. 1655 *** |
| *ΔΔOther* | －1. 1451 | 0. 3391 | －3. 3765 *** | －1. 717 | 0. 4341 | －3. 9559 *** |

注：＊表示在 10% 的水平下显著；＊＊表示在 5% 的水平下显著；＊＊＊表示在 1% 的水平下显著。

#### 7.5.2.2　脉冲响应函数分析

为了更加直观地刻画各变量之间的动态作用轨迹，我们进行500次的Monte Carlo模拟，给出了置信区间为95%的脉冲函数图，如图7-4所示。

第一行第一个图为*TFP*对自身冲击的脉冲响应函数图，正向的*TFP*冲击对其自身具有正向的作用路径，表明给当期*TFP*一个积极的冲击，将会对未来2期的*TFP*产生积极影响，这种积极影响在2期之后逐渐趋于0。第一行第二个图为*TFP*对供给冲击的响应函数，给供给冲击一个标准差的冲击，最初对*TFP*产生一个较大的正向影响，并在第2期末产生最大的正向影响，第2期之后其对*TFP*的正向影响逐渐下降，并在第4期之后逐渐趋于0，表明正向的供给冲击对中国全要素生产率产生了积极影响，提高中国经济增长过程中的正向供给冲击有利于中国全要素生产率的提高。第一行第三个图为*TFP*对需求冲击的响应函数，给需求冲击一个标准差的正向冲击，*TFP*的响应值会迅速增长，并在第1期末达到最大，其正向影响在第2期后逐渐趋于消失，从累计脉冲响应分析看，需求冲击对*TFP*的冲击响应是正向的，提高需求冲击能够增加企业的生产行为，当给需求一个正向的积极冲击，企业将会进行更多的生产，而提高生产率是其提高生产规模的重要措施。第一行第四个图为*TFP*对其他冲击的脉冲响应函数图，结果显示*TFP*对其他冲击的响应产生了积极效果，其积极影响在第1期末达到最大，并在第2、第3期逐渐减少，但是仍然是正向影响，第3期之后其影响逐渐趋于0。

第二行的4个图分别为供给冲击对*TFP*、供给冲击自身、需求冲击和其他冲击的脉冲响应路径。给*TFP*一个标准差的冲击波动，当期对供给冲击产生一个最低的负向影响，这种负向影响一直持续到第2期，第2期之后*TFP*冲击波动对供给冲击的影响变为正向，并在第3期之后逐渐变为0，这表明全要素生产率的提高先对供给冲击产生消极影响，随后才产生积极影响，究其原因，我们认为，生产率整体水平的提高是以大量的科研投入为代价的，而这将是企业生产成本的重要组成部分，生产成本的提高将会减少企业的供给行为，当企业生产技术水平逐渐稳定之后，才会逐渐对企业供给行为产生积极影响，这也正验证了科研投入产出的时滞性特征。供给冲击对供给冲击自身的脉冲响应图显示，供给冲击首先对其自身产生积极影响，并在第 2 期之后开始产生消极影响，其消极影响在第 4 期之后趋于消失，这主要是因为随着供给的不断增加，会逐渐出现供大于求的局面，从而减少了未来的供给总量。正向的需求冲击对供给冲击产生了积极影响，这与需求决定供给的理论相一致。而其他冲击对供给冲击产生了消极影响，这种消极影响在第 2 期达到最大。

第三行的 4 个脉冲图分别为需求冲击对 *TFP* 冲击、供给冲击、需求冲击自身和其他冲击的响应路径。给 *TFP* 一个标准差的冲击，当期即会对需求冲击产生一个较大的积极影响，随后这种积极影响会不断下跌，并在第 1 期后产生最大的负向影响，第 2 期之后其影响逐渐消失，这说明 *TFP* 冲击对需求冲击的影响时间较短。需求冲击对供给冲击波动的响应值出现正负交替的现象，当供给增加时产品的过多供应会降低产品价格，需求响应增加，随着需求的不断增加出现供大于求的现象，从而需求减少，企业供给也会响应调减，供给与需求冲击正是在这种此消彼长的规律下发生波动的。一个标准差的正向需求冲击波动使需求在当期达到最大，并从第 2 期开始向负影响转变，这是因为正向的需求冲击，如减税、政府支出和对外出口的增加直接增加消费需求，同时还将会刺激经济发展，增加就业，提高居民收入，从而使整个社会的需求进一步增加，随着居民需求的不断增加，一旦需求超出整个经济的生产能力，导致需求拉动的通货膨胀，居民的实际购买力就会降低，需求反而会减少。

第四行的 4 个脉冲图分别为其他冲击对 *TFP* 冲击、供给冲击、需求冲击和其他冲击自身的响应路径。*TFP* 的一个标准差冲击对其他冲击产生了积极影响，这种积极影响一直持续到第 2 期末，总体来看，其累计脉冲值为正值。其他冲击对供给冲击波动的响应值和对需求冲击波动响应值的作用路径呈相反趋势，这是由供给冲击与需求冲击此消彼长的运动规律决定的。

总体来看，正向的供给冲击、需求冲击和其他冲击都对全要素生产率产生正向影响，说明这 3 个因素在提高中国全要素生产率方面均具有较大的利用空间。对比供给冲击与需求冲击对 *TFP* 的动态作用路径可以发现，供给冲击对 *TFP* 的影响存在长期性，而需求冲击对 *TFP* 的影响是短期的，这主要是由供给冲击与需求冲击的性质决定的。但是从 7.3 中对中国全要素生产率的估计与分解结果我们发现，中国的供给冲击趋于 0，这说明供给冲击在提高中国全要素生产率方面贡献较小，积极开发中国经济增长过程中的正向供给冲击对提高中国全要素生产率具有重要作用。

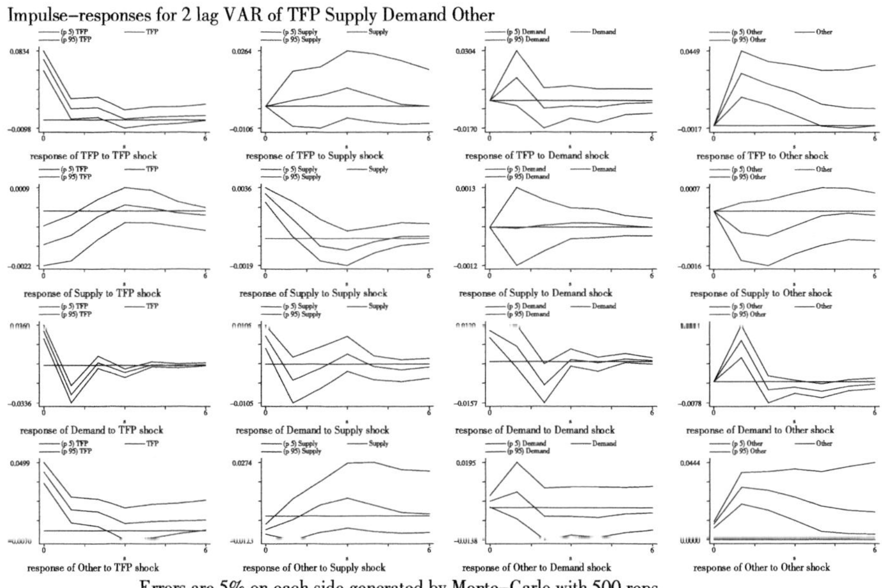


**图 7 - 4　脉冲响应函数**

## 7.6 本章小结

本章在柯布—道格拉斯生产函数框架下，对 Konishi 和 Nishiyama (2013) 对全要素生产率的研究方法进行改进，在此基础上进行数理分析与实证检验。通过建立包含劳动、资本与能源投入变量的三因素计量方法，估计出中国的生产能力指标，并通过实际产出与生产能力的差额信息将全要素生产率分解为供给冲击、需求冲击和其他冲击。

本章主要得出以下结论，并提出相关政策建议：

首先，我们通过估计生产能力利用率增长率来间接地估计生产能力指标。生产能力利用率增长率估计结果显示，样本期间生产能力利用率增长率为负值的年份分别与世界上较大的金融危机期间相对应，表明中国经济发展的全球化趋势已经和世界上其他国家的经济发展紧密联系在一起，中国经济已经成为世界经济的一部分，这种联系主要是通过进出口、投资等途径实现。同时，这种估计结果也表明了我们对生产能力指标估计方法的可信性，为基于生产能力与实际产出的差额信息分解全要素生产率的可行性、合理性奠定了数据基础。

生产能力利用率估计结果显示，中国产能并没有达到峰值，因此，现阶段中国产能过剩只是经济发展过程中供给冲击与需求冲击相互作用的一个暂时性结果，中国并没有达到真正的产能过剩。中国目前这种暂时性产能过剩现象主要是由于中国投资结构不合理导致了产业结构不合理，从而出现部分产业产能过剩，而另一部分产业产能不足。因此，必须加强投资转型，实现投资结构转型升级，使投资方向由生产、加工等领域向科技研发、科技服务、自主创新、节能环保、新型能源等经济社会发展薄弱环节转变，以消化吸收过剩的产能，在促进社会就业的同时，也将提高社会的福利水平。

其次，将全要素生产率分解为供给冲击、需求冲击和其他冲击的估计结果显示，需求冲击和其他冲击是影响中国全要素生产率的重要因素，而供给冲击对全要素生产率的影响并不大。这表明，近年来国家对内需的刺激政策对经济增长起到了显著的积极作用，同时，中国庞大的需求冲击使处于供给地位的企业将经营重点放在满足市场需求，而非技术创新等提高 *TFP* 上。企业研发不足，产品技术含量低，而且中国经济在较长时期为劳动密集型生产，供给因素冲击没有大的波动，因此供给冲击较弱，供给主体没有发挥对经济增长的刺激作用。PVAR 模型估计结果显示三类正向冲击均对 *TFP* 产生了正向的作用，供给冲击对 *TFP* 的影响具有长期性，而需求冲击对 *TFP* 的影响具有短期性。

根据本章内容的实证分析结论，我们认为要实现中国经济由要素投入型向效率提高型转变，提高中国经济增长质量，一方面，应该继续刺激内需，提升全民的消费水平；另一方面，政府应该在刺激内需的同时对供给冲击进行调节，挖掘出供给冲击对全要素生产率的积极影响。可以从以下几个方面对供给冲击进行调节：①从生产部门入手，可以通过对企业的税收调节和生产补贴等措施对生产部门产生积极的供给冲击，如对研发型企业少征税，实施税收减免或者给予研发补贴等。②从消费者入手，实行高科技产品或创新产品税率低于传统产品的税差制度，降低消费者对高科技产品或创新产品的消费税，以降低创新产品的价格水平，从而提升消费者的实际购买力。另外，给予消费者消费创新产品的专项信贷额度，以刺激消费者对科技创新产品的消费积极性，这种对供给冲击的调节将通过需求冲击对全要素生产率产生积极影响。③从劳动力市场入手，中国劳动力数量多、报酬低的特点是中国劳动密集型产业长期存在的根本原因。劳动力成本是企业生产成本的重要部分，而长期以来中国劳动力成本稳定在较低的水平，导致劳动力供给冲击较弱，降低了企业提高全要素生产率的动力。因此，提高劳动力收入水平特别是底层劳动者的收入水平，不但能够提升整个社会的消费水平，而且能够提高企业的科技创新动力，加快中国经济社会由要素投入型向效率提高型转变，从而提高中国经济增长质量。

# 第 8 章　能源与环境约束下中国经济增长质量的宏观综合评价

长期以来，中国经济以高速增长为目标，取得了举世瞩目的成就。中国经济高速增长的同时，也伴随着能源缺口逐渐加大的能源安全问题和环境污染问题，严重影响着中国经济增长的可持续性与平稳性。虽然中国经历了 30 多年两位数的经济增长并跃居为全球第二大经济体，但 2013 年中国经济增长率大幅放缓至 7.6%，为 14 年来最低增幅，这也进一步证实了粗放型经济增长方式的不可持续性。这种粗放型经济增长方式的弊端和产生的问题逐渐凸显，越来越多地受到社会各界人士的关注。在这种背景下，对经济增长速度的单一追求目标已经不适合中国经济的和谐发展，相关学者逐渐由对经济增长速度的研究转向经济增长质量的探索，以找出更适合中国经济可持续性增长的发展方向。

能源投入是生产过程中重要的物质投入，是实现经济增长必不可少的物质条件。能源作为现代经济增长过程中不可替代的物资投入，对经济的可持续增长起着至关重要的作用。然而，中国目前生产过程中使用的能源以传统化石能源为主，由于化石能源的不可再生性，能源枯竭的时代终将到来。英国石油公司（BP）2009 年的统计数据显示，已勘测的全球石油还能使用 40 年。2012 年中国 GDP 占世界的 10%，但是能源消耗量却占世界能源消耗量的 20%。第 5 章对能源松弛的实证分析结果也表明中国能源消耗巨大，有着巨大的节能空间。日渐稀缺和昂贵的不可再生能源进一步加剧了中国能源安全的紧张局势，并严重影响着中国经济的可持续发展和经济增长质量。

另外，由于生产过程以传统能源为主，中国的环境问题也是伴随生产过程产生的，导致环境问题出现的最本质原因是传统能源本身的物理性质，特别是在粗放型经济增长模式下，这种特征更为明显。第 6 章对中国经济增长和环境污染的非线性特征实证结果表明，中国环境污染问题不会随着经济增长而得到解决。近年来，全国范围的雾霾天气已经严重影响到中国居民的生活质量和生命健康，并对中国的国际声誉和社会建设产生了不良影响。随着中国人口基数的进一步增加，工业化水平进一步提高，中国巨大的能源需求又推高了国内物价和生产成本，使国家蒙受了更大的经济、环境恶化损失，更加凸显了中国高能耗的粗放型经济增长模式的不可持续性。能源和环境约束已经成为中国经济可持续增长的重要约束条件，成为影响中国经济增长质量的重要因素。

因此，本章在充分考虑能源约束与环境约束的双重条件下，从中国的经济结构、经济稳定性、经济持续性、福利分配以及效率性等多方面来研究中国的经济增长质量，拟从 30 余个细分类指标出发对中国经济增长质量进行宏观综合评价。实证结果表明，能源及环境约束指数与经济增长质量有着较高的相关性，能够在一定程度上反映中国经济增长质量的变化趋势。

## 8.1　经济增长质量的单指标构建与评价

经济增长的最终目的是实现人类和社会的共同发展、实现人类社会整体的提升。因此，经济增长质量涉及多方面的内容，要从多元、多维度进行衡量。因此，在考虑能源与环境约束的同时，经济增长质量还包括促进经济结构升级、保证经济结构合理、保持经济持续稳定发展、提高居民福利水平和资源共享以及提高经济增长效率和创新性等内涵。

### 8.1.1　能源及环境约束与经济增长质量

能源和环境作为生产活动中的重要物质投入和物质基础，是经济增长和可持续发展的约束条件。特别是对像中国这样人口众多、资源相对不足的国家来说，提高能源效率、缩小能源缺口以及减少污染排放是缓解中国能源安全问题和环境承载能力问题的必要条件，也是提高中国经济增长质量的重要内容。

随着经济的深入发展，能源安全问题已经成为能源领域的热点问题。在中国及世界传统能源储存量逐渐减少和新能源的使用尚不能成为主要生产动力的情况下，提高能源方面的效率和缩小中国经济发展过程中的能源缺口，是保障中国能源安全的重要措施。Blum 和 Legey（2012）提出了能源安全的一种新的理论和实践基础，即将能源安全定义为一个经济体能够提供足够的、可负担得起的和环境可持续的能源服务，以实现国家最大的福利。能源对一个国家经济增长的约束不仅包括效益方面，还包括生产方面，Labandeira 和 Manzano（2012）从经济学角度对能源安全问题进行了研究，认为在设计有关能源安全的政策时必须同时考虑成本与效益因素。因此，本节在研究经济增长质量的能源约束时将从能源的生产效率、使用效率及缺口方面进行研究。

传统能源的消耗和废物排放是造成环境污染的主要原因，环境作为人类赖以生存和发展的物质条件，正遭受人类生产活动导致污染问题的影响，环境承载能力正遭受人类社会行为的挑战。环境污染问题由人类的生产和消费活动造成，其能否通过经济增长得到改善，不同角度和出发点的研究得出了不同的结论。虽然环境库兹涅茨曲线假说给出了肯定的回答，但环境库兹涅茨曲线假说并非对所有国家都成立。第 6 章的实证研究发现，随着中国经济发展水平和居民收入水平的不断提高，中国的环境问题呈现逐渐恶化的态势，也没有随着经济的发展而得到改善。因此，在理论研究及生产和消费过程中我们不得不考虑环境问题，环境状况的好坏已经成为中国经济增长和可持续发展的约束条件，研究中国经济增长质量无法脱离环境、能源等重要内容。

能源和环境约束是影响中国经济增长质量的重要方面，较高的能源利用效率和较低的环境污染是提高经济增长质量和促进可持续发展的重要因素。现有研究对能源约束维度指标的选取往往更加关注人均资源占有量，我们认为，中国的自然资源禀赋是有限的，人均资源占有量低是一个无法改变的客观事实，如果以此作为能源约束来研究中国经济增长质量，那么中国的经济增长质量将无法通过改善能源约束来提高，因此，以人均资源占有量作为研究中国经济增长质量的能源约束指标不具有积极意义。同时，在环境约束指标方法的选取上，相关研究也是以人均生态占有量、人均绿化面积等作为环境约束指标，我们同样认为此类指标仅具有量化的描述，没有真实刻画生态占有、绿化面积的质量效果，忽略了导致环境恶化的非合意产出影响经济发展质量的负效应。因此，本章对能源约束方面的研究，从具有改善潜力和改善必要性的生产和消费效率及能源缺口的角度选取指标，使用能源缺口、能源消费弹性系数和能源加工转换效率 3 个变量；在环境约束方面，我们选取对环境状况具有直接和重大影响的工业“三废”指标，即单位产出的工业废水、工业废气和工业固体废物来表示。具体变量选择如下：

（1）能源缺口。对于能源缺口指标，我们使用能源消费总量与能源生产总量之比来表示，当能源缺口值大于 1 时，表明能源消费量大于能源生产量，需要依赖进口来维持生产活动，此时能源安全问题较为严重；当能源缺口值小于 1 时，表明能源生产量大于能源消费量，尚有一部分能源可供储存及出口，此时能源安全问题得到改善。相关数据源自《中国统计年鉴》。

（2）能源消费弹性系数。能源消费弹性系数是从能源的使用角度研究能源消费速度与经济增长速度的相对值。相关数据来自《中国统计年鉴》。

（3）能源加工转换效率。能源加工转换效率从能源的生产角度研究能源经过加工转换后产出能源的效率，是产出的能源与作为投入加工的能源的比值。相关数据来自《中国统计年鉴》。

（4）单位产出“三废”。对环境约束指标，我们使用单位产出工业废气排放、单位产出工业废水排放以及单位产出工业固体废物来衡量。相关数据来自《新中国六十年统计资料汇编》《中国环境年鉴》以及《中国统计年鉴》。

### 8.1.2 要素使用效率与经济增长质量

长期以来，中国经济增长以粗放型经济增长方式为主，加剧了中国能源安全局势，出现了严重的环境污染问题。粗放型经济增长方式的主要特点在于低效率。钟学义（1996）等认为，提高生产率是提高中国经济增长质量的重要途径。只有提高劳动、资本、能源等要素的生产率，才能将生产成本降到最低，实现最大产出，因此效率指标是构建经济增长质量指标体系的重要部分。

对于效率指标，我们主要从劳动、资本、能源等要素投入的生产效率方面进行选取，从生产过程中各要素本身的生产率进行研究更加具有针对性，指标的具体选择如下：

（1）劳动生产率。对于劳动生产率数据，我们使用 GDP 与就业人员之比表示。相关数据来源于《中国统计年鉴》。

（2）资本生产率。对于资本生产效率，我们使用固定资产投资效果系数来表示，其计算公式如下：

固定资产投资效果系数 = 报告期新增国内生产总值/固定资产投资额

（3）能源利用效率。对于能源利用效率指标，我们用 GDP 与能源消费总量之比表示。相关数据来源于《中国统计年鉴》《中国能源统计年鉴》。

（4）科技投入指标。科技投入往往反映一个国家对生产效率的重视程度，因此我们增加科技投入指标反映其生产率改善潜力，以财政科技支出与财政支出总额之比表示。

### 8.1.3 经济结构与经济增长质量

经济结构构成一个国家和地区经济发展的整体框架，是整个国民经济发展的组成和构造，主要包括产业结构、投资结构、消费结构以及贸易结构等方面的内容。结构红利假说认为，在产业结构转型升级过程中，在市场资源配置功能的作用下，生产要素从效率较低部门向效率较高部门转移，从而提高整个社会的生产效率，进而实现经济可持续增长。因此，产业结构是影响经济增长的重要因素。

同时，投资结构、消费结构和贸易结构也是经济发展的重要推动力。改革开放以来，出口、投资和消费作为拉动经济增长的“三驾马车”极大地促进了中国经济的快速发展。国内生产总值由 1978 年的 3645.2 亿元增加到 2013 年的 568845 亿元。在此期间，投资一直是中国政府提高经济增长的主要方式，2008 年以前，投资作为拉动中国经济增长的主要方式并未受到很大质疑。然而，2008 年由美国次贷危机引发的全球金融危机给世界经济带来重创，中国经济也受到金融危机的负面冲击，为了应对经济危机，抑制经济下滑，中国政府采取了宽松的货币政策刺激经济增长，指令银行释放大量贷款，投资拉动型的经济增长方式更加突出。由此，过度依赖投资拉动经济增长的模式直接导致了 2009 年末至 2010 年的投资泡沫，出现了房地产价格上升、通货膨胀加剧、产能严重过剩等不良经济现象，依靠投资拉动经济增长的显性弊端逐渐暴露出来。另外，过度投资隐性弊端也显现出来，表现为对中国就业市场的稳定产生了潜在的消极影响。为此国家的经济政策调整到以提高国内消费需求为主的目标上，以保证中国经济的持续发展。因此，投资结构和消费结构的合理化发展是保持中国经济稳定和可持续性增长的重要条件。而贸易结构在一定程度上反映一国经济的开放程度及与其他国家经济紧密程度，在经济全球化的背景下，发展对外贸易已经成为经济发展的重要条件，贸易结构已经成为经济增长质量的重要内容。

综上所述，经济结构反映了一个经济体的系统构成，是一个多层次、多因素的复合体，不仅包括产业结构，而且包括投资结构、消费结构、贸易结构等方面。经济结构能够反映一个经济体经济增长的过程，不仅是经济增长数量的重要决定因素，也是经济增长质量高低的重要判断标准。经济结构的合理化和均衡化发展，能够优化社会的资源配置，提升整个社会的生产效率，对提高经济增长的“量”和“质”都具有重要的积极影响。产业结构、投资结构、消费结构及贸易结构的合理健康发展，是保障中国经济结构稳定和经济可持续发展的重要条件。促进产业结构升级及经济结构优化能够使中国顺利度过经济调整时期。

因此，经济结构是中国经济增长质量的重要内容，对于经济结构指标，我们选择产业结构、投资消费结构以及贸易结构等，具体指标的选取如下：

（1）产业结构。对于产业结构，我们主要使用产业结构得分、工业化率和第三产业就业比 3 个指标来衡量。我们按照第 3 章构造的空间向量方法来度量产业结构得分，使用工业增加值与 GDP 的比值来表示工业化率，使用第三产业就业人员占社会总就业人员的比例来表示第三产业就业比。相关数据均来自《中国统计年鉴》《中国人口与就业统计年鉴》。

（2）投资消费结构。我们分别使用投资率和消费率来表示投资消费结构，投资率指资本形成总额占支出法国内生产总值的比重，消费率指最终消费支出占支出法国内生产总值的比重，相关数据均来自《中国统计年鉴》。

（3）贸易结构。我们使用外贸依存度、贸易差额与国内生产总值之比两个指标来衡量贸易结构，使用进出口总额与国内生产总值的比值来衡量外贸依存度，相关数据来自《中国统计年鉴》。

### 8.1.4 经济增长及经济稳定与经济增长质量

经济增长不仅关系一个国家的发展水平，还关系一个国家的就业状况和稳定性，是衡量经济发展的重要目标，因此经济增长指标是构建经济增长质量指标体系不可或缺的重要部分。同时，我们追求的经济增长是均衡稳定的经济增长，经济均衡稳定发展是提高经济增长质量的重要方面。中国在新常态下更要注重经济持续稳定发展，稳定的发展是实现经济可持续发展的前提。过度的经济波动往往会破坏宏观经济运行机制，造成各经济变量之间的不协调发展，增加经济危机发生概率，最终不利于长期经济发展。在经济波动幅度较大时，会通过信号传导效应造成资产价格的上涨或下跌，当经济状态过热造成资产价格上涨时，往往伴随着一定程度的经济泡沫，进而引起严重的通货膨胀，而高通货膨胀往往会引起高失业率；当经济状态过冷时，往往会产生通货紧缩，而严重的通货紧缩同样不利于就业，从而影响中国和谐社会的建设。李克强总理在 2014 年“两会”期间答记者问时提出，“我们之所以把经济增长率定在 7.5% 左右，考虑的还是保就业、惠民生，增加城乡居民收入。我们更注重的是数字背后的民生、增长背后的就业。”因此，如何选择适合中国经济发展的科学转型模式以保证充分就业，成为中国目前经济调整时期的核心问题，降低经济波动，稳定物价，提高就业状况是保障中国经济稳定的重要条件。

因此，对于经济增长和稳定性，我们从以下几个方面进行衡量：

（1）经济总量。对于经济总量数据，我们使用国内生产总值表示，对于名义 GDP 数据以 1978 年为基期进行定基处理。

（2）经济增长率。对于经济增长率数据，我们使用 GDP 增长率来表示，相关数据来自《中国统计年鉴》。

（3）经济增长率持续度。对于经济增长率持续度数据，我们用以下公式表示，相关数据来自对《中国统计年鉴》相关数据的计算。

经济增长率持续度 = 当年经济增长率/前一年经济增长率

（4）经济增长率波动。对于经济增长率波动幅度数据，我们使用以下公式表示，相关数据来自对《中国统计年鉴》相关数据的计算。

经济增长率波动幅度 =（当年经济增长率 − 前一年经济增长率）/前一年经济增长率

（5）物价波动。我们使用通货膨胀率来表示物价波动状况，由于零售商品的价格是影响居民生活和投资消费决策的重要因素，所以我们选择商品零售价格指数的增长率作为通货膨胀率的代理变量，相关数据由《中国价格统计年鉴》的相关数据计算而来。

（6）城镇登记失业率。城镇登记失业率数据来源于《中国统计年鉴》。

（7）社会就业状况。对于社会就业状况，我们使用就业人口与经济活动人口之比来表示，相关数据来源于《中国统计年鉴》。

（8）第三产业发展状况。第三产业的发展对促进中国经济增长和增加就业具有重要意义，因此第三产业发展状况将是中国经济增长和稳定性的重要内容，对于第三产业发展状况，我们使用第三产业比重增长率来表示，相关数据由《中国统计年鉴》相关数据计算而来。

### 8.1.5 福利与资源分配和经济增长质量

经济增长的最终目的应是提高一个社会居民的福利水平，实现资源的合理分配。福利因素包括多方面，如收入水平，社会保障水平，收入公平、平等，就业状况，恩格尔系数水平等，而资源分配因素包括城乡之间的分配、政府和居民之间的分配等。中国的发展不应仅仅以经济增长作为唯一的发展目标，而应逐渐实现“有福利的增长”，更加关注发展的水平和质量。

对于福利与成果分配方面的指标，我们从以下几方面选取：

（1）收入状况。对于收入状况的衡量，我们分别使用人均 GDP 和人均收入来表示，对于绝对值变量，我们以 1978 年为基期进行定基处理。人均 GDP 指标反映了中国的整体发展水平和居民的整体生活水平，是居民福利水平的重要衡量指标。为了充分反映中国居民的实际收入状况，也在一定程度上反映中国经济发展成果对居民的分配比例，对于人均收入数据，我们采用城镇居民人均可支配收入和农村居民家庭人均纯收入指标，按照城镇人口和农村人口加权平均得到，相关数据来自《中国统计年鉴》。

（2）生活品质。对于城乡居民生活水平的衡量，我们使用城镇恩格尔系数和农村恩格尔系数表示，相关数据来源于《中国统计年鉴》。

（3）健康状况。一个国家或地区居民的健康状况是对其福利状况的一个综合反映，相关研究显示，对于福利水平较好的国家来说，其居民的健康状况表现良好，反之亦然。我们使用人口死亡率作为健康状况的代理变量，相关数据来源于《中国统计年鉴》。

（4）医疗卫生。对于医疗卫生状况，我们使用每万人医疗卫生机构的个数来表示，相关数据来自《中国卫生和计划生育统计年鉴》和《中国统计年鉴》。

（5）分配状况。我们使用城乡收入比和城镇化水平表示社会资源在城乡之间的分配状况，城乡收入比使用城镇居民人均可支配收入与农村居民人均纯收入的比值来表示，城镇化水平使用城镇人口占总人口的比重来表示。同时使用财政收入与国内生产总值的比重表示社会资源在政府和居民之间的分配状况。相关数据来自《中国统计年鉴》。

综合上述，通过对指标的确认和选取，我们得到合成中国经济增长质量的 5 个维度指标，35 个细分类指标，包括社会经济生活的各个方面。在能源与环境约束条件下，经济社会通过投入劳动、资本、能源等要素进行社会生产活动，而各类要素的分配与生产过程是在整个经济结构的大框架内进行的，通过这种生产活动实现经济增长和经济稳定，并最终将生产活动获得的物质财富分配给广大居民，以提高居民福利水平，实现取之于民，用之于民，从而完成整个的人类活动。因此，本研究对中国经济增长质量的维度选择包括能源与环境约束、要素使用效率、经济结构、经济增长和经济稳定性以及福利与资源分配 5 个方面，同时为了保证该合成指标具有现实的微观基础，我们将狭义经济增长质量的代表变量全要素生产率作为第 6 个维度指标进行合成。

通过以上对经济增长质量维度和各维度细分类指标的选取，我们将本章构建经济增长质量的综合评价指标总结为表 8－1，总共包含 6 个维度和 35 个细分类指标，较全面地涵盖了中国社会经济生活的各个方面。

**表 8－1　经济增长质量综合评价指标体系**

| 一级指标 | 二级指标 | 细分类指标 | 指标正负项 |
| --- | --- | --- | --- |
| 能源与环境约束 | 能源约束 | 能源缺口<br>能源消费弹性系数<br>能源加工转换效率 | 逆向指标<br>逆向指标<br>正向指标 |
| | 环境约束 | 单位产出工业废气<br>单位产出工业废水<br>单位产出工业固体废物 | 逆向指标<br>逆向指标<br>逆向指标 |
| 要素使用效率 | 生产要素效率 | 劳动生产率<br>固定资产投资效果系数<br>能源利用效率 | 正向指标<br>正向指标<br>正向指标 |
| | 科技投入 | 财政科技支出/财政支出总额 | 正向指标 |
| 经济结构 | 产业结构 | 产业结构 $W$ 值<br>工业化率<br>第三产业就业比 | 正向指标<br>正向指标<br>正向指标 |
| | 投资消费结构 | 消费率<br>投资率 | 正向指标<br>逆向指标 |
| | 贸易结构 | 外贸依存度<br>贸易顺差/GDP | 正向指标<br>正向指标 |
| 经济增长与经济稳定性 | 经济增长 | 经济总量<br>经济增长率<br>经济增长率持续性<br>经济增长率波动幅度 | 正向指标<br>正向指标<br>正向指标<br>逆向指标 |
| | 经济稳定性 | 物价波动<br>城镇登记失业率<br>就业人口与经济活动总人口之比<br>第三产业增长 | 逆向指标<br>逆向指标<br>正向指标<br>正向指标 |

续表

| 一级指标 | 二级指标 | 细分类指标 | 指标正负项 |
| --- | --- | --- | --- |
| 福利与资源分配 | 福利水平 | 人均 GDP | 正向指标 |
| | | 人均收入 | 正向指标 |
| | | 城镇恩格尔系数 | 逆向指标 |
| | | 农村恩格尔系数 | 逆向指标 |
| | | 每万人医疗卫生机构 | 正向指标 |
| | | 城镇化水平 | 正向指标 |
| | | 人口死亡率 | 逆向指标 |
| | 资源分配 | 政府分配 | 逆向指标 |
| | | 城乡收入比 | 逆向指标 |
| 技术进步 | | 全要素生产率 | 正向指标 |

## 8.2　经济增长质量的各维度指数合成与实证分析

### 8.2.1　指标的预处理及方法选择

经济增长质量各维度的细分类指标的正负向不同，且存在着不同级别的数量级，因此在进行指数合成之前，需要进行正向化和无量纲化处理，然后才能通过适用的指数合成方法对中国经济增长质量综合指数进行合成与分析。

#### 8.2.1.1　正向化处理

为了将各个维度及细分类指标合成中国经济增长质量总指数，首先必须对各个维度及细分类指标中的逆向指标进行正向化处理。在逆向指标的处理上，相关文献往往通常取其倒数形式进行统一处理。我们认为，对于逆向指标要区分其不同的性质和数据特征，分别选取倒数、相反数以及被 1 减去等相关方法进行处理，以使得到的新时间序列不仅达到正向化的目的，而且拥有更好的经济意义与经济学解释，从而使得对经济增长质量合成的各细分类指标更加准确，以得出比较切合实际的、可信的实证分析结论。

能源利用与环境代价指标中，能源缺口、能源消费弹性系数和单位产出“三废”指标为逆向指标，且均为正值，取其倒数。

要素使用效率指标均为正向指标，且均为正值，我们不对其进行处理。

经济结构相关变量——投资率一直较高，依靠较高的投资来拉动经济增长终究不是实现经济可持续增长的路径，而扩大内需、提高消费需求才是实现经济可持续增长的动力，因此我们认为投资率为逆向指标，由于其均为正值，我们取其倒数进行正向化处理。

在经济增长与经济稳定性相关指标中，城镇登记失业率为逆向指标，且其均为正值，我们取其倒数进行正向化处理。对于经济增长率波动幅度和物价波动指标，尽管其为逆向指标，但是其值有正有负，如果仅仅将其取倒数，则不能实现正向化的目的，因此我们取其绝对值的倒数表示经济增长率波动幅度和物价波动。

福利与资源分配相关数据——城乡收入比、城镇恩格尔系数、农村恩格尔系数、财政收入/GDP 均为逆向指标，且均为正值，故取其倒数形式进行正向化处理。对人口死亡率数据，尽管其为逆向指标且为正值，但是我们通过用 1 减去其值进行正向化处理，因为 1 减去人口死亡率后的数据有明显的经济学含义，为人口存活率，是正向指标。

#### 8.2.1.2 无量纲化处理

在利用各个维度及细分类指标合成中国经济增长质量指数时，各个维度及细分类指标往往是不同类型的数据，有的是绝对量数据，有的是相对量数据，因此存在量纲不同的情况。由于不同量纲的数据不能简单求和，因此我们首先对各个细分类指标的原始数据进行无量纲化处理。无量纲处理方法包括极值法、均值法、标准化法、标准差等方法，而目前常用的方法有标准化法和均值法。经过标准化方法处理的原始变量具有相同的均值和标准差，遗失了原始数据之间的差异性信息，不能充分地反映原始数据的信息。因此，鉴于我们对经济增长质量的各个维度及细分类指标的选取较为全面，变量较多，各个变量对经济增长质量的影响程度存在较大的差异性，我们采用均值化方法。均值化方法不仅能够消除量纲和数量级的差别，还能保留原始数据的数据特征。因此，均值化方法是我们进行无量纲化处理的适用方法。

8.2.1.3　合成方法选择

对经济增长质量进行综合评估，就是对经济增长质量各个维度的指标体系进行指数合成。运用的技术手段包括主成分分析法、因子分析方法、简单平均法、赋权法等统计分析方法。简单平均法在合成综合指数方面具有简单易行的特点，但是其没有考虑各个维度对经济增长质量的不同影响程度，而是简单假设所有维度及其细分类指标对经济增长质量的影响是相同的，而这往往与现实情况不符。因为在经济发展的过程中，由于资源禀赋的稀缺性，我们无法实现经济发展和经济生活在各个方面都达到最优目标，因此在制定相关政策和进行决策时往往有所侧重，力争达到帕累托最优。即使意识到了全面发展经济生活的各个方面的重要性，我们在实际实施中也往往有所侧重。因此，在通过经济生活中各个维度指标来合成中国经济增长质量指数时必须考虑各个维度及细分类指标的权重，简单平均法由于缺乏这方面的考虑而存在一定缺陷。加权平均法避免了忽略各维度及细分类指标对总指数影响程度的这一缺陷，通过将各个维度及细分类指标进行赋权的方法进行总指数的合成，然而这种方法在确定各个维度及细分类指标的权重时存在一定的主观性，相关学者往往是根据主观认知进行权重的设定，导致不同学者由于认知不同而得出不同的结论。因此，本研究主要采用因子分析方法，因子分析方法成功地克服了简单平均法和加权平均法的不足，在考虑各个维度及细分类指标对总指数影响程度时，通过科学的统计方法对各个维度及细分类指标进行赋权，并通过计算因子得分进行指数合成。利用因子分析方法得到的因子变量，不仅能够保证信息损失最小及各个因子间不具有显著的相关关系，还能够有效地对原解释变量进行合理解释。因此，本研究选择因子分析方法并利用各个维度及细分类指标对中国经济增长质量进行分析。

将构建经济增长质量综合指数的各维度细分类指标进行正向化和标准化处理后，为了在后续内容中简洁、清晰地表示各变量，我们将各个维度及其细分类指标以字母形式表示，如表 8 - 2 所示。

**表 8 - 2　处理后的各一级指标及相关细分类指标**

| 一级指标 | 细分类指标 |
| --- | --- |
| $A$ | $A_1$、$A_2$、$A_3$、$A_4$、$A_5$、$A_6$ |
| $B$ | $B_1$、$B_2$、$B_3$、$B_4$ |
| $C$ | $C_1$、$C_2$、$C_3$、$C_4$、$C_5$、$C_6$、$C_7$ |
| $D$ | $D_1$、$D_2$、$D_3$、$D_4$、$D_5$、$D_6$、$D_7$、$D_8$ |
| $E$ | $E_1$、$E_2$、$E_3$、$E_4$、$E_5$、$E_6$、$E_7$、$E_8$、$E_9$ |
| $F$ | $F$ |

其中，$A$ 代表能源与环境约束指数，$A_1$、$A_2$、$A_3$、$A_4$、$A_5$ 和 $A_6$ 分别表示经过正向化和标准化处理的能源缺口、能源消费弹性系数、能源加工转换效率、单位产出工业废气、单位产出工业废水、单位产出工业固体废物。

$B$ 代表要素使用效率指数，$B_1$、$B_2$、$B_3$ 和 $B_4$ 分别表示经过正向化和标准化处理的劳动生产率、资本生产率、能源利用效率和科技投入。

$C$ 代表经济结构指数，$C_1$、$C_2$、$C_3$、$C_4$、$C_5$、$C_6$ 和 $C_7$ 分别表示经过正向化和标准化处理的产业结构 $W$ 值、工业化率、第三产业就业比、消费率、投资率、对外贸易依存度、贸易差额与 GDP 之比。

$D$ 代表经济增长与经济稳定性指数，$D_1$、$D_2$、$D_3$、$D_4$、$D_5$、$D_6$、$D_7$ 和 $D_8$ 代表经过正向化和标准化处理的经济总量、经济增长率、经济增长率持续性、经济增长率波动幅度、物价波动、城镇登记失业率、就业状况、第三产业增长。

$E$ 代表福利与资源分配指数，$E_1$、$E_2$、$E_3$、$E_4$、$E_5$、$E_6$、$E_7$、$E_8$ 和 $E_9$ 代表经过正向化和标准化处理的人均 GDP、人均收入、城镇恩格尔系数、农村恩格尔系数、医疗卫生条件、城镇化水平、居民健康状况、政府分配和城乡收入比。

*F* 代表全要素生产率，是狭义经济增长质量的评价指标，我们将其作为独立的一个维度。

## 8.2.2　各维度指数的合成

### 8.2.2.1　能源与环境约束维度指标合成

通过 SPSS 统计分析软件，对能源与环境约束维度的相关细分类指标进行因子分析，相关细分类指标的相关系数矩阵如表 8－3 所示，各细分类指标具有较高的相关度，特别是能源缺口变量与单位产出“三废”的相关度较高，表明变量之间存在着信息重叠，可以通过因子分析法进行信息筛选，以降低重复信息维度，这是进行因子分析的必要条件。

**表 8－3　能源与环境约束维度下相关细分类指标的相关系数矩阵**

| | $A_1$ | $A_2$ | $A_3$ | $A_4$ | $A_5$ | $A_6$ |
|---|---|---|---|---|---|---|
| $A_1$ | 1 | －0. 057 | －0. 534 | －0. 927 | －0. 748 | －0. 939 |
| $A_2$ | －0. 057 | 1 | －0. 002 | 0. 189 | －0. 061 | 0. 083 |
| $A_3$ | －0. 534 | －0. 002 | 1 | 0. 611 | 0. 753 | 0. 691 |
| $A_4$ | －0. 927 | 0. 189 | 0. 611 | 1 | 0. 751 | 0. 979 |
| $A_5$ | －0. 748 | －0. 061 | 0. 753 | 0. 751 | 1 | 0. 821 |
| $A_6$ | －0. 939 | 0. 083 | 0. 691 | 0. 979 | 0. 821 | 1 |

我们进一步通过 KMO 抽样适度测定和 Bartlett’s 球形检验对相关细分类指标之间是否具有相关关系进行检验，以判断是否适合做因子分析，检验结果 KMO 取值为 0. 728，大于 0. 5，且球形检验在 1% 的显著性水平下拒绝不存在相关关系的原假设，说明存在相关关系，适合做因子分析。

初始因子解的情况显示第一公共因子对原始变量的方差贡献率为 68. 817%，第二公共因子对原始变量的方差贡献率为 17. 465%，前两个公共因子对原始变量的解释程度达到 86. 282%，较好地反映了原始变量的整体情况。旋转后的因子解是因子分析的最终解，对公共因子方差贡献率的重新分配解与初始因子解相差不大。

为了进一步利用公共因子对原始变量做出解释，我们列出旋转后的因子载荷矩阵，如表8-4所示，发现能源缺口、能源加工转换效率和单位产出工业“三废”在第一个因子上的载荷较高，而能源消费弹性系数在第二个因子上的载荷较高。因此，第一个因子主要解释了和能源产出效率、污染约束有关的方面，而第二个因子主要解释了和能源使用效率有关的方面，它们综合地反映了原始变量的大部分信息。

进一步，我们通过表8-4中的成分得分系数矩阵求出公共因子的得分，计算方法如下：

$$f_1^A = -0.221 \times A_1 - 0.039 \times A_2 + 0.197 \times A_3 + 0.22 \times A_4 + 0.227 \times A_5 + 0.236 \times A_6 \quad (8-1)$$

$$f_2^A = -0.05 \times A_1 + 0.933 \times A_2 - 0.144 \times A_3 + 0.165 \times A_4 - 0.169 \times A_5 + 0.046 \times A_6 \quad (8-2)$$

其中，$f_1^A$ 和 $f_2^A$ 分别为公共因子1得分和公共因子2得分，并进而根据各个公共因子的方差贡献率通过加权平均求得能源与环境约束指数。

**表8-4　旋转载荷矩阵和成分得分系数矩阵**

| | 旋转载荷矩阵 | | 成分得分系数 | |
|---|---|---|---|---|
| | 1 | 2 | 1 | 2 |
| $A_1$ | -0.920 | -0.096 | -0.221 | -0.050 |
| $A_2$ | 0.021 | 0.981 | -0.039 | 0.933 |
| $A_3$ | 0.784 | -0.114 | 0.197 | -0.144 |
| $A_4$ | 0.940 | 0.218 | 0.220 | 0.165 |
| $A_5$ | 0.902 | -0.135 | 0.227 | -0.169 |
| $A_6$ | 0.979 | 0.094 | 0.236 | 0.046 |

通过以上的估计过程，我们得出中国能源与环境约束指数的综合指标，估计过程及结果如表8-5所示，能源及环境约束指数的细分类指标中，逆向指标均得到了正向化处理，所以，能源及环境约束指数是一个正向指标，能源及环境约束指数较高，代表能源效率和环境状况得到

了较好的改善，为了更加直观地反映这种指数代表的含义，我们称其为能源及环境效率指数。能源与环境效率指数在 1993 年之前处于较低水平，且无明显增加趋势，从 1993 年开始出现逐年上升趋势，并在 1998 年出现一个较高的波峰，之后又出现大幅度下跌。2000—2007 年趋于平稳状态，2008 年之后又出现缓慢上升趋势。我们认为，能源与环境效率指数之所以出现这样的变化规律，是因为 1993 年以前中国经济总量尚处于较低水平，且以工业发展为重中之重，而工业生产过程是影响工业“三废”排放的主要因素，导致单位产出工业“三废”排放达到一个较高的水平。而随着经济结构的不断发展和产业结构的不断转型升级，中国服务业得到了不断发展，且对国内生产总值的贡献越来越大。而由于服务业不同于一般工业产业的生产过程，其对环境污染较少，从而导致单位产出工业“三废”逐渐下降，即能源与环境效率指数逐渐上升。2008 年之后，由美国次贷危机引发的全球金融危机对中国经济发展造成一定冲击影响，中国经济进入缓慢增长阶段，中国由于受这场危机影响而逐渐暴露出的结构性的产能过剩也对中国工业行业造成了严重的消极影响。为了寻求经济增长的新动力，我们对产业结构转型升级提出了新的要求，能源消耗和单位产出工业“三废”排放进一步出现了下降趋势。

**表 8－5　能源及环境约束综合指数估计过程及结果**

| 年份 | $A_1$ | $A_2$ | $A_3$ | $A_4$ | $A_5$ | $A_6$ | $f_1^A$ | $f_2^A$ | $A$ |
|---|---|---|---|---|---|---|---|---|---|
| 1980 | 1.08 | 0.83 | 1.00 | 0.20 | 0.04 | 0.11 | 0.01 | 0.61 | 0.11 |
| 1981 | 1.08 | 0.72 | 1.00 | 0.20 | 0.04 | 0.13 | 0.01 | 0.51 | 0.10 |
| 1982 | 1.09 | 0.64 | 1.00 | 0.20 | 0.04 | 0.15 | 0.02 | 0.43 | 0.09 |
| 1983 | 1.10 | 0.52 | 1.01 | 0.20 | 0.05 | 0.17 | 0.03 | 0.32 | 0.08 |
| 1984 | 1.12 | 0.63 | 1.00 | 0.22 | 0.05 | 0.19 | 0.03 | 0.42 | 0.10 |
| 1985 | 1.13 | 0.51 | 0.99 | 0.26 | 0.07 | 0.22 | 0.05 | 0.32 | 0.09 |
| 1986 | 1.11 | 0.50 | 0.99 | 0.31 | 0.07 | 0.20 | 0.06 | 0.32 | 0.10 |
| 1987 | 1.07 | 0.49 | 0.97 | 0.33 | 0.09 | 0.26 | 0.09 | 0.32 | 0.12 |
| 1988 | 1.05 | 0.47 | 0.96 | 0.39 | 0.11 | 0.31 | 0.12 | 0.31 | 0.14 |
| 1989 | 1.07 | 0.30 | 0.96 | 0.43 | 0.13 | 0.35 | 0.15 | 0.15 | 0.13 |

续表

| 年份 | $A_1$ | $A_2$ | $A_3$ | $A_4$ | $A_5$ | $A_6$ | $f_1^A$ | $f_2^A$ | $A$ |
|---|---|---|---|---|---|---|---|---|---|
| 1990 | 1.07 | 0.65 | 0.96 | 0.46 | 0.14 | 0.38 | 0.15 | 0.49 | 0.19 |
| 1991 | 1.03 | 0.56 | 0.95 | 0.55 | 0.17 | 0.43 | 0.20 | 0.41 | 0.21 |
| 1992 | 1.00 | 0.83 | 0.95 | 0.63 | 0.22 | 0.51 | 0.24 | 0.68 | 0.29 |
| 1993 | 0.97 | 0.68 | 0.97 | 0.80 | 0.30 | 0.66 | 0.35 | 0.56 | 0.34 |
| 1994 | 0.98 | 0.70 | 0.94 | 1.05 | 0.42 | 0.91 | 0.48 | 0.61 | 0.44 |
| 1995 | 1.00 | 0.49 | 1.03 | 1.20 | 0.52 | 1.09 | 0.60 | 0.42 | 0.49 |
| 1996 | 1.00 | 0.99 | 1.01 | 1.36 | 0.65 | 1.25 | 0.68 | 0.90 | 0.63 |
| 1997 | 1.00 | 5.11 | 1.01 | 1.48 | 0.79 | 1.39 | 0.61 | 4.75 | 1.26 |
| 1998 | 0.97 | 10.22 | 1.00 | 1.48 | 0.79 | 1.22 | 0.38 | 9.51 | 1.94 |
| 1999 | 0.95 | 0.73 | 1.00 | 1.50 | 0.86 | 1.33 | 0.79 | 0.65 | 0.66 |
| 2000 | 0.94 | 0.73 | 1.00 | 1.52 | 0.96 | 1.41 | 0.85 | 0.64 | 0.69 |
| 2001 | 0.97 | 0.77 | 1.00 | 1.45 | 1.02 | 1.43 | 0.84 | 0.65 | 0.69 |
| 2002 | 0.96 | 0.46 | 1.00 | 1.46 | 1.09 | 1.48 | 0.88 | 0.37 | 0.67 |
| 2003 | 0.95 | 0.20 | 1.00 | 1.45 | 1.21 | 1.57 | 0.94 | 0.10 | 0.66 |
| 2004 | 0.94 | 0.19 | 1.02 | 1.43 | 1.36 | 1.55 | 0.98 | 0.06 | 0.68 |
| 2005 | 0.93 | 0.33 | 1.03 | 1.46 | 1.43 | 1.60 | 1.01 | 0.18 | 0.72 |
| 2006 | 0.91 | 0.40 | 1.03 | 1.39 | 1.70 | 1.66 | 1.07 | 0.20 | 0.77 |
| 2007 | 0.90 | 0.52 | 1.02 | 1.45 | 2.03 | 1.76 | 1.18 | 0.27 | 0.86 |
| 2008 | 0.91 | 0.75 | 1.03 | 1.65 | 2.45 | 1.92 | 1.34 | 0.45 | 1.00 |
| 2009 | 0.91 | 0.54 | 1.04 | 1.66 | 2.74 | 1.94 | 1.43 | 0.21 | 1.02 |
| 2010 | 0.93 | 0.53 | 1.05 | 1.64 | 3.19 | 1.94 | 1.52 | 0.12 | 1.06 |
| 2011 | 0.93 | 0.40 | 1.04 | 1.49 | 3.86 | 1.68 | 1.59 | -0.15 | 1.06 |
| 2012 | 0.93 | 0.60 | 1.05 | 1.73 | 4.41 | 1.81 | 1.79 | -0.01 | 1.22 |

#### 8.2.2.2 要素使用效率维度指标合成

对要素使用效率维度的相关细分类指标进行因子分析，相关细分类指标的相关系数矩阵如表 8-6 所示，各细分类指标之间均具有较高的相关度，表明变量之间存在着信息重叠，因此，我们可以通过因子分析的方法消除重叠信息，减少变量维度。

**表 8 -6 要素使用效率维度下相关细分类指标的相关系数矩阵**

| | $B_1$ | $B_2$ | $B_3$ | $B_4$ |
|---|---|---|---|---|
| $B_1$ | 1.000 | -0.849 | 0.953 | -0.425 |
| $B_2$ | -0.849 | 1.000 | -0.896 | 0.606 |
| $B_3$ | 0.953 | -0.896 | 1.000 | -0.652 |
| $B_4$ | -0.425 | 0.606 | -0.652 | 1.000 |

如前所述，我们通过 KMO 测定和 Bartlett's 球形检验进行相关检验，检验结果 KMO 取值为 0.582，大于 0.5，且球形检验在 1% 的显著性水平下拒绝原假设，因此适合做因子分析。

因子分析解释总变量的估计结果显示因子分析提取了一个公共因子，公共因子对原始变量的方差贡献率为 80.645%，即其对原始变量的解释程度达到了 80.645%，提取了原始变量的绝大部分信息。

表 8 -7 中的因子旋转载荷矩阵显示，所有变量在公共因子上的载荷均比较高，即要素使用效率维度的各细分类指标与公共因子的相关程度较高，公共因子解释了原始变量的大部分信息。进一步，我们通过表 8 -7 中的成分得分系数矩阵表，可以求出提取的公共因子得分，计算过程如下：

$$f_1^B = 0.285 \times B_1 - 0.293 \times B_2 + 0.305 \times B_3 - 0.223 \times B_4 \tag{8-3}$$

其中，$f_1^B$ 为公共因子得分，通过公共因子得分对原始变量的解释程度为 80.645%，我们可得出要素使用效率指数。

**表 8 -7 旋转载荷矩阵和成分得分系数矩阵**

| | 旋转载荷矩阵 | 成分得分系数矩阵 |
|---|---|---|
| | 1 | 1 |
| $B_1$ | 0.919 | 0.285 |
| $B_2$ | -0.944 | -0.293 |
| $B_3$ | 0.985 | 0.305 |
| $B_4$ | -0.721 | -0.223 |

从要素使用效率综合指数估计过程与结果（见表8－8）可以看出，要素使用效率指数呈现逐年上升的变化趋势，这表明随着中国经济增长，中国生产要素的使用效率逐渐提高。尽管资本生产率和财政科技拨款比重表现出了下跌的趋势，但劳动生产率和能源利用效率呈现出了不断上升趋势，并最终带动了中国整体要素使用效率指数的提高。

因此，劳动生产率和能源利用效率更能代表生产效率的变化，在劳动生产率和能源利用效率不断提高的情况下，要素使用效率指数也呈逐年上升趋势，且劳动生产率和能源利用效率是提高中国生产率的重要因素。从固定资产投资效率呈逐渐下降趋势看，一方面表明中国长期以来投资拉动型的经济增长效率较低，随着投资规模的不断扩大，其效率逐渐下降；另一方面表明中国转变经济增长方式和产业结构转型升级的迫切性。财政科技拨款比重的逐年下跌，表明虽然中国经济不断增长，生产水平不断提高，但其技术创新意识和科技创新投入力度并没有随之而增长，从而导致了中国粗放型经济增长模式。资本生产率和财政科技投入对中国要素使用效率的提高没有产生显著的积极影响，而劳动生产率和能源利用效率是提高中国要素使用效率指数的重要因素。这也表明，从提高固定资产投资效率和科技投入方面改善中国要素使用效率具有迫切性和较大的利用空间。

**表8－8　要素使用效率综合指数估计过程与结果**

| 年份 | $B_1$ | $B_2$ | $B_3$ | $B_4$ | $f_1^B$ | $B$ |
|---|---|---|---|---|---|---|
| 1980 | 0.07 | 1.67 | 0.14 | 1.16 | －0.68 | －0.55 |
| 1981 | 0.07 | 1.70 | 0.15 | 1.19 | －0.70 | －0.56 |
| 1982 | 0.07 | 1.44 | 0.16 | 1.17 | －0.61 | －0.50 |
| 1983 | 0.08 | 1.39 | 0.17 | 1.23 | －0.61 | －0.49 |
| 1984 | 0.09 | 1.31 | 0.19 | 1.22 | －0.57 | －0.46 |
| 1985 | 0.11 | 1.18 | 0.22 | 1.13 | －0.50 | －0.40 |
| 1986 | 0.12 | 1.10 | 0.24 | 1.12 | －0.47 | －0.38 |
| 1987 | 0.14 | 1.06 | 0.26 | 1.11 | －0.44 | －0.35 |

续表

| 年份 | $B_1$ | $B_2$ | $B_3$ | $B_4$ | $f_1^B$ | $B$ |
|---|---|---|---|---|---|---|
| 1988 | 0.17 | 1.06 | 0.30 | 1.07 | -0.41 | -0.33 |
| 1989 | 0.19 | 1.29 | 0.33 | 1.00 | -0.45 | -0.36 |
| 1990 | 0.18 | 1.38 | 0.35 | 0.99 | -0.47 | -0.38 |
| 1991 | 0.20 | 1.30 | 0.39 | 1.04 | -0.44 | -0.35 |
| 1992 | 0.25 | 1.11 | 0.46 | 1.11 | -0.36 | -0.29 |
| 1993 | 0.32 | 0.90 | 0.57 | 1.07 | -0.24 | -0.19 |
| 1994 | 0.44 | 0.94 | 0.73 | 1.02 | -0.16 | -0.13 |
| 1995 | 0.55 | 1.01 | 0.86 | 0.97 | -0.10 | -0.08 |
| 1996 | 0.63 | 1.04 | 0.98 | 0.97 | -0.04 | -0.03 |
| 1997 | 0.69 | 1.06 | 1.08 | 0.97 | 0.00 | 0.00 |
| 1998 | 0.73 | 0.99 | 1.15 | 0.89 | 0.07 | 0.06 |
| 1999 | 0.77 | 1.00 | 1.18 | 0.91 | 0.08 | 0.07 |
| 2000 | 0.84 | 1.01 | 1.27 | 0.80 | 0.15 | 0.12 |
| 2001 | 0.92 | 0.98 | 1.35 | 0.82 | 0.21 | 0.17 |
| 2002 | 1.01 | 0.92 | 1.40 | 0.81 | 0.26 | 0.21 |
| 2003 | 1.13 | 0.82 | 1.37 | 0.84 | 0.31 | 0.25 |
| 2004 | 1.32 | 0.76 | 1.39 | 0.84 | 0.39 | 0.31 |
| 2005 | 1.52 | 0.70 | 1.46 | 0.86 | 0.48 | 0.39 |
| 2006 | 1.77 | 0.66 | 1.55 | 0.92 | 0.58 | 0.47 |
| 2007 | 2.16 | 0.65 | 1.76 | 0.94 | 0.75 | 0.61 |
| 2008 | 2.55 | 0.61 | 2.00 | 0.92 | 0.95 | 0.77 |
| 2009 | 2.75 | 0.51 | 2.06 | 0.94 | 1.06 | 0.85 |
| 2010 | 3.23 | 0.48 | 2.29 | 1.03 | 1.25 | 1.01 |
| 2011 | 3.79 | 0.51 | 2.52 | 0.97 | 1.49 | 1.20 |
| 2012 | 4.14 | 0.46 | 2.66 | 0.98 | 1.64 | 1.32 |

#### 8.2.2.3　经济结构维度指标合成

相关系数矩阵如表 8－9 所示，结果表明各细分类指标之间出现了显著的相关关系，表明该细分类指标之间存在着大量的信息重叠，需要通过因子分析方法消除重叠信息。

表 8-9 经济结构维度下相关细分类指标的相关系数矩阵

| | $C_1$ | $C_2$ | $C_3$ | $C_4$ | $C_5$ | $C_6$ | $C_7$ |
|---|---|---|---|---|---|---|---|
| $C_1$ | 1.000 | 0.206 | 0.982 | -0.901 | -0.816 | 0.906 | 0.685 |
| $C_2$ | 0.206 | 1.000 | 0.229 | -0.269 | -0.119 | 0.259 | 0.425 |
| $C_3$ | 0.982 | 0.229 | 1.000 | -0.929 | -0.833 | 0.892 | 0.711 |
| $C_4$ | -0.901 | -0.269 | -0.929 | 1.000 | 0.903 | -0.880 | -0.720 |
| $C_5$ | -0.816 | -0.119 | -0.833 | 0.903 | 1.000 | -0.771 | -0.369 |
| $C_6$ | 0.906 | 0.259 | 0.892 | -0.880 | -0.771 | 1.000 | 0.711 |
| $C_7$ | 0.685 | 0.425 | 0.711 | -0.720 | -0.369 | 0.711 | 1.000 |

如前所述，我们通过 KMO 测定和 Bartlett's 球形检验进行相关检验，检验结果 KMO 值为 0.729，大于 0.5，且球形检验在 1% 的显著性水平下拒绝原假设，因此适合做因子分析。

初始因子解的情况显示第一公共因子、第二公共因子对原始变量的方差贡献率分别为 73.277%、15.159%，前两个公共因子对原始变量的解释程度达到 88.436%，较好地反映了原始变量的整体情况。对公共因子方差贡献率的重新分配与初始因子解有较大的差异，但是累计方差贡献率相同。

旋转后的因子载荷矩阵如表 8-10 所示，我们发现产业结构得分、第三产业就业比、消费率、投资率、外贸依存度在第一个公共因子上的载荷较高，而工业化率在第二个公共因子上的载荷较高。因此，第一个公共因子主要反映了产业结构高级化程度、投资消费结构和贸易结构的相关信息，而第二个公共因子主要反映了工业程度的相关信息。两个公共因子综合地反映了经济结构的大部分信息。

通过表 8-10 中的成分得分系数矩阵，我们可以求出前两大公共因子的得分，估计过程如下：

$$f_1^C = 0.214 \times C_1 - 0.198 \times C_2 + 0.209 \times C_3 - 0.201 \times C_4 - 0.254 \times C_5 + 0.185 \times C_6 + 0.026 \times C_7 \quad (8-4)$$

$$f_2^C = -0.049 \times C_1 + 0.804 \times C_2 - 0.027 \times C_3 + 0.004 \times C_4 + 0.241 \times C_5$$

$$+0.026 \times C_6 + 0.4 \times C_7 \tag{8-5}$$

其中，$f_1^C$ 和 $f_2^C$ 分别为公共因子 1 得分和公共因子 2 得分，根据两大公共因子对原始变量的贡献率，即两大公共因子对原始变量的重要程度，我们通过加权平均法得出经济结构综合指数。

**表 8－10　旋转载荷矩阵和成分得分系数矩阵**

| | 旋转载荷矩阵 | | 成分得分系数矩阵 | |
|---|---|---|---|---|
| | 1 | 2 | 1 | 2 |
| $C_1$ | 0.952 | 0.187 | 0.214 | -0.049 |
| $C_2$ | 0.037 | 0.935 | -0.198 | 0.804 |
| $C_3$ | 0.955 | 0.213 | 0.209 | -0.027 |
| $C_4$ | -0.945 | -0.237 | -0.201 | 0.004 |
| $C_5$ | -0.913 | 0.044 | -0.254 | 0.241 |
| $C_6$ | 0.905 | 0.261 | 0.185 | 0.026 |
| $C_7$ | 0.607 | 0.616 | 0.026 | 0.400 |

经济结构综合指数估计过程与估计结果如表 8－11 所示，结果显示，经济结构综合指数在样本期间整体表现出波动上升趋势，表明中国的经济结构得到了一定程度的发展，并不断地转型优化。2008 年之后，中国经济结构综合指数出现下跌趋势，这主要是因为由美国次贷危机引发的金融危机对中国经济发展造成了严重冲击，特别是中国的对外贸易受到了重创。由于金融危机也对中国内部经济产生了严重的消极影响，所以中国的投资和消费状况也受到这次危机的严重冲击，至今仍未完全摆脱这场危机的消极影响。

同时，从经济结构的相关细分类指标发现，产业结构和投资消费结构的数据特征表现出稳定性，而贸易结构的数据表现出波动性特征。这说明中国经济结构综合指数的波动性特征主要在于贸易结构的波动性，这说明中国贸易结构的发展过程具有一定的不稳定性，容易受到国内外政策冲击及经济波动的影响，特别是在金融危机爆发之后，中国的对外贸易情况将会受到巨大打击。因此，优化中国的对外贸易结构，提高出口商品的质量与技术含量，进行高端产品的研发是中国应对金融危机的重要手段。

表 8－11　经济结构综合指数估计过程及结果

| 年份 | $C_1$ | $C_2$ | $C_3$ | $C_4$ | $C_5$ | $C_6$ | $C_7$ | $f_1^C$ | $f_2^C$ | $C$ |
|---|---|---|---|---|---|---|---|---|---|---|
| 1980 | 0.92 | 1.10 | 0.54 | 1.11 | 1.10 | 0.34 | -0.39 | -0.36 | 0.95 | -0.04 |
| 1981 | 0.92 | 1.05 | 0.56 | 1.14 | 1.18 | 0.41 | 0.00 | -0.35 | 1.08 | -0.01 |
| 1982 | 0.91 | 1.02 | 0.55 | 1.13 | 1.20 | 0.39 | 0.67 | -0.33 | 1.33 | 0.05 |
| 1983 | 0.91 | 1.00 | 0.58 | 1.12 | 1.17 | 0.39 | 0.18 | -0.33 | 1.11 | 0.01 |
| 1984 | 0.92 | 0.97 | 0.66 | 1.11 | 1.12 | 0.45 | -0.35 | -0.29 | 0.86 | -0.02 |
| 1985 | 0.94 | 0.96 | 0.69 | 1.12 | 1.01 | 0.62 | -3.17 | -0.29 | -0.30 | -0.26 |
| 1986 | 0.95 | 0.97 | 0.70 | 1.10 | 1.02 | 0.68 | -2.58 | -0.26 | -0.05 | -0.19 |
| 1987 | 0.95 | 0.95 | 0.73 | 1.08 | 1.06 | 0.70 | -0.76 | -0.21 | 0.67 | 0.00 |
| 1988 | 0.96 | 0.96 | 0.75 | 1.08 | 1.04 | 0.69 | -1.22 | -0.21 | 0.49 | -0.04 |
| 1989 | 0.96 | 0.95 | 0.75 | 1.09 | 1.05 | 0.67 | -0.91 | -0.21 | 0.61 | -0.02 |
| 1990 | 0.95 | 0.92 | 0.76 | 1.06 | 1.10 | 0.81 | 1.40 | -0.13 | 1.52 | 0.23 |
| 1991 | 0.97 | 0.93 | 0.78 | 1.06 | 1.10 | 0.90 | 1.25 | -0.11 | 1.47 | 0.23 |
| 1992 | 0.99 | 0.96 | 0.81 | 1.06 | 1.05 | 0.92 | 0.55 | -0.10 | 1.20 | 0.18 |
| 1993 | 0.99 | 1.00 | 0.87 | 1.00 | 0.90 | 0.87 | -1.26 | -0.11 | 0.47 | 0.03 |
| 1994 | 0.99 | 1.01 | 0.94 | 0.99 | 0.95 | 1.15 | 0.61 | 0.00 | 1.24 | 0.26 |
| 1995 | 0.99 | 1.03 | 1.02 | 0.98 | 0.95 | 1.05 | 1.47 | 0.01 | 1.60 | 0.34 |
| 1996 | 0.99 | 1.03 | 1.07 | 1.00 | 0.99 | 0.92 | 0.91 | -0.03 | 1.39 | 0.27 |
| 1997 | 1.00 | 1.04 | 1.08 | 1.00 | 1.05 | 0.93 | 2.70 | 0.01 | 2.12 | 0.45 |
| 1998 | 1.01 | 1.01 | 1.10 | 1.01 | 1.06 | 0.87 | 2.71 | 0.00 | 2.10 | 0.44 |
| 1999 | 1.02 | 1.00 | 1.10 | 1.04 | 1.06 | 0.91 | 1.72 | -0.01 | 1.70 | 0.34 |
| 2000 | 1.03 | 1.01 | 1.13 | 1.06 | 1.09 | 1.08 | 1.28 | 0.00 | 1.54 | 0.32 |
| 2001 | 1.04 | 0.99 | 1.14 | 1.04 | 1.05 | 1.05 | 1.08 | 0.01 | 1.44 | 0.31 |
| 2002 | 1.05 | 0.99 | 1.17 | 1.01 | 1.01 | 1.16 | 1.33 | 0.06 | 1.52 | 0.36 |
| 2003 | 1.05 | 1.01 | 1.20 | 0.96 | 0.94 | 1.41 | 0.98 | 0.13 | 1.39 | 0.38 |
| 2004 | 1.05 | 1.02 | 1.26 | 0.92 | 0.89 | 1.63 | 1.06 | 0.20 | 1.42 | 0.43 |
| 2005 | 1.05 | 1.04 | 1.29 | 0.90 | 0.92 | 1.72 | 2.88 | 0.27 | 2.18 | 0.63 |
| 2006 | 1.06 | 1.06 | 1.32 | 0.86 | 0.92 | 1.77 | 4.18 | 0.32 | 2.71 | 0.78 |
| 2007 | 1.07 | 1.04 | 1.33 | 0.84 | 0.92 | 1.71 | 4.85 | 0.34 | 2.96 | 0.85 |

续表

| 年份 | $C_1$ | $C_2$ | $C_3$ | $C_4$ | $C_5$ | $C_6$ | $C_7$ | $f_1^C$ | $f_2^C$ | $C$ |
|---|---|---|---|---|---|---|---|---|---|---|
| 2008 | 1.07 | 1.04 | 1.36 | 0.82 | 0.88 | 1.56 | 4.23 | 0.32 | 2.69 | 0.78 |
| 2009 | 1.07 | 0.99 | 1.40 | 0.82 | 0.81 | 1.20 | 2.50 | 0.24 | 1.94 | 0.57 |
| 2010 | 1.07 | 1.00 | 1.42 | 0.82 | 0.80 | 1.37 | 1.95 | 0.27 | 1.73 | 0.54 |
| 2011 | 1.07 | 1.00 | 1.46 | 0.83 | 0.79 | 1.36 | 1.36 | 0.26 | 1.48 | 0.48 |
| 2012 | 1.08 | 0.96 | 1.48 | 0.84 | 0.80 | 1.28 | 1.78 | 0.26 | 1.63 | 0.52 |

#### 8.2.2.4 经济增长与经济稳定性维度指标合成

经济增长与经济稳定性维度相关细分类指标的相关系数矩阵如表8-12所示，可以看出，细分类指标之间具有较高的相关度，大量的信息重叠便于我们做因子分析。KMO 适度抽样测定和 Bartlett's 球形检验结果表明，KMO 取值为 0.525，大于 0.5，且 Bartlett's 球形检验在 1% 的显著性水平下拒绝原假设，即相关细分类指标之间适合做因子分析。

表 8-12 经济增长与经济稳定性维度下相关细分类指标的相关系数矩阵

| | $D_1$ | $D_2$ | $D_3$ | $D_4$ | $D_5$ | $D_6$ | $D_7$ | $D_8$ |
|---|---|---|---|---|---|---|---|---|
| $D_1$ | 1.000 | 0.245 | -0.059 | 0.024 | 0.074 | -0.626 | -0.842 | -0.196 |
| $D_2$ | 0.245 | 1.000 | 0.620 | 0.110 | 0.112 | -0.024 | -0.186 | 0.078 |
| $D_3$ | -0.059 | 0.620 | 1.000 | -0.014 | 0.110 | 0.108 | -0.010 | -0.011 |
| $D_4$ | 0.024 | 0.110 | -0.014 | 1.000 | 0.045 | -0.288 | -0.250 | 0.028 |
| $D_5$ | 0.074 | 0.112 | 0.110 | 0.045 | 1.000 | -0.260 | -0.111 | -0.125 |
| $D_6$ | -0.626 | -0.024 | 0.108 | -0.288 | -0.260 | 1.000 | 0.738 | 0.512 |
| $D_7$ | -0.842 | -0.186 | -0.010 | -0.250 | -0.111 | 0.738 | 1.000 | 0.215 |
| $D_8$ | -0.196 | 0.078 | -0.011 | 0.028 | -0.125 | 0.512 | 0.215 | 1.000 |

因子分析的解释总变量估计结果显示，第一、第二、第三、第四公共因子对原始变量的方差贡献率分别为 34.798%、20.773%、13.629%、12.631%，累计对原始变量的解释程度为 81.830%，共提取 4 个公共因子。我们可以从旋转后的因子载荷矩阵表 8-13 看出，第一大公共因子主要解释了经济总量和就业状况，第二大公共因子主要解释了经济增长率，第三大公共因子主要解释了物价波动，第四大公共因子

主要解释了经济增长波动性。进一步，我们通过表 8－13 中的成分得分系数矩阵可求出各个公共因子的得分，计算过程如下：

$$f_1^D = -0.437 \times D_1 - 0.073 \times D_2 + 0.071 \times D_3 + 0.048 \times D_4 + 0.188 \times D_5 + 0.246 \times D_6 + 0.392 \times D_7 + 0.039 \times D_8 \quad (8-6)$$

$$f_2^D = 0.044 \times D_1 + 0.532 \times D_2 + 0.536 \times D_3 - 0.036 \times D_4 + 0.101 \times D_5 + 0.099 \times D_6 - 0.026 \times D_7 + 0.09 \times D_8 \quad (8-7)$$

$$f_3^D = 0.195 \times D_1 + 0.092 \times D_2 - 0.111 \times D_3 + 0.012 \times D_4 - 0.659 \times D_5 + 0.248 \times D_6 - 0.124 \times D_7 + 0.536 \times D_8 \quad (8-8)$$

$$f_4^D = -0.177 \times D_1 + 0.028 \times D_2 - 0.084 \times D_3 + 0.891 \times D_4 + 0.166 \times D_5 - 0.104 \times D_6 - 0.054 \times D_7 + 0.282 \times D_8 \quad (8-9)$$

其中，$f_1^D$、$f_2^D$、$f_3^D$ 和 $f_4^D$ 分别为公共因子 1 得分、公共因子 2 得分、公共因子 3 得分和公共因子 4 得分，根据各个公共因子对经济增长与稳定性原始变量的贡献程度，即根据其对原始变量的重要性，得出经济增长与稳定性综合指数。

**表 8－13　旋转载荷矩阵和成分得分系数矩阵**

| | 旋转载荷矩阵 | | | | 成分得分系数矩阵 | | | |
|---|---|---|---|---|---|---|---|---|
| | 1 | 2 | 3 | 4 | 1 | 2 | 3 | 4 |
| $D_1$ | -0.936 | 0.092 | 0.021 | -0.077 | -0.437 | 0.044 | 0.195 | -0.177 |
| $D_2$ | -0.185 | 0.892 | 0.058 | 0.084 | -0.073 | 0.532 | 0.092 | 0.028 |
| $D_3$ | 0.094 | 0.885 | -0.115 | -0.064 | 0.071 | 0.536 | -0.111 | -0.084 |
| $D_4$ | -0.131 | 0.002 | -0.027 | 0.949 | 0.048 | -0.036 | 0.012 | 0.891 |
| $D_5$ | 0.045 | 0.187 | -0.763 | 0.185 | 0.188 | 0.101 | -0.659 | 0.166 |
| $D_6$ | 0.776 | 0.127 | 0.462 | -0.197 | 0.246 | 0.099 | 0.248 | -0.104 |
| $D_7$ | 0.931 | -0.077 | 0.064 | -0.165 | 0.392 | -0.026 | -0.124 | -0.054 |
| $D_8$ | 0.307 | 0.148 | 0.689 | 0.259 | 0.039 | 0.090 | 0.536 | 0.282 |

经济增长与经济稳定性综合指数估计结果如表 8－14 所示，估计结果表现出了显著的波动性特征，特别是 2008 年以来出现了波动下跌的趋势，这主要是因为由美国次贷危机引发的全球金融危机对中国宏观经

济产生了较大的负面冲击和影响。从经济增长与经济稳定性相关细分类指标的数据特征可以看出，经济增长率波动幅度和第三产业增长两个指标具有显著的波动性特征，而其他细分类指标相对平稳，因此经济增长波动性和第三产业增长波动是造成中国经济增长与经济波动的重要因素。

**表 8－14　经济增长与经济稳定性综合指数估计过程与结果**

| 年份 | $D_1$ | $D_2$ | $D_3$ | $D_4$ | $D_5$ | $D_6$ | $D_7$ | $D_8$ | $f_1^D$ | $f_2^D$ | $f_3^D$ | $f_4^D$ | $D$ |
|---|---|---|---|---|---|---|---|---|---|---|---|---|---|
| 1980 | 0. 13 | 0. 51 | 0. 60 | 0. 22 | 0. 24 | 0. 61 | 1. 00 | －0. 07 | 0. 54 | 0. 64 | －0. 16 | 0. 03 | 0. 28 |
| 1981 | 0. 14 | 0. 46 | 0. 92 | 1. 02 | 0. 59 | 0. 78 | 1. 00 | 0. 97 | 0. 75 | 0. 91 | 0. 18 | 1. 06 | 0. 60 |
| 1982 | 0. 15 | 0. 62 | 1. 34 | 0. 26 | 0. 74 | 0. 93 | 1. 01 | －0. 38 | 0. 74 | 1. 15 | －0. 65 | －0. 03 | 0. 36 |
| 1983 | 0. 17 | 0. 95 | 1. 53 | 0. 16 | 0. 94 | 1. 29 | 1. 01 | 1. 41 | 0. 92 | 1. 65 | 0. 28 | 0. 38 | 0. 73 |
| 1984 | 0. 20 | 1. 61 | 1. 70 | 0. 12 | 0. 50 | 1. 57 | 1. 01 | 5. 40 | 1. 01 | 2. 44 | 2. 83 | 1. 37 | 1. 47 |
| 1985 | 0. 23 | 1. 37 | 0. 85 | 0. 58 | 0. 16 | 1. 65 | 1. 01 | 8. 13 | 1. 04 | 2. 06 | 4. 62 | 2. 53 | 1. 84 |
| 1986 | 0. 24 | 0. 69 | 0. 50 | 0. 17 | 0. 24 | 1. 49 | 1. 01 | 0. 84 | 0. 73 | 0. 86 | 0. 60 | 0. 15 | 0. 52 |
| 1987 | 0. 27 | 0. 86 | 1. 25 | 0. 35 | 0. 19 | 1. 49 | 1. 01 | 0. 89 | 0. 76 | 1. 35 | 0. 59 | 0. 26 | 0. 65 |
| 1988 | 0. 28 | 0. 48 | 0. 56 | 0. 20 | 0. 08 | 1. 49 | 1. 01 | 1. 53 | 0. 73 | 0. 83 | 1. 05 | 0. 33 | 0. 62 |
| 1989 | 0. 27 | －0. 38 | －0. 78 | 0. 05 | 0. 08 | 1. 14 | 1. 01 | 2. 63 | 0. 65 | －0. 28 | 1. 62 | 0. 63 | 0. 49 |
| 1990 | 0. 29 | 0. 69 | 1. 85 | 0. 03 | 0. 67 | 1. 19 | 1. 01 | －0. 84 | 0. 74 | 1. 46 | －0. 81 | －0. 46 | 0. 34 |
| 1991 | 0. 33 | 1. 22 | 1. 76 | 0. 11 | 0. 49 | 1. 29 | 1. 00 | 3. 52 | 0. 84 | 2. 07 | 1. 74 | 0. 81 | 1. 09 |
| 1992 | 0. 38 | 1. 58 | 1. 29 | 0. 30 | 0. 26 | 1. 29 | 1. 00 | 1. 65 | 0. 65 | 1. 81 | 0. 99 | 0. 45 | 0. 80 |
| 1993 | 0. 44 | 1. 46 | 0. 92 | 1. 11 | 0. 11 | 1. 14 | 1. 00 | －1. 54 | 0. 45 | 1. 21 | －0. 60 | 0. 29 | 0. 33 |
| 1994 | 0. 50 | 1. 10 | 0. 76 | 0. 36 | 0. 07 | 1. 06 | 1. 00 | －0. 24 | 0. 43 | 1. 07 | 0. 09 | －0. 02 | 0. 37 |
| 1995 | 0. 55 | 0. 90 | 0. 82 | 0. 47 | 0. 10 | 1. 03 | 1. 00 | －1. 09 | 0. 40 | 0. 91 | －0. 41 | －0. 17 | 0. 22 |
| 1996 | 0. 60 | 0. 95 | 1. 05 | 1. 79 | 0. 23 | 0. 99 | 1. 00 | －0. 14 | 0. 50 | 1. 11 | 0. 00 | 1. 27 | 0. 56 |
| 1997 | 0. 67 | 0. 92 | 0. 97 | 3. 25 | 1. 77 | 0. 96 | 1. 00 | 2. 22 | 0. 91 | 1. 37 | 0. 28 | 3. 48 | 1. 09 |
| 1998 | 0. 73 | 0. 89 | 0. 97 | 2. 51 | 0. 54 | 0. 96 | 0. 99 | 3. 12 | 0. 65 | 1. 34 | 1. 58 | 2. 87 | 1. 13 |
| 1999 | 0. 80 | 0. 87 | 0. 98 | 4. 36 | 0. 47 | 0. 96 | 0. 99 | 2. 20 | 0. 67 | 1. 18 | 1. 17 | 4. 23 | 1. 22 |
| 2000 | 0. 90 | 1. 13 | 1. 29 | 0. 30 | 0. 94 | 0. 96 | 0. 99 | 1. 71 | 0. 50 | 1. 64 | 0. 55 | 0. 51 | 0. 66 |
| 2001 | 1. 00 | 1. 04 | 0. 93 | 1. 17 | 1. 77 | 0. 83 | 1. 00 | 1. 91 | 0. 61 | 1. 46 | 0. 14 | 1. 51 | 0. 72 |
| 2002 | 1. 11 | 1. 02 | 0. 98 | 4. 24 | 1. 09 | 0. 74 | 1. 00 | 1. 30 | 0. 54 | 1. 24 | 0. 29 | 3. 94 | 1. 01 |
| 2003 | 1. 26 | 1. 19 | 1. 16 | 0. 53 | 14, 1 | 0. 69 | 1. 00 | －0. 29 | 2. 68 | 2. 73 | －9. 18 | 2. 33 | 0. 24 |
| 2004 | 1. 44 | 1. 33 | 1. 12 | 0. 74 | 0. 50 | 0. 71 | 1. 00 | －1. 07 | 0. 01 | 1. 34 | －0. 57 | 0. 00 | 0. 19 |
| 2005 | 1. 65 | 1. 35 | 1. 02 | 4. 98 | 1. 77 | 0. 71 | 0. 99 | 0. 17 | 0. 39 | 1. 39 | －0. 63 | 4. 31 | 0. 90 |
| 2006 | 1. 91 | 1. 44 | 1. 07 | 1. 21 | 1. 41 | 0. 73 | 1. 00 | 0. 55 | 0. 05 | 1. 62 | －0. 18 | 0. 95 | 0. 45 |
| 2007 | 2. 26 | 1. 68 | 1. 16 | 0. 53 | 0. 37 | 0. 74 | 1. 00 | 1. 21 | －0. 31 | 1. 79 | 0. 94 | 0. 29 | 0. 47 |

续表

| 年份 | $D_1$ | $D_2$ | $D_3$ | $D_4$ | $D_5$ | $D_6$ | $D_7$ | $D_8$ | $f_1^D$ | $f_2^D$ | $f_3^D$ | $f_4^D$ | $D$ |
|---|---|---|---|---|---|---|---|---|---|---|---|---|---|
| 2008 | 2.53 | 1.06 | 0.63 | 0.23 | 0.24 | 0.71 | 0.99 | -0.09 | -0.52 | 1.06 | 0.37 | -0.38 | 0.07 |
| 2009 | 2.77 | 0.90 | 0.85 | 0.59 | 1.18 | 0.69 | 0.99 | 1.99 | -0.33 | 1.38 | 0.87 | 0.62 | 0.41 |
| 2010 | 3.17 | 1.30 | 1.44 | 0.19 | 0.46 | 0.73 | 0.98 | -0.23 | -0.73 | 1.67 | 0.22 | -0.59 | 0.08 |
| 2011 | 3.56 | 1.13 | 0.87 | 0.64 | 0.29 | 0.73 | 0.99 | 0.17 | -0.92 | 1.29 | 0.67 | -0.13 | 0.07 |
| 2012 | 3.83 | 0.69 | 0.61 | 0.22 | 0.71 | 0.73 | 0.99 | 1.45 | -0.92 | 1.10 | 1.12 | -0.11 | 0.11 |

#### 8.2.2.5 福利与资源分配维度指标合成

福利与资源分配维度相关细分类指标的相关系数矩阵如表 8 - 15 所示，各细分类指标之间具有较高的相关系数。KMO 抽样适度测定和 Bartlett's 球形检验结果表明，KMO 取值为 0.789，大于 0.5，且球形检验表明其在 1% 的显著性水平下存在较高的相关性，适合做因子分析。

**表 8 - 15　福利与成果分配维度下相关细分类指标的相关系数矩阵**

|  | $E_1$ | $E_2$ | $E_3$ | $E_4$ | $E_5$ | $E_6$ | $E_7$ | $E_8$ | $E_9$ |
|---|---|---|---|---|---|---|---|---|---|
| $E_1$ | 1.000 | 0.999 | 0.851 | 0.949 | -0.769 | 0.948 | -0.657 | -0.275 | -0.722 |
| $E_2$ | 0.999 | 1.000 | 0.863 | 0.956 | -0.774 | 0.954 | -0.642 | -0.271 | -0.726 |
| $E_3$ | 0.851 | 0.863 | 1.000 | 0.943 | -0.845 | 0.962 | -0.282 | -0.066 | -0.863 |
| $E_4$ | 0.949 | 0.956 | 0.943 | 1.000 | -0.789 | 0.972 | -0.527 | -0.275 | -0.764 |
| $E_5$ | -0.769 | -0.774 | -0.845 | -0.789 | 1.000 | -0.823 | 0.170 | 0.088 | 0.870 |
| $E_6$ | 0.948 | 0.954 | 0.962 | 0.972 | -0.823 | 1.000 | -0.478 | -0.091 | -0.838 |
| $E_7$ | -0.657 | -0.642 | -0.282 | -0.527 | 0.170 | -0.478 | 1.000 | 0.455 | 0.085 |
| $E_8$ | -0.275 | -0.271 | -0.066 | -0.275 | 0.088 | -0.091 | 0.455 | 1.000 | -0.193 |
| $E_9$ | -0.722 | -0.726 | -0.863 | -0.764 | 0.870 | -0.838 | 0.085 | -0.193 | 1.000 |

初始因子解的情况显示第一公共因子、第二公共因子对原始变量的方差贡献率分别为 71.768%、11.778%，前两个公共因子反映了原始数据 89.546% 的信息，因子提取情况较好。

在提取了两个公共因子的基础上，为了获得这两个公共因子反映的不同信息，我们使用表 8 - 16 中旋转后的因子载荷矩阵表进行分析，结果显示除居民死亡率、政府分配 2 个指标在第二个公共因子上的载荷较大外，其他细分类指标在第一个公共因子上的载荷较大。表明第一个公共因子反映了居民生活状况、医疗卫生、城乡收入差距和城镇化发展等方面的信息，第二个公共因子反映了居民健康状况和政府分配状况方面的信息。

进一步，我们通过表 8－16 中的成分得分系数矩阵求出两个公共因子的得分，计算方法如下：

$$f_1^E = 0.111 \times E_1 + 0.114 \times E_2 + 0.179 \times E_3 + 0.131 \times E_4 - 0.18 \times E_5 + 0.16 \times E_6 + 0.06 \times E_7 + 0.124 \times E_8 - 0.216 \times E_9 \qquad (8-10)$$

$$f_2^E = 0.146 \times E_1 + 0.139 \times E_2 - 0.082 \times E_3 + 0.089 \times E_4 + 0.125 \times E_5 + 0.001 \times E_6 - 0.453 \times E_7 - 0.492 \times E_8 + 0.252 \times E_9 \qquad (8-11)$$

其中，$f_1^E$ 和 $f_2^E$ 分别为公共因子 1 得分和公共因子 2 得分，根据公共因子的方差贡献率，通过加权平均法我们可以得出，福利与资源分配指数共解释了原始变量 89.546% 的信息。

**表 8－16　旋转载荷矩阵和成分得分系数矩阵**

| | 旋转载荷矩阵 | | 成分得分系数矩阵 | |
|---|---|---|---|---|
| | 1 | 2 | 1 | 2 |
| $E_1$ | 0.874 | 0.455 | 0.111 | 0.146 |
| $E_2$ | 0.881 | 0.444 | 0.114 | 0.139 |
| $E_3$ | 0.963 | 0.083 | 0.179 | -0.082 |
| $E_4$ | 0.911 | 0.367 | 0.131 | 0.089 |
| $E_5$ | -0.907 | 0.002 | -0.180 | 0.125 |
| $E_6$ | 0.962 | 0.227 | 0.160 | 0.001 |
| $E_7$ | -0.274 | -0.844 | 0.060 | -0.453 |
| $E_8$ | 0.053 | -0.833 | 0.124 | -0.492 |
| $E_9$ | -0.943 | 0.213 | -0.216 | 0.252 |

通过以上的计算过程，我们得出福利与资源分配指数中，各细分类指数和合成指数如表 8－17 所示，福利与资源分配综合指数呈上升趋势，表明中国的福利与资源分配状况得到了逐步改善，特别是 1997 年以来，中国福利与资源分配的改善情况明显加快。从各细分类指标来

看，代表政府分配和城乡分配的财政收入占 GDP 的比重和城乡收入比指数表现出了下跌的趋势，这两类指标为负向指标，因此这说明中国政府分配比例和城乡收入差距是呈逐渐上升趋势的，表明中国的资源分配在居民和政府之间、城乡之间出现不公平现象，特别是城乡收入差距的扩大。但由于福利类指数整体呈现逐渐上升趋势，因此拉动着中国福利与资源分配指数逐渐上升，但是我们仍需解决福利整体水平不断提升情况下的资源分配不合理问题。

**表 8－17　福利与成果分配指数估计过程与结果**

| 年份 | $E_1$ | $E_2$ | $E_3$ | $E_4$ | $E_5$ | $E_6$ | $E_7$ | $E_8$ | $E_9$ | $f_1^E$ | $f_2^E$ | $E$ |
|---|---|---|---|---|---|---|---|---|---|---|---|---|
| 1980 | 0. 17 | 0. 20 | 0. 79 | 0. 83 | 0. 37 | 0. 58 | 1. 00 | 0. 63 | 1. 03 | 0. 23 | －0. 40 | 0. 07 |
| 1981 | 0. 17 | 0. 22 | 0. 79 | 0. 85 | 1. 55 | 0. 60 | 1. 00 | 0. 67 | 1. 15 | 0. 01 | －0. 23 | －0. 05 |
| 1982 | 0. 18 | 0. 25 | 0. 76 | 0. 84 | 1. 46 | 0. 63 | 1. 00 | 0. 71 | 1. 30 | 0. 00 | －0. 22 | －0. 05 |
| 1983 | 0. 20 | 0. 28 | 0. 76 | 0. 86 | 1. 52 | 0. 65 | 1. 00 | 0. 70 | 1. 41 | －0. 03 | －0. 17 | －0. 06 |
| 1984 | 0. 23 | 0. 31 | 0. 77 | 0. 86 | 1. 47 | 0. 69 | 1. 00 | 0. 71 | 1. 40 | 0. 00 | －0. 17 | －0. 04 |
| 1985 | 0. 26 | 0. 32 | 0. 84 | 0. 88 | 1. 52 | 0. 71 | 1. 00 | 0. 72 | 1. 38 | 0. 02 | －0. 18 | －0. 02 |
| 1986 | 0. 28 | 0. 34 | 0. 86 | 0. 91 | 1. 48 | 0. 73 | 1. 00 | 0. 78 | 1. 21 | 0. 09 | －0. 25 | 0. 00 |
| 1987 | 0. 30 | 0. 36 | 0. 84 | 0. 92 | 1. 43 | 0. 76 | 1. 00 | 0. 88 | 1. 19 | 0. 12 | －0. 30 | 0. 01 |
| 1988 | 0. 31 | 0. 35 | 0. 87 | 0. 95 | 1. 38 | 0. 77 | 1. 00 | 1. 03 | 1. 19 | 0. 16 | －0. 38 | 0. 02 |
| 1989 | 0. 29 | 0. 34 | 0. 82 | 0. 93 | 1. 36 | 0. 78 | 1. 00 | 1. 02 | 1. 12 | 0. 17 | －0. 40 | 0. 02 |
| 1990 | 0. 31 | 0. 38 | 0. 83 | 0. 87 | 1. 31 | 0. 79 | 1. 00 | 1. 02 | 1. 17 | 0. 16 | －0. 39 | 0. 02 |
| 1991 | 0. 35 | 0. 39 | 0. 83 | 0. 89 | 1. 25 | 0. 80 | 1. 00 | 1. 11 | 1. 07 | 0. 22 | －0. 46 | 0. 04 |
| 1992 | 0. 40 | 0. 43 | 0. 85 | 0. 89 | 1. 21 | 0. 82 | 1. 00 | 1. 24 | 0. 99 | 0. 27 | －0. 53 | 0. 06 |
| 1993 | 0. 46 | 0. 47 | 0. 89 | 0. 88 | 1. 18 | 0. 84 | 1. 00 | 1. 31 | 0. 92 | 0. 32 | －0. 58 | 0. 09 |
| 1994 | 0. 51 | 0. 52 | 0. 90 | 0. 87 | 1. 15 | 0. 85 | 1. 00 | 1. 48 | 0. 90 | 0. 37 | －0. 66 | 0. 10 |
| 1995 | 0. 55 | 0. 57 | 0. 90 | 0. 87 | 1. 10 | 0. 87 | 1. 00 | 1. 57 | 0. 95 | 0. 39 | －0. 68 | 0. 11 |
| 1996 | 0. 60 | 0. 64 | 0. 92 | 0. 91 | 1. 13 | 0. 91 | 1. 00 | 1. 54 | 1. 02 | 0. 40 | －0. 63 | 0. 12 |
| 1997 | 0. 66 | 0. 70 | 0. 96 | 0. 93 | 1. 04 | 0. 95 | 1. 00 | 1. 47 | 1. 04 | 0. 43 | －0. 59 | 0. 15 |
| 1998 | 0. 72 | 0. 76 | 1. 00 | 0. 96 | 0. 98 | 1. 00 | 1. 00 | 1. 37 | 1. 02 | 0. 46 | －0. 54 | 0. 19 |
| 1999 | 0. 78 | 0. 83 | 1. 07 | 0. 97 | 0. 91 | 1. 04 | 1. 00 | 1. 26 | 0. 97 | 0. 51 | －0. 49 | 0. 23 |
| 2000 | 0. 87 | 0. 90 | 1. 14 | 1. 04 | 0. 88 | 1. 08 | 1. 00 | 1. 19 | 0. 92 | 0. 56 | －0. 44 | 0. 27 |
| 2001 | 0. 96 | 1. 00 | 1. 17 | 1. 07 | 0. 83 | 1. 12 | 1. 00 | 1. 08 | 0. 89 | 0. 60 | －0. 38 | 0. 32 |

续表

| 年份 | $E_1$ | $E_2$ | $E_3$ | $E_4$ | $E_5$ | $E_6$ | $E_7$ | $E_8$ | $E_9$ | $f_1^E$ | $f_2^E$ | $E$ |
|---|---|---|---|---|---|---|---|---|---|---|---|---|
| 2002 | 1.06 | 1.12 | 1.19 | 1.11 | 0.78 | 1.17 | 1.00 | 1.02 | 0.83 | 0.66 | -0.34 | 0.36 |
| 2003 | 1.19 | 1.24 | 1.21 | 1.12 | 0.60 | 1.21 | 1.00 | 1.01 | 0.80 | 0.74 | -0.32 | 0.42 |
| 2004 | 1.35 | 1.37 | 1.19 | 1.08 | 0.61 | 1.25 | 1.00 | 0.97 | 0.80 | 0.76 | -0.27 | 0.45 |
| 2005 | 1.54 | 1.53 | 1.22 | 1.12 | 0.61 | 1.28 | 1.00 | 0.94 | 0.80 | 0.81 | -0.20 | 0.50 |
| 2006 | 1.78 | 1.72 | 1.25 | 1.19 | 0.61 | 1.32 | 1.00 | 0.90 | 0.78 | 0.88 | -0.12 | 0.56 |
| 2007 | 2.09 | 1.96 | 1.24 | 1.19 | 0.59 | 1.37 | 1.00 | 0.83 | 0.77 | 0.94 | -0.01 | 0.63 |
| 2008 | 2.32 | 2.15 | 1.18 | 1.17 | 0.56 | 1.40 | 1.00 | 0.82 | 0.78 | 0.99 | 0.05 | 0.67 |
| 2009 | 2.54 | 2.40 | 1.23 | 1.25 | 0.55 | 1.44 | 1.00 | 0.80 | 0.77 | 1.06 | 0.13 | 0.74 |
| 2010 | 2.89 | 2.66 | 1.26 | 1.24 | 0.55 | 1.49 | 1.00 | 0.78 | 0.80 | 1.14 | 0.23 | 0.81 |
| 2011 | 3.23 | 2.96 | 1.24 | 1.27 | 0.54 | 1.53 | 1.00 | 0.73 | 0.82 | 1.20 | 0.36 | 0.88 |
| 2012 | 3.45 | 3.31 | 1.24 | 1.30 | 0.52 | 1.57 | 1.00 | 0.71 | 0.83 | 1.28 | 0.45 | 0.96 |

## 8.3　经济增长质量综合指标合成与实证分析

为了合成中国经济增长质量的综合指数指标，我们对构成经济增长质量的各个维度指数进一步进行因子分析，其相关系数矩阵如表 8-18 所示，结果显示各个维度指数之间具有较高的相关系数，通过因子分析可以进一步降低维度，消除重复信息。KMO 和 Bartlett's 球形检验结果显示，KMO 取值为 0.709，大于 0.5，且 Bartlett's 球形检验结果表明各细分类指标在 1% 的显著性水平下存在相关关系，即适合做因子分析。

**表 8-18　各个维度指数的相关系数矩阵**

| | A | B | C | D | E | F |
|---|---|---|---|---|---|---|
| A | 1.000 | 0.752 | 0.759 | -0.139 | 0.702 | -0.040 |
| B | 0.752 | 1.000 | 0.803 | -0.439 | 0.987 | 0.276 |
| C | 0.759 | 0.803 | 1.000 | -0.343 | 0.806 | 0.299 |
| D | -0.139 | -0.439 | -0.343 | 1.000 | -0.467 | -0.289 |
| E | 0.702 | 0.987 | 0.806 | -0.467 | 1.000 | 0.329 |
| F | -0.040 | 0.276 | 0.299 | -0.289 | 0.329 | 1.000 |

表 8-19 为解释的总方差列表，初始因子解的情况显示第一个公共

因子对原始变量的方差贡献率为 61.638%，第二个公共因子对原始变量的方差贡献率为 19.415%，两大公共因子共同解释了原始变量 81% 以上的信息，较好地提取了原始变量的信息量。旋转后的因子解对公共因子的方差贡献率进行了重新分配，但是总方差贡献率不变。

**表 8 – 19 解释的总方差列表**

| 成分 | 初始特征值 | | | 提取平方和载入 | | | 旋转平方和载入 | | |
|---|---|---|---|---|---|---|---|---|---|
| | 合计 | 方差的百分比（%） | 累计百分比（%） | 合计 | 方差的百分比（%） | 累计百分比（%） | 合计 | 方差的百分比（%） | 累计百分比（%） |
| 1 | 3.698 | 61.638 | 61.638 | 3.698 | 61.638 | 61.638 | 3.309 | 55.142 | 55.142 |
| 2 | 1.165 | 19.415 | 81.053 | 1.165 | 19.415 | 81.053 | 1.555 | 25.910 | 81.053 |
| 3 | 0.700 | 11.659 | 92.712 | | | | | | |
| 4 | 0.266 | 4.432 | 97.144 | | | | | | |
| 5 | 0.162 | 2.707 | 99.851 | | | | | | |
| 6 | 0.009 | 0.149 | 100.000 | | | | | | |

为了进一步研究不同公共因子反映的信息情况，我们通过旋转后的因子载荷矩阵表 8 – 20 进行分析，结果显示能源与环境约束指数、要素使用效率指数、经济结构指数和福利与资源分配指数在第一个公共因子上的因子载荷较大，而经济增长与经济稳定性指数和全要素生产率在第二个公共因子上的载荷较大。这充分说明第一个公共因子主要解释了与能源环境约束、经济结构、福利资源分配和要素使用效率有关的方面，第二个公共因子主要反映了与经济增长和经济稳定性及技术进步有关的方面。

进一步，我们通过表 8 – 20 中的成分得分系数矩阵计算公共因子得分，计算方法如下：

$$f_1 = 0.368 \times A + 0.262 \times B + 0.26 \times C + 0.054 \times D + 0.238 \times E - 0.171 \times F \tag{8-12}$$

$$f_2 = -0.316 \times A + 0.05 \times B + 0.012 \times C - 0.483 \times D + 0.105 \times E + 0.649 \times F \tag{8-13}$$

其中，$f_1$ 和 $f_2$ 分别为公共因子 1 得分和公共因子 2 得分，根据公共因子对原始数据的方差贡献率，通过加权平均法求得经济增长质量综合指数。

**表 8－20　旋转载荷矩阵和成分得分系数矩阵**

| | 旋转载荷矩阵 | | 成分得分系数矩阵 | |
|---|---|---|---|---|
| | 1 | 2 | 1 | 2 |
| *A* | 0.929 | -0.155 | 0.368 | -0.316 |
| *B* | 0.912 | 0.317 | 0.262 | 0.050 |
| *C* | 0.873 | 0.257 | 0.260 | 0.012 |
| *D* | -0.264 | -0.701 | 0.054 | -0.483 |
| *E* | 0.884 | 0.380 | 0.238 | 0.105 |
| *F* | 0.027 | 0.853 | -0.171 | 0.649 |

经济增长质量各维度指数和综合指数如表 8－21 所示，对合成指数的分析是一种趋势分析，其正负项并没有明显的经济学意义，因此本研究主要对其变化和波动趋势进行分析，而无须将负向指数进行平移或者使其全部为正。1993 年之前中国经济增长质量并没有出现显著上升的趋势，并在 1980—1986 年出现了下跌趋势，主要原因在于中国在此期间属于“经济短缺”阶段，产品供不应求，产能不足，设备处于超能力运作状态，产品供给增长，从而引起需求拉动的通货膨胀，数据显示，中国 1989 年的通货膨胀率高达 17.8%。在短期经济发展时期，除经济增长与经济稳定性指数，中国经济增长质量的各个维度指数均处于较低状态，且无显著提升趋势。中国经历了 1984—1991 年高经济增长和高通货膨胀的“双高”发展之后，逐步摆脱短缺经济，经济运行机制逐渐恢复正常状态。1993 年以来，经济增长质量整体出现了波动上升的趋势，且有较快的增长速度，一方面表明中国经济增长质量逐年提高，另一方面也反映了中国经济增长质量水平较低，随着中国经济的不断发展，其经济增长质量有着很大的提升空间和提升能力。1998 年之后经济增长质量综合指数出现了短暂的下跌，主要是因为 1997 年亚洲

金融风暴对中国经济产生了一定的消极冲击，造成工厂关闭、工人失业、币值不稳定等经济萧条现象，抑制了中国经济增长质量提高。2000年之后中国经济增长质量指数出现了逐渐上升趋势，表明中国经济增长质量逐渐得到改善，第7章对狭义经济增长质量的评估也显示全要素生产率从2000年之后出现了整体上升趋势，表明中国经济增长逐渐由要素投入型向效率和质量提高型转变。由于2008年全球金融危机的爆发，经济增长质量指数的上升速度有所下降。但总体来看，中国经济增长质量呈现快速提高趋势。同时也反映了中国经济增长质量水平较低，尚存在较大的提升空间。

从经济增长质量综合指数和能源及环境约束指数的变化趋势（见图8－1）可以看出，除个别年份外，经济增长质量综合指数和能源及环境约束指数具有较高的相关性，能源及环境约束指数的变化趋势能够在一定程度上反映中国经济增长质量的变化趋势。能源及环境约束指数在1997年和1998年出现波峰状态的主要原因在于，1997年亚洲金融风暴和1998年中国发生的特大洪水对中国经济发展造成重创，在工厂大量关闭和停工的情况下，对环境恶化的缓解是一个较大的积极冲击，同时在经济危机年份，企业为缩减成本也往往更倾向于提高生产效率，从而出现了能源及环境约束指数的波峰状态。

从整体来看，中国能源及环境约束指数和经济增长质量指数有着较高的相关度和发展趋势。因此，在经济增长过程中，要充分考虑能源及环境约束对经济增长质量的影响，提高能源效率，降低环境污染，从而提高经济增长质量。

**表8－21　经济增长质量各维度指数和综合指数**

| 年份 | *A* | *B* | *C* | *D* | *E* | *F* | $f_1$ | $f_2$ | *M* |
|---|---|---|---|---|---|---|---|---|---|
| 1980 | 0.11 | －0.55 | －0.04 | 0.28 | 0.07 |  | －0.12 | －0.06 | －0.08 |
| 1981 | 0.10 | －0.56 | －0.01 | 0.60 | －0.05 |  | －0.13 | －0.22 | －0.13 |
| 1982 | 0.09 | －0.50 | 0.05 | 0.36 | －0.05 |  | －0.11 | －0.10 | －0.09 |
| 1983 | 0.08 | －0.49 | 0.01 | 0.73 | －0.06 |  | －0.11 | －0.27 | －0.13 |

**续表**

| 年份 | $A$ | $B$ | $C$ | $D$ | $E$ | $F$ | $f_1$ | $f_2$ | $M$ |
|---|---|---|---|---|---|---|---|---|---|
| 1984 | 0.10 | -0.46 | -0.02 | 1.47 | -0.04 | | -0.06 | -0.63 | -0.19 |
| 1985 | 0.09 | -0.40 | -0.26 | 1.84 | -0.02 | | -0.08 | -0.81 | -0.26 |
| 1986 | 0.10 | -0.38 | -0.19 | 0.52 | 0.00 | | -0.12 | -0.17 | -0.11 |
| 1987 | 0.12 | -0.35 | 0.00 | 0.65 | 0.01 | | -0.05 | -0.23 | -0.09 |
| 1988 | 0.14 | -0.33 | -0.04 | 0.62 | 0.02 | | -0.04 | -0.22 | -0.08 |
| 1989 | 0.13 | -0.36 | -0.02 | 0.49 | 0.02 | | -0.05 | -0.16 | -0.07 |
| 1990 | 0.19 | -0.38 | 0.23 | 0.34 | 0.02 | | 0.02 | -0.11 | -0.02 |
| 1991 | 0.21 | -0.35 | 0.23 | 1.09 | 0.04 | | 0.08 | -0.47 | -0.08 |
| 1992 | 0.29 | -0.29 | 0.18 | 0.80 | 0.06 | | 0.10 | -0.35 | -0.04 |
| 1993 | 0.34 | -0.19 | 0.03 | 0.33 | 0.09 | 0.05 | 0.11 | -0.24 | 0.00 |
| 1994 | 0.44 | -0.13 | 0.26 | 0.37 | 0.10 | 0.09 | 0.22 | -0.25 | 0.06 |
| 1995 | 0.49 | -0.08 | 0.34 | 0.22 | 0.11 | 0.41 | 0.22 | 0.01 | 0.12 |
| 1996 | 0.63 | -0.03 | 0.27 | 0.56 | 0.12 | 0.09 | 0.34 | -0.39 | 0.08 |
| 1997 | 1.26 | 0.00 | 0.45 | 1.09 | 0.15 | 0.13 | 0.65 | -0.82 | 0.15 |
| 1998 | 1.94 | 0.06 | 0.44 | 1.13 | 0.19 | 0.11 | 0.93 | -1.06 | 0.24 |
| 1999 | 0.66 | 0.07 | 0.34 | 1.22 | 0.23 | 0.14 | 0.45 | -0.68 | 0.07 |
| 2000 | 0.69 | 0.12 | 0.32 | 0.66 | 0.27 | 0.15 | 0.45 | -0.40 | 0.14 |
| 2001 | 0.69 | 0.17 | 0.31 | 0.72 | 0.32 | 0.19 | 0.46 | -0.40 | 0.15 |
| 2002 | 0.67 | 0.21 | 0.36 | 1.01 | 0.36 | 0.24 | 0.50 | -0.49 | 0.15 |
| 2003 | 0.66 | 0.25 | 0.38 | 0.24 | 0.42 | 0.25 | 0.48 | -0.11 | 0.24 |
| 2004 | 0.68 | 0.31 | 0.43 | 0.19 | 0.45 | 0.25 | 0.52 | -0.08 | 0.27 |
| 2005 | 0.72 | 0.39 | 0.63 | 0.90 | 0.50 | 0.25 | 0.66 | -0.42 | 0.25 |
| 2006 | 0.77 | 0.47 | 0.78 | 0.45 | 0.56 | 0.25 | 0.72 | -0.21 | 0.35 |
| 2007 | 0.86 | 0.61 | 0.85 | 0.47 | 0.63 | 0.26 | 0.82 | -0.22 | 0.40 |
| 2008 | 1.00 | 0.77 | 0.78 | 0.07 | 0.67 | 0.29 | 0.89 | -0.04 | 0.48 |
| 2009 | 1.02 | 0.85 | 0.57 | 0.41 | 0.74 | 0.24 | 0.90 | -0.23 | 0.44 |
| 2010 | 1.06 | 1.01 | 0.54 | 0.08 | 0.81 | 0.24 | 0.95 | -0.07 | 0.51 |
| 2011 | 1.06 | 1.20 | 0.48 | 0.07 | 0.88 | 0.25 | 1.00 | -0.05 | 0.54 |
| 2012 | 1.22 | 1.32 | 0.52 | 0.11 | 0.96 | 0.20 | 1.13 | -0.14 | 0.59 |

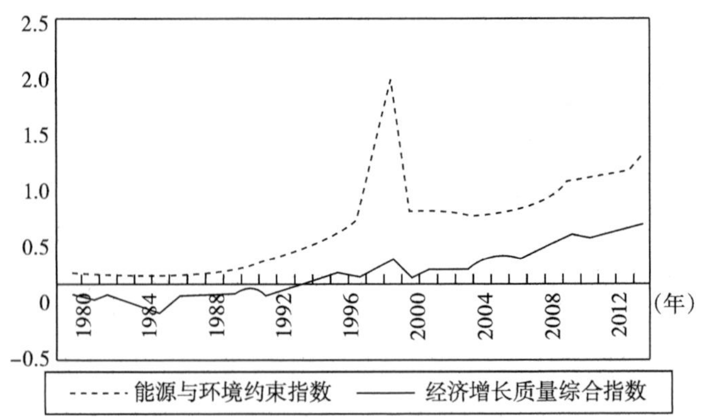


**图 8-1　中国经济增长质量综合指数、能源与环境约束指数的变化趋势**

## 8.4　本章小结

为了从广义上研究中国经济增长质量状况，本章通过构造包含能源及环境约束、要素使用效率、经济结构、经济增长及经济稳定性、福利及资源分配、全要素生产率 6 个维度的指标体系，基于因子分析方法合成经济增长质量各个维度的指数，并最终合成经济增长质量综合指数。

经济增长质量各个维度的因子分析过程中 KMO 取值均大于 0.5，适合做因子分析，同时各个维度提取的公共因子解释了原始变量的大部分信息，公共因子提取情况较好。实证结果表明，1993 年以前中国经济增长质量综合指数处于较低状态，且无增长趋势，这主要是由1984—1991 年之间的短缺经济造成的。1993 年之后中国经济增长质量出现逐渐上升趋势。除个别年份外，经济增长质量综合指数和能源及环境约束指数具有较高的相关度，能源及环境约束指数的变化趋势能够在一定程度上反映中国经济增长质量的变化。因此，提高能源效率，减少环境污染，对于提高中国经济增长质量具有重要意义。

# 第 9 章　能源及环境约束、经济增长速度与经济增长质量的动态效应研究

前文相关章节已经阐述了中国经济增长过程中存在大量能源浪费和低效率现象，能源松弛估计结果显示其在弥补能源缺口之后，尚能形成大量的剩余。这也说明中国存在较大的能源节约空间。而在利用传统能源生产过程中造成的环境污染问题并不能随着经济增长而改善，这表明环境库兹涅茨曲线假说在中国并不能成立。在能源与环境约束下的中国经济增长质量综合指数存在着显著的快速上升趋势，表明中国经济增长质量水平较低，随着经济增长，经济增长质量将会发生较大的改善。在以上相关研究的基础上，本章进一步研究能源及环境约束、经济增长速度和经济增长质量的动态效应，以深入地探析三者之间的动态作用路径。

本章将建立包含能源及环境约束指数、经济增长速度、经济增长质量综合指数 3 个变量的时变参数向量自回归模型（Time - Varying Parameter Vector Autoregression，TVP - VAR），重点研究能源效率的提高和环境状况的改善，即能源及环境指数对中国经济增长质量和经济增长速度的动态作用路径，以及经济增长质量的提高对能源及环境效率改善的动态作用路径。

## 9.1　能源及环境约束与经济增长的动态作用机理分析

对经济增长的分析，我们分别从经济增长速度和经济增长质量两个角度出发，分别分析能源及环境约束对经济增长速度和经济质量的动态

作用机理，为研究三者之间的动态作用路径提供经济学基础。

### 9.1.1 长期作用机理

能源、环境与经济增长质量统一于生产过程。从长期来看，能源效率的提高和环境的改善是保证经济增长质量的重要因素，经济增长质量的提高反过来也会对能源效率和环境的改善产生重要影响。能源效率的提高能够实现投入产出的最优化水平，降低一定产出水平下的能源消耗水平，减少环境污染问题，最终有利于居民生存环境的改善和福利水平的提高，从而提高经济增长质量。而经济增长质量的提高是中国社会经济生活综合因素的提升，在技术水平、产业结构、经济稳定性、要素使用效率等方面综合提高的情况下为中国经济发展创造了一个良好的条件，最终也将提高中国能源效率水平，并改善环境状况。

从长期来看，经济增长速度受到多方面因素的影响，在能源安全问题和环境污染问题日益严重的背景下，能源和环境作为生产过程中的重要要素投入，必然对经济增长产生影响。从宏观方面来看，根据回弹效应的技术效应理论，能源效率的提高往往伴随着整个社会的技术进步和技术发展，而技术进步将进一步推动整个社会的经济增长。在社会经济增长过程中，将会产生一定的环境污染问题，对经济增长产生一定的现实约束条件。环境状况的改善将会放宽环境约束对经济增长的制约，进而对经济增长产生积极影响。从微观方面来看，能源效率提高意味着新技术的产生：一方面，降低了能耗成本，直接促进了经济增长；另一方面，较少的能耗使得与能源匹配的设备、人员减少，降低了生产成本，促进了经济增长。从环境改善角度来讲，随着环境状况的好转，员工的身体健康状况也将逐渐加强，员工身心愉悦，居民生活质量提升，从而消费需求增加，也将最终有利于中国经济增长速度的提升。因此从长期来看，能源效率的提高和环境的改善有利于中国经济增长速度的提高。

### 9.1.2 短期作用机理

从短期来看，能源效率的提高和环境的改善并不必然或者一直均等地引起经济增长质量和经济增长速度的提高，经济增长质量的提高也不能迅速促进或均等地引起能源效率的提高和环境的改善。首先，能源效率提高意味着技术创新和设备的更新换代，在其产生的经济收益小于技术创新和设备升级成本的情况下，无法对经济增长质量做出准确评价。其次，技术有其生命周期，在生命周期的不同阶段影响力不同。能源效率利用技术对经济增长质量进行改善的影响力在时间分布上也必然是不均等的。环境改善与能源效率提高一样，存在治污成本，但环境作为一种公共物品，极容易出现“搭便车”行为。由于外部性导致的市场失灵，在短期内不仅可能发生治理污染的地区、企业出现经济增长质量改善缓慢或停滞现象，还可能发生不治理污染的地区或企业却出现经济增长质量改善的情况。

经济增长质量的提高在短期内对能源效率提高和环境改善的影响也存在着不确定性。由于经济增长质量内涵包含社会经济生活的各个方面，如经济结构、经济增长和稳定性、福利与成果分配、要素使用效率等，每一个方面的提升均有利于中国经济增长质量的提高，但对中国能源效率提高和环境改善的积极影响在短期内却存在一定的不确定性。以福利与成果分配为例，居民福利水平和成果分配的提升，与能源效率提高和环境改善并无直接关系，从而对其的影响方向具有一定的不确定性。

因此，对能源效率及环境约束、经济增长速度和经济增长质量短期动态作用机制进行研究，有利于掌握三者之间的短期作用路径，并有助于我们预测相关政策效果。因此，研究能源效率及环境约束、经济增长速度与经济增长质量三者之间的动态作用关系，对相关政策措施的提出具有借鉴意义。

## 9.2 时变参数向量自回归模型

### 9.2.1 模型设定

TVP－VAR 模型是在结构向量自回归模型（SVAR）的基础上发展而来的，其系数和冲击的协方差矩阵为时变的。SVAR 模型是 VAR 模型的结构式，模型中包含变量的当期相关关系，能够反映变量之间的作用与反馈作用。使用结构 VAR 的目的是运用经济理论从残差中重新获得结构性信息，VAR 模型的信息是 SVAR 模型的结构性信息的线性组合，通过 SVAR 模型我们可以区分不同冲击对经济变量的影响。首先定义一个 SVAR 模型：

$$Ay_t = B_1 y_{t-1} + B_2 y_{t-2} + \cdots + B_p y_{t-p} + \mu_t \quad t = p+1, \cdots, n \tag{9-1}$$

其中，$y_t$ 为 $k \times 1$ 维观测向量，$A$ 为 $k \times k$ 维参数矩阵，$B$ 为 $k \times k$ 维系数矩阵，$\mu_t$ 为 $k \times 1$ 维结构性冲击，并假设扰动项 $\mu_t \sim N(0, \sum \sum)$，并有：

$$\sum = \begin{bmatrix} \sigma_1 & 0 & \cdots & 0 \\ 0 & \ddots & \ddots & \vdots \\ \vdots & \ddots & \ddots & 0 \\ 0 & \cdots & 0 & \sigma_k \end{bmatrix} \tag{9-2}$$

且 $A$ 为下三角矩阵，假定 $A$ 为下三角矩阵表示 VAR 模型为递归识别，这种假定能够减少待估参数的个数，尽管非递归识别在蒙特卡洛算法下具有可行性，但是 Primiceri（2005）和 Jouchi Nakajima（2011）认为递归识别能够使模型估计起来更简单有效。

$$A = \begin{bmatrix} 1 & 0 & \cdots & 0 \\ a_{21} & \ddots & \ddots & \vdots \\ \vdots & \ddots & \ddots & 0 \\ a_{k1} & \cdots & a_{k,k-1} & 1 \end{bmatrix} \tag{9-3}$$

从而可以将模型（9－1）简写成如下形式：

$$y_t = F_t y_{t-1} + \cdots + F_p y_{t-p} + A^{-1} \sum \varepsilon_t, \varepsilon_t \sim N(0, I_k) \quad (9-4)$$

其中，$F_i = A^{-1} B_i$，$i = 1, \cdots, p$。把 $F$ 中的元素通过拉直写成 $k^2 p \times 1$ 维向量，定义 $X_t = I_s \otimes (y_{t-1}, \cdots, y_{t-p})$，其中 $\otimes$ 表示克罗内克积，从而将模型（9－2）简化成如下形式：

$$y_t = X_t \beta + A^{-1} \sum \varepsilon_t \quad (9-5)$$

SVAR 模型的参数是非时变的，当所有系数和参数都具有时变特征时，SVAR 模型将进一步扩展为时变参数向量自回归模型（TVP－VAR）：

$$y_t = X_t \beta_t + A_t^{-1} \sum_t \varepsilon_t \quad t = p+1, \cdots, n \quad (9-6)$$

其中，$\beta_t$、$A_t^{-1}$ 和 $\sum_t$ 都具有时变特征。我们参照 Primiceri（2005）和 Nakajima 等（2011）的处理方法，将 $A_t$ 中 0 和 1 以外的元素拉直为一列向量，即有：

$$a_t = (a_{21}, a_{31}, a_{32}, a_{41}, \cdots, a_{k,k-1}) \quad (9-7)$$

同时令 $h_t = (h_{1t}, \cdots, h_{kt})$，且定义 $h_{it} = \log \sigma_{it}^2, i = 1, \cdots, k; t = p + 1, \cdots, n$。

并假定模型（9－6）中参数服从随机游走过程：

$$\begin{array}{l} \beta_{t+1} = \beta_t + \mu_{\beta t}, \\ a_{t+1} = a_t + \delta_{at}, \\ h_{t+1} = h_t + \mu_{ht}, \end{array} \begin{pmatrix} \varepsilon_t \\ \mu_{\beta t} \\ \mu_{at} \\ \mu_{ht} \end{pmatrix} \sim N\left(0, \begin{pmatrix} I & O & O & O \\ O & \sum_\beta & O & O \\ O & O & \sum_a & O \\ O & O & O & \sum_h \end{pmatrix}\right) \quad t = p+1, \cdots, n$$

$$(9-8)$$

其中，假设 $\beta_{p+1} \sim N(\mu_{\beta_0}, \sum_{\beta_0})$，$a_{s+1} \sim N(\mu_{a_0}, \sum_{a_0})$，$h_{s+1} \sim N(\mu_{h_0}, \sum_{h_0})$。$I$ 为单位矩阵，$\sum_\beta$、$\sum_a$ 和 $\sum_h$ 为正定对角矩阵。将参

数假定为随机游走过程能够减少参数数量。

### 9.2.2 估计方法

TVP－VAR 模型为参数是动态的多元时间序列模型，本研究在贝叶斯框架下采用马尔科夫链蒙特卡洛方法对其进行估计。

#### 9.2.2.1 先验值

在先验值的设定方面，我们假定参数 $\beta$、$a$ 和 $h$ 的先验分布为正态的，即均值为：$\mu_{\beta_0} = \mu_{a_0} = \mu_{h_0} = 0$，协方差矩阵为 $\sum_{\beta_0} = \sum_{a_0} = \sum_{h_0} = 10 \times I$，并假定协方差矩阵的第 $i$ 个对角线的先验分布为：$(\sum_{\beta})_i^{-2} \sim Gamma(40,0.02)$、$(\sum_{a})_i^{-2} \sim Gamma(4,0.02)$ 和 $(\sum_{h})_i^{-2} \sim Gamma(4,0.02)$。

#### 9.2.2.2 贝叶斯估计

本研究采用在贝叶斯框架下的马尔科夫链蒙特卡洛（MCMC）方法对 TVP－VAR 模型进行估计。在特定先验概率分布的假设下，MCMC 算法通过一个关于参数的高维后验分布产生样本，该高维后验分布包括未观测到的潜在变量（Chib，2001）。与一次抽样不同，我们基于剩余参数对 $\beta = \{\beta_t\}_{t=p+1}^{n}$（同理对 $a = \{a_t\}_{t=p+1}^{n}$ 和 $h = \{h_t\}_{t=p+1}^{n}$）进行采用，从而为 TVP－VAR 模型的估计建立一个比一次抽样更加有效的抽样方案。由于该模型可以写成线性高斯状态空间模型，我们采用模拟滤波器（de Jong 和 Shephard，1995；Durbin 和 Koopman，2002）进行有效抽样。

将随机波动 $h$ 构建成一个非线性和非高斯的状态空间形式，对于随机波动抽样主要有两种方法，一种是 Kim 等（1998）的混合抽样，另一种是多次移动取样（Shephard 和 Pitt，1997；Watanabe 和 Omori，2004），这两种涉及近似线性状态空间模型的方法的近似误差足够小，能够做出有效推断，针对本研究，我们选取 Kim 的混合抽样方法，因为该方法是从模型原始形式中抽取的。

9.2.2.3　MCMC 算法

定义变量 $y = \{y_t\}_{t=1}^{n}$ 和 $\omega = (\sum_{\beta}, \sum_{a}, \sum_{h})$，$\omega$ 的先验概率密度为 $\pi(\omega)$，在给定数据 $y$ 的情况下，我们从条件后验分布 $\pi(\beta, a, h \mid y)$ 中产生样本，参数样本的方法主要采用 MCMC 方法。具体过程如下：

（1）取样 $\beta$

我们将模型写成如下状态空间形式，以从条件后验分布 $\pi(\beta \mid a, h, \sum_{\beta}, y)$ 中对 $\beta$ 进行取样：

$$y_t = X_t\beta_t + A_t^{-1}\sum_t \varepsilon_t \quad t = p+1, \cdots, n \qquad (9-9)$$

$$\beta_{t+1} = \beta_t + \mu_{\beta t} \quad t = p, \cdots, n-1 \qquad (9-10)$$

其中，$\beta_s = \mu_{\beta_0}$，$\mu_{\beta_s} \sim N(0, \sum_{\beta_0})$，并通过联合后验分布 $\pi(\beta_{p+1}, \cdots, \beta_n \mid a, h, \sum_{\beta}, y)$ 取样。基于 de Jong 和 Shephard（1995）的思想，我们说明在状态空间模型中如何进行模拟滤波器的算法：

$$y_t = Z_t\alpha_t + G_t\mu_t \quad t = p+1, \cdots, n \qquad (9-11)$$

$$\alpha_{t+1} = T_t\alpha_t + H_t\mu_t \quad t = p, \cdots, n-1 \qquad (9-12)$$

其中，有 $\mu_t \sim N(0, I)$ 和 $G_tH'_t = O$。在模拟滤波器中取 $\eta = (\eta_p, \cdots, \eta_{n-1}) \sim \pi(\eta \mid y, \theta)$，有 $\eta_t = H_t\mu_t, t = p, \cdots, n-1$，$\theta$ 为模型中的其他参数，卡尔曼滤波运行如下：

$e_t = y_t - Z_t\alpha_t$，$D_t = Z_tP_tZ'_t + G_tG'_t$，$K_t = T_tP_tZ'_tD_t^{-1}$

$L_t = T_t - K_tZ_t$，$a_{t+1} = T_ta_t + K_te_t$，$P_{t+1} = T_tP_tL'_t + H_tH'_t$

对于 $t = p+1, \cdots, n$，$a_{p+1} = T_p\alpha_p$，$P_{p+1} = H_pH'_p$，再运行模拟滤波器：

$C_t = \Lambda_t - \Lambda_tU_t\Lambda_t$，$\eta_t = \Lambda_tr_r + \varepsilon_t$，$\varepsilon_t \sim N(0, C_t)$，$V_t = \Lambda_tU_tL_t$

$r_{t-1} = Z'_tD'_te_t + L'_tr_t - V'_tC_t^{-1}\varepsilon_t$，$U_{t-1} = Z'_tD_t^{-1}Z_t + L'_tU_tL_t + V'_tC_t^{-1}V_t$

对于 $t = n, n-1, \cdots, p+1$ 和 $r_n = U_n = 0$ 的情况，我们取

$\eta_p = \Lambda_pr_p + \varepsilon_p, \varepsilon_p \sim N(0, C_p)$，$C_p = \Lambda_p - \Lambda_pU_p\Lambda_p$

接下来，构建样本 $\{\alpha_t\}_{t=p+1}^{n}$ ，并通过模拟滤波器得到 $\{\eta_t\}_{t=p}^{n-1}$ 的状态方程。在对 $\beta$ 取样的过程中，我们通过下列过程对参数进行调整：

$Z_t = X_t$ , $T_t = I$ , $G_t = (A_t^{-1}\sum_t, O)$ , $H_t = (O, \sum_\beta^{1/2})$

其中, $t = p+1,\cdots,n$ , $T_p\alpha_p = \mu_{\beta_0}$ , $H_p = (O, \sum_{\beta_0}^{1/2})$ 。

（2）取样 $a$

把 $a$ 表示成如下状态空间形式，并从后验分布 $\pi(a \mid \beta,h,\sum_a,y)$ 中对 $a$ 取样：

$$\hat{y}_t = \hat{X}_t a_t + \sum_t \varepsilon_t \quad t = p+1,\cdots,n \tag{9-13}$$

$$a_{t+1} = a_t + \mu_{at} \quad t = p,\cdots,n-1 \tag{9-14}$$

其中, $a_s = \mu_{a_0}$ , $\mu_{as} \sim N(0,\sum_{a_0})$ , $\hat{y}_t = y_t - X_t\beta_t$ 。且有

$$\hat{X}_t = \begin{bmatrix} 0 & \cdots & & & & 0 \\ -\hat{y}_{1t} & 0 & 0 & \cdots & & \vdots \\ 0 & -\hat{y}_{1t} & -\hat{y}_{2t} & 0 & \cdots & \\ 0 & 0 & 0 & -\hat{y}_{1t} & \cdots & \\ & & & \ddots & \cdots & 0 \\ 0 & \cdots & 0 & -\hat{y}_{1t} & \cdots & -\hat{y}_{k-1,t} \end{bmatrix} \quad t = p+1,\cdots,n \tag{9-15}$$

和 $\beta$ 取样类似，我们使用模拟滤波器，

$Z_t = X_t$ , $T_t = I$ , $G_t = (\sum_t, O)$ , $H_t = (O, \sum_a^{1/2})$

其中, $t = p+1,\cdots,n$ ; $T_p\alpha_p = \mu_{a_0}$ ; $H_p = (O, \sum_{a_0}^{1/2})$ 。

（3）取样 $h$

状态变量 $h$ 有着非线性的状态空间方程，我们假定 $\sum_h$ 和 $\sum_{h_0}$ 为对角矩阵。因此，当 $j = 1,\cdots,k$ 时，分别独立地推断 $\{h_{jt}\}_{t=p+1}^{n}$ 。定义

$y_{it}^{*}$ 为 $A_t\hat{y}_t$ 的第 $i$ 个元素，有：

$$y_{it}^{*} = \exp(h_{it}/2)\varepsilon_t \quad t = p+1,\cdots,n \tag{9-16}$$

$$h_{i,t+1} = h_{it} + \eta_{it} \quad t = p,\cdots,n-1 \tag{9-17}$$

且有：

$$\begin{bmatrix}\varepsilon_{it}\\ \eta_{it}\end{bmatrix} \sim N\left[0,\ \begin{bmatrix}1 & 0\\ 0 & v_i^2\end{bmatrix}\right]$$

其中，$\eta_{ip} \sim N(0,v_{i_0}^2)$，$v_i^2$ 和 $v_{i_0}^2$ 分别为 $\sum_h$ 和 $\sum_{h_0}$ 的第 $i$ 个对角元素，同理 $\eta_{it}$ 为 $\mu_{ht}$ 的第 $i$ 个对角元素。通过使用多次移动抽样方法（Shephard & Pitt，1997；Watanabe & Omori，2004），从其条件后验密度中对（$h_{i,p+1},\cdots,h_{in}$）进行取样。

（4）取样 $\omega$

在给定 $\beta$ 的情况下，我们得到 $\sum_\beta$ 的条件后验密度，并假定 $\sum_\beta$ 为对角矩阵，$\sigma_{\beta_i}$ 为 $\sum_\beta$ 的第 $i$ 个对角元素，当 $i = 1,\cdots,k$ 时对 $\sigma_{\beta_i}$ 独立取样。事先指定 $\sigma_{\beta_i}^{-2} \sim Gamma(s_{\beta_0}/2, S_{\beta_0}/2)$，可得条件后验分布：

$$\sigma_{\beta_i}^{-2}|\beta \sim Gamma(\hat{s}_{\beta_i}/2, \hat{s}_{\beta_i}/2) \tag{9-18}$$

其中，$\hat{s}_{\beta_i} = s_{\beta_0} + n - p - 1$，$\hat{s}_{\beta_i} = S_{\beta_0} + \sum_{t-p+1}^{n-1}(\beta_{i,t+1} - \beta_{it})^2$，$\beta_{it}$ 是 $\beta_t$ 的第 $i$ 个元素。

同理，对于 $\sum_a | a$ 和 $\sum_h | h$ 运用同样的方法。

## 9.3 变量处理与模型估计

基于以上内容对 TVP－VAR 模型和 MCMC 估计方法的介绍，我们把前面章节估计出的相关变量运用到该模型，以研究中国能源及环境约束、经济增长速度和经济增长质量之间的动态作用关系。本章建立的 TVP－VAR 模型共包含 3 个变量：能源与环境效率指数、经济增长速度和经济增长质量综合指数。对于经济增长速度数据，我们根据1992年第一季度至2012年第四季度的季度国内生产总值同比实际累计增长率，并以2003年4个季度的累计数据为基期数据计算而来，对于各季度实际国内生产总值运用X12季节调整方法进行季节调整，然后计算经济增长率，相关数据来源于中经数据库。能源与环境效率指数、经济增长质量综合指数数据来源于第6章的估计结果，由于这两个指标为年度数据，所以我们采用二次插值法得到季度数据，运用二次插值法将年度数据转换为季度数据的研究方法得到了广泛运用。需要说明的是，能源及环境约束指数即是能源及环境效率指数，是能源效率与正向化处理后的环境约束的综合指数，是一个正向指标，能源及环境效率指数越大，表明能源效率和环境状况越好。

为了建立三者之间的TVP-VAR模型，必须要求数据平稳，因此对其进行单位根检验，检验结果如表9-1所示，3个变量的原始序列均为不平稳序列，经过一阶差分之后，均转换为平稳序列，可以进行TVP-VAR模型建模。根据模型估计结果的收敛性，我们选取滞后2阶进行回归，并经过10000次的MCMC抽样模拟。我们的实证估计结果主要通过Matlab 2008a软件完成。

**表9-1 单位根检验结果**

| 变量 | ADF检验类型 | T统计量 | P值 |
|---|---|---|---|
| *Quantity* | 包含截距项<br>不包含截距项 | 1.1359<br>2.2509 | 0.9975<br>0.9938 |
| $\Delta$*Quantity* | 包含截距项<br>不包含截距项 | -2.8649<br>-1.7858 | 0.0549<br>0.0706 |
| *Growth* | 包含截距项<br>不包含截距项 | -2.1206<br>-1.0933 | 0.2373<br>0.2464 |
| $\Delta$*Growth* | 包含截距项<br>不包含截距项 | -5.6893<br>-5.6611 | 0.0000<br>0.0000 |
| *Constra* | 包含截距项<br>不包含截距项 | -2.4794<br>0.0367 | 0.1248<br>0.6912 |

续表

| 变量 | ADF 检验类型 | T 统计量 | P 值 |
|---|---|---|---|
| $\Delta Constra$ | 包含截距项 | -3.4608 | 0.0122 |
| | 不包含截距项 | -3.3267 | 0.0012 |

模型参数估计结果如表 9-2 所示，分别为后验均值、标准差、95%置信区间、Geweke（1992）的 CD 值和无效影响因子。CD 统计量在 5% 的显著性水平下显著，我们接受模型中的参数收敛于后验分布的假定。无效率因子数值均较小，表明我们的不相关样本数较多，对于后验推断足够。

表 9-2　模型参数估计结果

| 参数 | 均值 | 标准差 | 95%置信区间 | CD | 无效率因素 |
|---|---|---|---|---|---|
| $(\sum_\beta)_1$ | 0.0030 | 0.0005 | [0.0023, 0.0041] | 0.985 | 9.11 |
| $(\sum_\beta)_2$ | 0.0030 | 0.0005 | [0.0023, 0.0042] | 0.035 | 12.66 |
| $(\sum_a)_1$ | 0.0029 | 0.0004 | [0.0022, 0.0039] | 0.679 | 6.87 |
| $(\sum_a)_2$ | 0.0029 | 0.0004 | [0.0022, 0.0039] | 0.205 | 10.55 |
| $(\sum_h)_1$ | 0.0029 | 0.0004 | [0.0022, 0.0039] | 0.427 | 9.02 |
| $(\sum_h)_2$ | 0.6583 | 0.1055 | [0.4695, 0.8800] | 0.334 | 9.50 |

## 9.4　脉冲响应函数分析

由于 TVP-VAR 模型是在 VAR 模型的基础上，加入了系数的时变特征，因此 TVP-VAR 估计出的脉冲响应函数分为两种类型：一是时点脉冲响应函数，二是基于时点的反映各个年份在某一时期的脉冲响应值的时变规律，即时变脉冲响应函数。在对 TVP-VAR 模型估计过程中，我们选取的代表性时点为：1995 年第三季度、1998 年第一季度和 2008 年第一季度。选择这 3 个时点的原因在于：一方面，这 3 个时点处于样本期间的前期、中期和后期，能够包含比较全面的信息从而对模型进行全面分析，使估计结果更加可靠；另一方面，我们主要基于前面章节对经济增长质量、能源及环境约束指数的估计分析结果进行选取，这3个时点分别是经济增长质量和能源及环境约束指数发生变化的拐点，代表着3个不同的发展阶段。中国经济增长质量和能源及环境约束从1995年开始出现快速上升趋势，而在1998年的时候，中国能源及环境约束指数出现了一个波峰，表明中国能源效率与环境状况出现了一个较大的改善冲击，原因之一是1998年的长江特大洪水造成中国3.18亿亩受灾面积，大量的工厂被淹没，直接经济损失达1666亿元。由于大量生产停工，“三废”排放下降，对环境的破坏作用下降。2008年是近年来全球金融危机发生的年份，对金融危机发生年份冲击的研究有利于我们研究金融危机对中国经济增长质量、经济增长速度和能源及环境约束的影响程度和路径。因此，本研究主要选择以上3个时点作为研究样本点。

### 9.4.1 经济增长质量对能源及环境约束的脉冲响应

图9-1为经济增长质量对能源及环境约束冲击的脉冲响应，(a)为基于1995年第三季度、1998年第一季度和2008年第一季度3个时点的时点脉冲响应，3个时点的脉冲响应具有一致的变化趋势，表明我们对TVP-VAR模型估计具有稳健性。给能源及环境约束一个积极的正向冲击，即给能源效率提高和环境状况改善一个积极的正向冲击，会对中国经济增长质量的提高产生积极的正向影响，这种正向影响在第1期达到最大值，之后逐渐减少，并最终趋于0。从整体来看，能源效率及环境状况的改善对中国经济增长质量的提高会产生较大的积极影响。从不同时点的脉冲响应来看，在前2期，3个时点的脉冲响应趋于一致，表明不同时点上能源效率及环境状况的改善对经济增长质量的提高在前2期的影响是一致的，在第2期之后，不同时点的脉冲响应存在差异性，2008年第一季度的脉冲响应值最小，主要是

在危机发生年份，即使能源效率和环境状况出现较大的改善，但是社会经济生活的其他方面处于萧条状态，其对经济增长质量的积极影响不能充分发挥出来。

为进一步研究经济增长质量对能源及环境约束冲击脉冲响应的时变特征，观察图 9 - 1（b）可以发现，3 条时变脉冲响应值呈现出一致的变化趋势，一方面说明本研究模型设定与估计结果具有稳健性；另一方面表明时点脉冲响应函数走势一致。能源效率及环境状况的改善对于提高中国经济增长质量的扩大效应较为稳定。第 1 期、第 2 期和第 5 期的脉冲值依次减小，表明时期越长，脉冲值越小，这表明能源效率提高及环境改善对经济增长质量的提高主要存在短期效应。

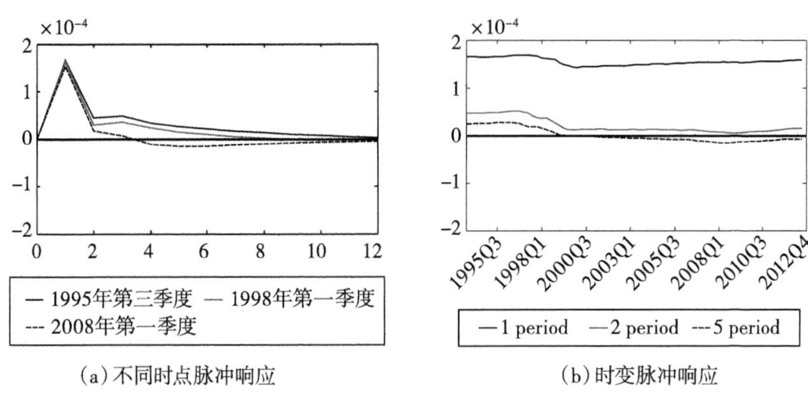


（a）不同时点脉冲响应　　（b）时变脉冲响应

**图 9 - 1　经济增长质量对能源及环境约束冲击的脉冲响应**

### 9.4.2　能源及环境约束对经济增长质量冲击的脉冲响应

图 9 - 2 中（a）为能源及环境约束对经济增长质量冲击在 3 个时点的脉冲响应函数，我们发现在 1995 年第三季度、1998 年第一季度和 2008 年第一季度 3 个时点上的时点脉冲响应函数具有一致的变化趋势，这表明在研究的样本期间，经济增长质量冲击对能源及环境约束的影响路径没有发生结构转变。当给经济增长质量一个积极的正向冲击时，其对能源及环境约束在第 1 期产生积极的影响，并在第 2 期达到最大的负向影响。随后负向影响逐渐消失，并在第 4 期达到最大的正向影响，最

后这种正向影响逐渐减弱，直到趋于0。总体看来，经济增长质量的提高，会对能源效率提高及环境状况改善产生积极的影响。从不同时点的脉冲响应函数可以看出，2008 年第一季度的脉冲响应函数明显高于其他两个时点的脉冲响应函数，这表明在金融危机期间，如果能够提高经济增长质量，其对能源效率提高和环境污染状况的改善具有较大的作用，这主要是因为企业在金融危机期间的经营更加困难，在此情况下如果给整个经济增长质量一个积极冲击，企业更容易看到机会与希望，并通过提高能源效率缩减成本来度过危机。

为进一步研究经济增长质量冲击对能源及环境约束影响的时变规律，我们考察时变脉冲响应函数图 9－2（b），结果显示 3 条不同时期的时变脉冲响应函数曲线走势一致，这表明我们对 TVP－VAR 模型的估计具有稳健性。3 条脉冲响应图呈逐渐上升趋势，这表明给经济增长质量一个积极的冲击时，其对能源及环境约束的影响随着时间推移能够产生更大效果。同时，第 5 期的脉冲值远远高于第 1 期、第 3 期的脉冲值，表明经济增长质量冲击对能源效率及环境状况的改善作用在长期增大。

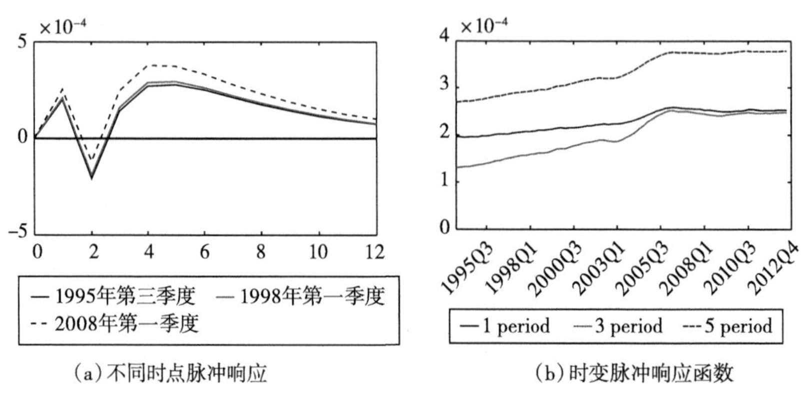


（a）不同时点脉冲响应

（b）时变脉冲响应函数

**图 9－2　能源及环境约束对经济增长质量冲击的脉冲响应**

### 9.4.3　经济增长速度对能源及环境约束冲击的脉冲响应

为进一步研究能源及环境约束对中国经济增长速度的影响，我们估计出其脉冲响应函数，经济增长速度对能源及环境约束冲击的脉冲响应如图 9 - 3 所示。时点脉冲响应图（a）显示，能源及环境约束冲击对经济增长速度的影响在 1995 年第三季度、1998 年第一季度和 2008 年第一季度 3 个时点上的影响路径有着大致相同的趋势。给能源及环境约束一个积极的正向冲击，其对中国经济增长速度产生长期的积极影响，即提高中国的能源使用效率，改善工业“三废”对空气的污染状况，能够对中国经济增长产生长期的正向作用效果。主要是因为能源使用效率的提高和工业“三废”排放的减少往往以整个社会的技术水平进步为基础，而技术的进步将会对中国经济增长产生长期的影响。从不同时点观察能源及环境约束对经济增长速度的影响，我们发现 2008 年的脉冲响应最小，且能源效率提高和环境状况改善对经济增长速度的积极影响是短期的。2008 年第一季度属于危机逐渐蔓延时期，到 2008 年下半年金融危机完全失控，对经济增长造成了更加消极的影响。这说明在金融危机蔓延时期，给能源效率和环境状况改善一个积极冲击，其对经济增长的影响是短期的，当金融危机完全失控时期到来，其对经济增长的促进作用将受到严重限制。尽管如此，提高能源效率和改善环境状况对中国经济增长速度的提高仍然具有较大的刺激作用。

从时变脉冲响应函数图 9 - 3（b）可以看出，3 个时期的脉冲响应值的走势一致，表明了模型估计的稳健性。第 1 期的脉冲值最大，表明能源效率提高和环境改善对经济增长速度的积极影响在短期较大，而随着时间推移，其影响越来越小，但整体来看，能源效率提高和环境改善对经济增长速度的影响时期较长。

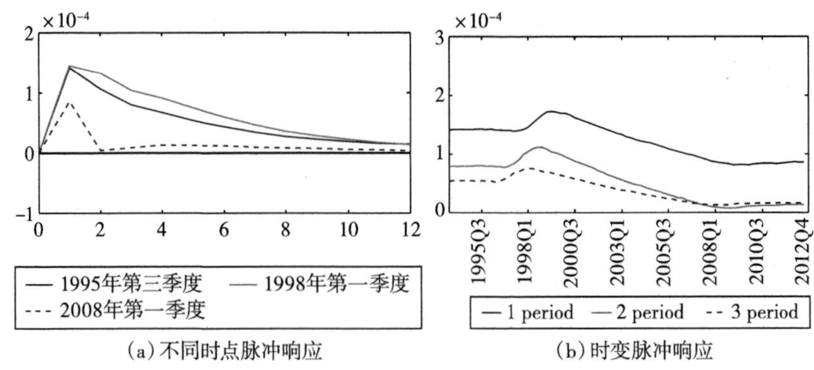

(a) 不同时点脉冲响应　　(b) 时变脉冲响应

**图 9－3　经济增长速度对能源及环境约束冲击的脉冲响应**

## 9.5　本章小结

本章在前文相关章节内容研究的基础上，通过构造时变参数向量自回归模型（TVP－VAR）研究能源及环境约束、经济增长速度和经济增长质量之间的动态作用关系。TVP－VAR 模型能够分析影响系数的时变特征，从而估计出两类脉冲响应函数：一类脉冲响应函数可以观察变量之间在不同时点的脉冲响应路径，为时点脉冲响应函数；另一类脉冲响应函数可以观察变量之间在不同年份脉冲响应值的时变规律，为时变脉冲响应函数。

基于能源及环境约束指数和经济增长质量综合指数的估计评价分析结果，我们分别选取 1995 年第三季度、1998 年第一季度和 2008 年第一季度 3 个时点作为研究样本点，时变脉冲响应走势一致，表明了我们对模型设定和估计的稳健性。时点脉冲响应函数尽管存在差异性，但是其变化走势一致，表明变量之间的影响关系没有发生结构性突变。能源及环境约束冲击对经济增长质量的影响路径显示，当期能源效率和环境状况的改善对于中国经济增长质量的提高存在 2 期的显著积极影响，其正向影响在第 1 期达到最大；经济增长质量冲击对能源及环境约束指数的影响路径显示，给当期经济增长质量一个积极的正向冲击，在第 1 期对能源效率和环境改善状况产生较大的积极影响，在第 2 期产生消极影响，但是这种消极影响是暂时的，并在第 4 期达到最大的积极影响，最后这种正向影响逐渐减弱，直到趋于 0。能源及环境约束冲击对经济增长速度的脉冲响应显示，能源效率的提高和环境的改善对中国经济增长速度也发挥了较长时期的积极影响，但是由于金融危机的影响，这种积极影响的时期缩短。

本研究的实证研究结果表明，给能源及环境效率一个正向冲击，将会对中国经济增长质量产生一个短期的积极影响路径，对经济增长速度产生一个长期的积极影响路径；而给经济增长质量一个积极的正向冲击，从长期来看，将对能源效率及环境的改善产生积极影响，从而实现能源、环境与经济增长的和谐统一，最终实现经济的可持续发展。

因此，能源效率的提高和环境的改善不但能够提高中国经济增长质量，还能够对中国经济增长速度产生重要的积极影响。而经济增长质量的提高会进一步对中国能源效率的提高和环境改善起到积极作用，从而使能源效率、环境状况和经济增长质量进入良性循环。

# 结　论

传统能源仍然是中国现阶段经济增长过程中的主要推动力，其燃烧排放物是造成空气污染的主要原因，能源消耗决定着环境状况，而能源安全与否和环境承载能力又会对经济增长形成现实的约束条件。因此，在以往大多数学者对经济增长速度研究的基础上，本研究运用更全面和广泛的经济框架，充分借鉴国内外相关研究成果，对能源及环境约束对中国经济增长质量的影响及它们之间的动态作用关系进行了深入研究。

（1）研究不同收入阶段下中国经济增长的动力特征，并对中国陷入“中等收入陷阱”的风险性进行分析，从侧面初步探讨中国经济增长质量。PSTR 模型实证结果表明：随着中国步入中等收入国家行列，人均收入对经济增长的显著影响效果逐渐消失；中国人均收入在 3000 元、9000 元和 1.4 万元时，产业结构、最终消费率、贸易开放度和城乡收入分配对经济增长的影响路径发生平滑转移；进入中等收入阶段以后，产业结构和贸易开放度对经济增长的积极影响效果稳定在一个较低的水平，而最终消费率和城乡收入分配的公平化对经济增长的消极影响效果稳定在了一个较高的水平，即随着中国进入中等收入国家行列，中国经济增长动力机制的可持续性受到威胁，应警惕经济发展过程中陷入“中等收入陷阱”的风险。

（2）为研究产业结构升级对跨越“中等收入陷阱”的有效性，并提高中国经济增长质量，本研究基于省际面板数据建立了产业结构升级与人均 GDP 的 PSTR 模型，发现两者之间存在着显著的倒“U”形关系，中国产业结构升级的不断推进对居民收入水平的提高的影响存在着显著的阶段性特征，当产业结构升级达到一定程度，其对居民收入水平的积极作用效果将会显著下降。同时，产业结构升级对人均 GDP 的作用受到控制变量最终消费率的影响，而不受控制变量经济增长与贸易开放度的影响，产业结构升级与国内消费需求提升的协同推进将会对人均 GDP 的提高产生显著的协同效应，但这种协同效应是暂时的，缺乏效率提高和价值链攀升的产业结构升级将会导致中国产品结构的低端化趋势，不能满足本国居民对高端产品的需求，进而提高本国居民对国外高质量产品的需求，从而对本国消费产生“挤出效应”，最终不利于本国居民收入水平和经济增长质量的提高。

（3）为了对中国能源效率和节能减排进行基本测算，首先，我们采用 SSBM 模型对中国全要素能源效率（TFEE）进行测算。其次，我们区分不同的情景模式对中国节能减排进行基本测算。情景一模式不考虑各地区效率水平存在较大差距的实际情况，以全国所有省份为研究样本进行节能减排基本测算，如果回弹效应不显著，情景一模式下的节能减排估计结果将是中国现有技术水平下的理论最优规模；情景二模式考虑到各地区效率水平存在较大差距的实际情况，以东部、中部、西部地区各省份分别为样本进行节能减排基本测算，情景二模式下的节能减排估计结果将是中国现有技术水平下可操作可实现的最优规模。与此同时，对两种模式下节能减排规模估计结果进行对比分析，以对中国是否存在回弹效应及其特征进行检验，进而研究中国节能减排的主要影响因素是否发生变化。这一部分得到的主要研究结论如下：

1）全要素能源效率估计结果显示，北京和上海两个地区是处于中国的效率前沿省份，贵州、青海、宁夏和新疆的全要素能源效率不足 50%。估计结果表明，中国各省份能源效率差距较大，能源效率在保障中国能源安全方面具有较大发挥空间。

2）两种情景下的节能减排估计结果均显示，由于能源效率提高而减少的能源消耗在弥补中国能源缺口之后，尚有较多的剩余。在能源节约规模方面，在2007年之前，情景一模式下的能源节约规模大于情景二模式下的能源节约规模，表明能源效率提高是能源节约的主要因素，能源效率与能源消耗之间的回弹效应不显著；2007年之后，由于回弹效应的显著增强，情景一模式下的能源节约规模并没有显著高于情景二模式下的能源节约规模。在污染减排规模方面，2007年之前，情景一模式下的工业废气排放松弛大于情景二模式下的工业废气排放松弛，2007年之后，情景二模式下的工业废气排放松弛大于情景一模式下的工业废气排放松弛，表明由于2007年之后回弹效应的显著作用，能源效率不再是影响工业废气排放的主要因素。而对于工业废水排放来说，情景一模式下的工业废水排放松弛始终大于情景二模式下的工业废水排放松弛，这主要是工业废气与工业废水排放之间不同的物理性质造成的。

3）本部分内容对全要素能源效率和节能减排的基本测算结果表明，中国能源效率水平较低，且各省份能源效率之间存在较大差距，造成了中国能源的大量浪费和环境状态的恶化。在能源安全问题和环境污染问题逐渐严重的背景下，必须提高能源效率，降低能源消耗和环境污染，才能实现中国经济的可持续增长，提高经济增长质量。然而，随着中国经济的不断增长，能源效率与能源消耗之间的回弹效应逐渐显著，在基于能源效率制定降低能耗的政策时，必须考虑回弹效应的存在。

（4）基于以上分析，我们进一步研究中国经济增长与环境污染之间的非线性关系，以检验环境库兹涅茨曲线假说在中国是否成立，并从经济增长过程中环境污染的变化特征方面来研究中国经济增长质量。以往学者在研究经济增长与环境污染之间的非线性特征时，往往是基于本质为线性关系的经济计量模型来研究两者之间的非线性关系，往往会导致估计结果出现偏差，本研究克服传统研究的不足，通过构建面板平滑门限回归模型（PSTR）来对两者之间的非线性关系进行研究。本部分研究主要得出以下结论：

1）以人均工业废气排放作为污染指标的 PSTR 模型估计结果显示，当中国人均 GDP 小于0.61 万元时，随着人均 GDP 的增加，其对工业废气排放的正向影响越来越大，当人均 GDP 大于 0.61 万元而小于 4.2 万元时，随着人均 GDP 的增加，其对工业废气排放的正向影响逐渐减弱，但是依然造成了环境状况的恶化；当人均实际 GDP 大于 4.2 万元时，随着人均 GDP 的增加，其对工业废气排放的正向影响进一步加强。这充分表明，环境库兹涅茨曲线假说在中国不能成立，中国的工业废气排放不会随着经济增长而得到改善，环境状况只会更加恶化。

2）以人均工业废水排放作为污染指标的 PSTR 模型估计结果显示，人均实际 GDP 达到 2.5 万元之后，随着中国经济增长，其对工业废水排放的影响系数虽然不断下降，但是依然存在正向的影响。这表明中国工业废水排放不会随着经济增长而改善，环境库兹涅茨曲线假说同样不能成立。

3）环境污染与经济增长之间的非线性特征估计结果表明，环境污染问题是一直伴随着经济增长过程的问题，不会随着经济增长而改善和解决，环境库兹涅茨曲线假说在中国不能成立，逐渐污染的环境问题制约着中国经济的可持续发展和经济增长质量的提高，在经济增长过程中必须考虑环境约束条件。

（5）以上内容分别从中国的能源效率和环境污染状况角度来间接地对中国经济增长质量进行研究，接下来的内容将分别从狭义和广义两个角度直接对中国经济增长质量进行研究。狭义方面，主要通过测算中国的全要素生产率来检验中国经济增长质量。我们从供给冲击与需求冲击的视角，构造包含劳动、资本和能源投入的经济计量模型，通过数理推导过程将全要素生产率分解为供给冲击、需求冲击和其他冲击，并构造面板向量自回归模型（PVAR）研究供给冲击、需求冲击对全要素生产率的动态作用路径。广义方面，我们通过构造包含能源及环境约束、要素使用效率、经济结构、经济增长与经济稳定性、福利与成果分配等维度的指标评价体系，通过因子分析方法对中国经济增长质量综合指数进行合成与评价。

本部分内容对狭义经济增长质量的研究主要得出以下结论：

1）中国全要素生产率估计结果显示，除个别异常年份外，2000 年之前中国全要素生产率处于较低状态，2000 年之后中国全要素生产率出现拐点，上升到一个新的高度。这表明中国全要素生产率在 2000 年之后呈整体上升趋势，中国经济发展逐渐由要素投入型向效率提高型转变。

2）全要素生产率分解结果显示，需求冲击是提高中国全要素生产率的主要因素，其他冲击对中国全要素生产率也产生了重要影响，但是供给冲击相对稳定。这主要是因为中国的粗放型经济增长方式以高能耗、高投入为显著特点，技术落后，研发能力与水平不足，技术创新严重不足，没有形成供给冲击。同时，中国的劳动密集型经济使劳动力成本相对稳定，生产要素的投入更加侧重生产型而非研发型，这些影响供给的因素在中国经济发展过程中没有太大变化，导致中国供给冲击相对稳定。

本部分内容对广义经济增长质量的研究主要得出以下结论：

1）1993 年之前，中国经济增长质量综合指数未呈显著上升趋势，1993 年之后，中国经济增长质量综合指数出现持续稳定上升趋势。这主要是因为中国 1980—1986 年的短缺经济导致其经济增长质量不高，随着生产过程不断加大生产力度，逐渐出现了 1984—1991 年的高经济增长和高通货膨胀的“双高”发展，在通货膨胀压力下，也导致中国经济增长质量不高。之后中国经济运行机制逐渐恢复正常状态，1993 年之后中国经济增长质量出现了快速上升趋势，这也表明中国经济增长质量较低，其提升空间较大。

2）能源及环境约束指数与中国经济增长质量综合指数具有较高的

相关度，这表明能源及环境约束能够在一定程度上反映中国的经济增长质量变化状况，因此，提高能源使用效率和减少环境污染对于提高中国经济增长质量具有重要意义。

（6）在以上相关研究的基础上，为了进一步研究经济增长质量、经济增长速度和能源及环境约束之间的动态作用关系，我们通过构建时变参数向量自回归模型对其脉冲响应函数进行估计，主要得出以下研究结论：

1）能源及环境约束冲击对经济增长质量影响的脉冲响应函数显示，能源效率和环境状况的改善对经济增长质量产生短期的积极影响，而对经济增长速度产生长期的积极影响，但是金融危机的发生将大大缩短这种长期影响的周期；经济增长质量的提高对能源效率和环境状况的改善有着长期的积极影响。

2）从三者的动态作用关系可以看出，能源效率提高和环境状况改善在提高中国经济增长速度的同时，还提高了中国经济增长质量，而经济增长质量的提高会进一步提高能源效率，改善环境状况，从而使中国能源效率、环境状况和经济发展进入良性循环，最终实现能源、环境和经济的和谐统一发展。

# 参考文献

## 中文参考文献


［1］查冬兰，周德群. 基于 CGE 模型的中国能源效率回弹效应研究［J］. 数量经济技术经济研究，2010（12）：39－53.

［2］陈柳钦. 新世纪中国能源安全面临的挑战及其战略应付［J］. 决策咨询，2011（3）：12－20.

［3］范丹，王维国. 中国区域环境绩效及波特假说的再检验［J］. 中国环境科学，2013（5）：952－959.

［4］付凌晖. 我国产业结构高级化与经济增长关系的实证研究［J］. 统计研究，2010（8）：79－81.

［5］冯泰文，孙林岩，何哲. 技术进步对中国能源强度调节效应的实战研究［J］. 科学学研究，2008，26（5）：987－993.

［6］干春晖，郑若谷，余典范. 中国产业结构变迁对经济增长和波动的影响［J］. 经济研究，2011（5）：4－16.

［7］高静，黄繁华. 贸易视角下经济增长和环境质量的内在机理研究——基于中国 30 个省市环境库兹涅茨曲线的面板数据分析［J］. 上海财经大学学报，2011，13（5）：66－74.

［8］郭庆旺，贾俊雪. 中国全要素生产率的估算：1979—2004［J］. 经济研究，2005（6）：51－60.

［9］高宇明，齐中英. 基于时变参数的我国全要素生产率估计［J］. 数量经济技术经济研究，2008（2）：100－109.

[10] 韩文龙，李梦凡，谢璐. “中等收入陷阱”：基于国际经验数据的描述与测度 [J]. 中国人口·资源与环境，2015 (11)：160-168.

[11] 韩师光，李建柱. 日韩跨越中等收入陷阱的做法及启示 [J]. 经济纵横，2013 (10)：103-106.

[12] 贺彩霞，冉茂盛. 环境污染与经济增长——基于省际面板数据的区域差异研究 [J]. 中国人口·资源与环境，2009，19 (2)：56-62.

[13] 杭雷鸣，屠梅曾. 能源价格对能源强度的影响——以国内制造业为例 [J]. 数量经济技术经济研究，2006 (12)：93-100.

[14] 何强. 要素禀赋、内在约束与中国经济增长质量 [J]. 统计研究，2014 (1)：70-77.

[15] 胡鞍钢. 中国如何跨越“中等收入陷阱” [J]. 当代经济，2010 (8)：7-8.

[16] 黄宝敏. 中国经济增长的动力特征与“中等收入陷阱的规避路径” [J]. 统计与信息论坛，2017 (8)：37-45.

[17] 金培振，张亚斌，李激扬. 能源效率与节能潜力的国际比较——以中国与 OECD 国家为例 [J]. 世界经济，2011 (1)：21-27.

[18] 林伯强. 电力消费与中国经济增长：基于生产函数的研究 [J]. 管理世界，2003 (12)：18-27.

[19] 林志帆. “中等收入陷阱”存在吗？——基于增长收敛模型的识别方法 [J]. 世界经济研究，2014 (11)：10-15.

[20] 刘伟. 突破“中等收入陷阱”的关键在于转变发展方式 [J]. 上海行政学院学报，2011 (1)：4-11.

[21] 刘昌平，汪连杰. 供给侧结构性改革背景下我国就业形势的新变化与政策选择 [J]. 上海经济研究，2016 (9)：25-32.

[22] 刘海英. 中国经济增长质量研究 [D]. 吉林：吉林大学管理学院，2005.

[23] 刘海英，张纯洪. 中国经济增长质量提高和规模扩张的非一致性实证研究 [J]. 经济科学，2006 (2)：13 - 22.

[24] 李克强. 第十六次全国代表大会上——经济形势报告 [R]. 2013.

[25] 李小胜，宋马林，安庆贤. 中国经济增长对环境污染影响的异质性研究 [J]. 南开经济研究，2013 (5)：96 - 114.

[26] 李韬葵. 突破中等收入陷阱的路线图 [J]. 经济研究，2014 (1)：23 - 24.

[27] 李静. 结构调整视角下中国突破"中等收入陷阱"的实证研究 [J]. 财经科学，2012 (12)：57 - 64.

[28] 李京文，齐建国，汪同三. 我国未来各阶段经济发展特征与支柱产业选择 [J]. 管理世界，1998 (2)：89 - 101.

[29] 李力，王凤. 中国制造业能源强度因素分解研究 [J]. 数量经济技术经济研究，2008 (10)：66 - 74.

[30] 李廉水，周勇. 技术进步能提高能源效率吗——基于中国工业部门的实证检验 [J]. 管理世界，2006 (10)：82 - 89.

[31] 李世祥. 能源效率战略与促进国家能源安全研究 [J]. 中国地质大学学报，2010 (5)：47 - 50.

[32] 李涛，傅强. 中国省际碳排放效率研究 [J]. 统计研究，2011 (7)：62 - 70.

[33] 李岳平. 经济增长质量评估体系及实证分析 [J]. 江苏统计，2001 (5)：19 - 22.

[34] 马世洪. 以供给侧改革破解大学生就业市场结构性矛盾 [J]. 中国高等教育，2016 (10)：15 - 18.

[35] 马晓河. 迈过"中等收入陷阱"的需求结构演变与产业结构调整 [J]. 宏观经济研究，2010 (11)：3 - 11.

[36] 钱运春. 西欧跨越中等收入陷阱：理论分析与历史经验 [J].

世界经济研究，2012（8）：81－86.

［37］齐红倩，黄宝敏，李伟．供给与需求冲击下的全要素生产率变动与中国产能过剩［J］．南京社会科学，2014（8）：16－23.

［38］齐红倩，黄宝敏，王志涛．我国城镇化进程中居民消费变动趋势与持续性——基于供给与需求冲击的视角［J］．深圳大学学报，2014（6）：116－123.

［39］齐红倩，黄宝敏．我国影子银行的发展及其风险防范［J］．深圳大学学报，2013（6）：119－126.

［40］齐绍洲，方扬，李锴．FDI 知识溢出效应对中国能源强度的区域性影响［J］．世界经济研究，2011（11）：69－75.

［41］齐志新，陈文颖，吴宗鑫．工业轻重结构变化对能源消费的影响［J］．中国工业经济，2007（2）：35－42.

［42］全毅．跨越“中等收入陷阱”：东亚的经验及启示［J］．世界经济研究，2012（2）：70－75.

［43］孙海波，林秀梅．异质型人力资本与产业结构升级关系的动态演变［J］．统计与信息论坛，2018（4）.

［44］师博，沈坤荣．市场分割下的中国全要素能源效率：基于超效率 DEA 方法的经验分析［J］．世界经济，2008（9）：49－59.

［45］施发启．对我国能源消费弹性系数变化及成因的初步分析［J］．统计研究，2005（5）：8－11.

［46］沈利生，王恒．增加值率下降意味着什么［J］．经济研究，2006（3）：59－66.

［47］石磊，刘霞．从全要素生产率（TFP）考察我国金融风险发生的可能［J］．复旦学报（社会科学版），2006（1）：24－29.

［48］单薇．基于熵的经济增长质量综合评价［J］．数学的实践与认识，2003（10）：49－54.

［49］田雪原．警惕人口城市化中的“拉美陷阱”［J］．宏观经济

研究，2006（2）：12－17.

［50］陶长琪，齐亚伟．中国全要素生产率的空间差异及其成因分析［J］．数量经济技术经济研究，2010（1）：19－32.

［51］佟金萍，马剑锋，仇蕾．中国能源强度变动的分解与影响因素［J］．系统工程，2009（10）：25－31.

［52］汤向俊，任保平．福利分配平等性与中国经济增长质量——基于新中国六十周年数据的理论和实证分析［J］．社会科学战线，2009（9）：11－21.

［53］涂正革．能源安全与中国节能的现实路径［J］．华中师范大学学报，2012（1）：35－47.

［54］魏楚，沈满洪．能源效率及其影响因素：基于 DEA 的实证分析［J］．管理世界，2007（8）：66－76.

［55］王一鸣．跨越“中等收入陷阱”的战略选择［J］．中国投资，2011（3）：28－30.

［56］王国印．“经济—环境”怪圈对我国经济社会发展的影响——论统筹经济增长与生态环境保护的紧迫性［J］．生态经济，2006（9）：46－47.

［57］王国印，王动．波特假说、环境规制与企业技术创新——对中东部地区的比较分析［J］．中国软科学，2011（1）：100－112.

［58］吴敬琏．不能坠入“中等收入陷阱”［J］．资本市场，2012（6）：8－9.

［59］吴海瑾．经济增长方式转变与能源消费弹性系数变动研究［J］．学海，2006（6）：164－176.

［60］魏婕，任保平．中国各地区经济增长质量指数的测度及其排序［J］．经济学动态，2012（4）：27－33.

［61］吴利学．中国能源效率波动：理论解释、数值模拟及政策含义［J］．经济研究，2009（5）：130－142.

［62］王丽萍．我国全要素生产率的测算：1978—2010［J］．中国物价，2012（5）：6－9．

［63］王晓萍．“双重产业转移”中的代工制造业升级与就业转型互动——人力资源视角［J］．中小企业管理与科技（下旬刊），2014（9）：155－157．

［64］吴巧生，陈亮，张炎涛，成金华．中国能源消费与 GDP 关系的再检验——基于省际面板数据的实证分析［J］．数量经济技术经济研究，2008（6）：27－40．

［65］王喜平，姜晔．全要素能源效率及其影响因素研究［J］．软科学，2012（2）：73－78．

［66］吴易风．马克思的经济增长理论模型［J］．经济研究，2007（9）：11－17．

［67］薛澜，刘冰，戚淑芳．能源回弹效应的研究进展及其政策含义［J］．中国人口·资源与环境，2011（10）：55－59．

［68］徐康宁，陈丰龙．经济增长的收入“门槛”效应及其阶段特征——兼评“中等收入陷阱”之说［J］．东南大学学报（哲学社会科学版），2013（1）：37－42．

［69］徐现祥，舒元．基于对偶法的中国全要素生产率核算［J］．统计研究，2009（7）：78－86．

［70］杨继生，徐娟，吴相俊．经济增长与环境和社会健康成本［J］．经济研究，2013（12）：17－29．

［71］袁堂军．中国企业全要素生产率水平研究［J］．经济研究，2009（6）：52－64．

［72］叶裕民．全国及各省区市全要素生产率的计算和分析［J］．经济学家，2002（3）：115－121．

［73］臧传琴，刘岩．山东省全要素能源效率及其影响因素分析［J］．中国人口·资源与环境，2012（8）：107－113．

[74] 张德荣. “中等收入陷阱”发生机理与中国经济增长的阶段性动力 [J]. 经济研究, 2013 (9): 17-28.

[75] 郑秉文. “中等收入陷阱”与中国发展道路——基于国际经验教训的视角 [J]. 中国人口科学, 2011 (1): 2-15.

[76] 郑少伟. 论产业结构调整与结构性失业矛盾 [J]. 发展, 2006 (11): 57-58.

[77] 周勇, 李廉水. 中国能源强度变化的结构与效率因素贡献——基于 AWD 的实证分析 [J]. 产业经济研究, 2006 (4): 68-74.

[78] 赵英才, 张纯洪, 刘海英. 转轨以来中国经济增长质量的综合评价研究 [J]. 吉林大学社会科学学报, 2006 (5): 27-35.

[79] 钟学义. 生产率分析的新概念 [J]. 数量经济技术经济研究, 1996 (12): 7-17.

[80] 张伟, 吴文元. 基于环境绩效的长三角都市圈全要素能源效率研究 [J]. 经济研究, 2011 (10): 95-109.

[81] 张纯洪, 刘海英. 中国经济全要素生产率的环境敏感性分析 [J]. 经济学家, 2012 (8): 66-71.

## 英文参考文献

[1] ABIZADEH S, PANDEY M. Trade openness, structural change and total factor productivity [J]. International Economic Journal, 2009, 23(4): 545-559.

[2] ACEMOGLU D. Patterns of skill premia [J]. Review of Economic Studies, 2003, 70(1): 199-230.

[3] AKPAN U F, ABANG D E. Environmental quality and economic growth: A panel analysis of the "U" in Kuznets [R]. MPRA Paper, 2014: 54461.

[4] ANDERSON D, CAVENDISH W. Dynamic simulation and environmental policy analysis beyond comparative statistics and the Environmental Kuznets Curve [J]. Oxford Economic Papers, 2001(53): 721-746.

[5]AKPAN U F,CHUKU A. Economic growth and environmental degradation in Nigeria:Beyond the Environmental Kuznets Curve[R]. MPRA Paper,2011(4):No. 31241.

[6]ANG B W. Decomposition of industrial energy consumption:The energy intensive approach[J]. Energy Economic,1994,16(3):163 -174.

[7]ANG B W,HUANG H C,MU A R. Properties and linkages of some index decomposition analysis methods[J]. Energy Policy,2009, 37(11): 4624 -4632.

[8]ANG B W,LEE S Y. Decomposition of industrial energy consumption: Some methodological and application issues[J]. Energy Economics, 1994,16(2):83 -92.

[9]ANG B W,ZHANG F Q. A survey of index decomposition analysis in energy and environ -mental studies[J]. Energy,2000,25(12):1149 -1176.

[10]APERGIS N,PAYNE J E. Another look at the electricity consumption -growth nexus in South America[J]. Energy Sour. Part B: Econ. ,Plan. Policy,2013(8):171 -178.

[11]ARELLANO M,BOVER O. Another look at the instrumental variable estimation of Error - Components Models[J]. Journal of Econometrics, 1995,68(1):29 -51.

[12]BARRO R J. Quantity and quality of economic growth[J]. Documen to de Trabajo Working Paper,2002,5(2):17 -36.

[13]BECKERMAN W. Economic growth and the environment: Whose growth? Whose environment? [J]. World Development,1992,20(4):481 -496.

[14]BERMAN E,BUI L T. Environmental regulation and productivity: Evidence from oil refineries[J]. The Review of Economics and Statistic,2001, 88(3) : 498 -510.

[15]BIESEBROECK J V. Robustness of productivity estimates[J].

Journal of Industrial Economics, 2007, 55(3): 529 - 569.

[16] BIROL F, KEPPLER J H. Prices, technology development and the rebound effect[J]. Energy Policy, 2000(28): 457 - 479.

[17] BLUM H, LEGEY L F L. The challenging economics of energy security: Ensuring energy benefits in support to sustainable development[J]. Energy Economics, 2012, 34(6): 1982 - 1989.

[18] BORGHESI S. The Environmental Kuznets Curve: A survey of the literature[J]. Economic Institutions and Environmental Policy, 1999: 201 - 224.

[19] BOYD G A, HANSON D A, STERNER T N S. Decomposition of changes in energy intensity: A comparison of the divisia index and other methods[J]. Energy Economics, 1988, 10(4): 309 - 312.

[20] BOYD G A, PANG J X. Estimating the linkage between energy efciency and productivity[J]. Energy Policy, 2000(28): 289 - 296.

[21] BOYD G A, ROPP J M. A note on the fisher ideal index decomposition for structural change in energy intensity[J]. The Energy Journal, 2004, 25(1): 87 - 101.

[22] CAMERON K M. Income dependent direct and indirect rebound effects from "green" consumption choices in Australia[R]. MPRA Paper, 2011 (24), No. 34973.

[23] CHANG J, LEUNG D Y C, WU C Z, YUAN Z H. A review on the energy production, consumptionand prospect of renewable energy in China [J]. Renewable and Sustainable Energy Review, 2003(7): 453 - 468.

[24] CHANG M C. A comment on the calculation of the total - factor energy efficiency[J]. Energy Policy, 2013(53): 500 - 504.

[25] CHARNES A, COOPER W W. Preface to topics in data envelopment analysis[J]. Annals of Operation Research, 1985(2): 59 - 94.

[26] CHIB S. Markov chain monte carlo methods: Computation and in-

ference[J]. Handbook of Econometrics,2001(5):3569 - 3649.

[27]CHIN Y F ,JIN L H ,TZE K L. Environment - adjusted total - factor energy efficiency of Taiwan's service sectors[J]. Energy Policy, 2013 (63):1160 - 1168.

[28]CHRISTENSEN L R,JORGENSON D W,Lau L J. Transcendental logarithmic production frontiers[J]. Review of Economics and Statistics,1973 (55):28 - 45.

[29]CLARKE L,WEYANT J ,BIRKY A . On the technological change: Assessing the evidence[J]. Energy Economics,2006(28):579 - 59.

[30]CHUNBO M,STERN D I. Chin's changing energy intensity trend: A decomposition analysis [J]. Energy Economics,2008(30):1037 - 1053.

[31]CHUNG Y H,FARE R,GROSSKOPF S. Productivity and undesirable outputs: A directional distance function approach[J]. Journal of Environmental Management,1997(51):229 - 240.

[32] CHUNHUA W . Changing energy intensity of economies in the word and its decomposition [J]. Energy Economics,2013(40):634 - 637.

[33]CICCONE A, PAPAIOANNOU E. Human capita, the structure of production and growth [R]. European Central Bank Working Paper, 2006, No. 623.

[34]COLLETAZ G,HHULIN C. Threshold effects of the public capital productivity: An international panel smooth transition approach[R]. Working Paper,2006: No. 01.

[35]CORNILLIE J,FANKHAUSER S. The energy intensity of transition countries[J]. Energy Economics,2004(26):283 - 295.

[36]CORNWELL C,SCHMIDT P,SICKLES R C. Production frontiers with cross-sectinal and time - series variation in efficiency levels[J]. Journal of Econometrics,1990(46):185 - 200.

[37]DE JONG P,SHEPHARD N. The simulation smoother for time series models[J]. Biometrika, 1995,82(2):339 -350.

[38]DENISON E F. Accounting for slower economic growth: The United States in the 1970s[J]. Southern Economic Journal,1981,47(4):1191 -1193.

[39]DINOPOULOS E,UNEL B. Quality heterogeneity and global economic growth[J]. European Economic Review,2011,55(5):595 -612.

[40]DUNBAR G R,EASTON S T. Working parents and total factor productivity growth[J]. Journal of Population Economics,2013,26(4):1431 -1456.

[41]DURBIN J,KOOPMAN S J. A simple and efficient simulation smoother for state space time series analysis[J]. Biometrika,2002,89(3):603 -616.

[42]EECKHOUT J,JOVANOVIC B. Occupational choice and development[J]. Journal of Economic Theory,2012,147(2) : 657 -683.

[43]FELIPE J,ABDON A M,KUMAR U. Tracking the middle - income trap[J]. Levy Economics Institute, Working Paper,2012 ,No. 715.

[44]FENG H,QINGZHI Z,JIASU L,WEIHUI F,XIAONING X. Energy efficiency and productivity change of China's iron and steel industry: Accounting for undesirable outputs[J]. Energy Policy,2013(54):204 -213.

[45]FILIPPINI M,HUNT L C. "Underlying Energy Efficiency" in the US[R]. Economics Working Paper Series,2013:13 -181.

[46]Gill I S,Kharas H J. An east Asian renaissance: Ideas for economic growth[R]. World Bank,2007,No. 39986.

[47]GEWEKE J. Evaluating the accuracy of sampling - based approaches to the calculation of posterior moments [M]. Federal Reserve Bank of Minneapolis,Research Department, 1991.

[48]GONZÁLEZ A,TERASVIRTA T,DIJK D. Panel smooth transition regression models[J]. Research Papers in Economics,2005(9).

[49]GRAY W B. The cost of regulation: OSHA,EPA and the productiv-

ity slowdown[J]. American Economic Review,1987,77(5):998 - 1006.

[50]GROSSMAN G,KRUEGER A. Environmental impacts of the North American free Trade aagre - ement[R]. NBER Working Paper,1991,No.3914.

[51]GROSSMAN G M,KRUEGER A B. Economic growth and the environment[J]. The Quarterly Journal of Economics,1995,110(2):353 - 377.

[52]GUANGMING S,JUN B,JINNAN W. Chinese regional industrial energy efficiency evaluation based on a DEA model of Fixing non - energy inputs[J]. Energy Policy,2010(38):6172 - 6179.

[53]GUISÁNDEZL,PÉREZ - DÍAZ J I,WILHELMI J R. Assessment of the economic impact of environmental constraints on annual hydropower plant operation[J]. Energy Policy,2013,61(10):1332 - 1343.

[54]HAUSMANN R, HWANG J, RODRIK D. What you export matters [J]. Journal of Economic Growth,2007,12 (1):1 - 25.

[55] HANSEN B E. Threshold effects in non - dynamic panels: Estimation,testing and inference[J]. Journal of Econometrics,1999,93(2): 345 - 368.

[56]HAILU A,VEEMAN T S. Non - parametric productivity analysis with undesirable outputs: An application to the Canadian Pul Pand paper industry [J]. American Journal of Agricultural Economics,2001,83(3):605 - 616.

[57] HALKOS G E, TSIONAS E G. Environmental kuznets curves: Bayesian evidence from switching regime models [J]. Energy Economics, 2001(23):191 - 210.

[58]HALL B H,HELMERS C. Innovation and diffusion of clean/green technology: Can patent commons help? [R]. National Bureau of Economic Research Working Paper,2011:No. 16920.

[59]HALL R E,JONES C I. Why do some countryies produce so much more output per worker than others? [J]. The Quarterly Journal of Economics,1999(1):83 - 116.

[60]HANG L,TU M. The impacts of energy prices on energy intensity: Evidence from China[J]. Energy Policy,2007(35):2978 – 2988.

[61]HANLEY N D,MCGREGOR P G,SWALES J K,TURNER K. Do increases in energy efficiency improve environmental quality and sustainability? [J]. Ecological Economics,2009(68):692 – 709.

[62]HANSEN B E. Threshold effects in non – dynamic panels: Estimation, testingand inference[J]. Journal of Econometrics,1999,93(2): 345 – 368.

[63]HONMA S,HU J L. Total – factor energy efficiency of regions in Japan[J]. Energy Policy,2008(36):821 – 833.

[64]HONMA S,HU J L. Industry – level total – factor energy efficiency in developed countries[R]. Discussiong Paper,2011,No. 51.

[65] HUGHES B B, IRFAN M T, MOYER J D, ROTHMAN D S, SOLÓRZANO J R. Forecasting the impacts of environmental constraints on human development[C]. Human Development Report,2011.

[66] HUGHES B B, IRFAN M T, MOYER J D, ROTHMAN D S, SOLÓRZANO J R. Exploring future impacts of environmental constraints on human development[J]. Sustainability,2012(4):958 – 994.

[67]HUNTINGTON H G. Structural change and U. S. energy use: Recent patterns[J]. Energy Journal,2010(31):25 – 39.

[68]HU J L,KAO C H. Efficient energy – saving targets for APEC economies[J]. Energy Policy,2007(35):373 – 382.

[69]HU J L,WANG S C. Total – factor energy efficiency of regions in China[J]. Energy Policy,2006(34):3206 – 3217.

[70]IAN S W,ECKANUS R S. Explaining long – run changes in the energy intensity of the U. S. economy[R]. Working Paper,2004:9 – 116.

[71]ICHIMURA H,KONISHI Y,NISHIYAMA Y . An econometric analysis of firm specic productivities: Evidence from Japanese plant level data

[R] . Discussion Paper,2011:02 - 11.

[72]JANKOWSKA A,NAGENGAST A,PEREA J R. The product space and the Middle - Income Trap: Comparing Asian and Latin American experiences[R]. OECD Publishing,2012.

[73]JACOBSEN H K. Technology diffusion in energy - economy models: The Case of Danish vintage models[J]. Energy Journal Issues ,2000,21(1):43 - 72.

[74]JOHANSSON P,KRISTROM B. On a clear day you might see an Environmental Kuznets Curve[J]. Environmental & Resource Economics ,2007(37):77 - 90.

[75]KADOSHIN S,NISHIYAMA T. The trend in current and nearfuture energy consumption from a statistical perspective[J]. Applied Energy,2000(67):289 - 296.

[76]KAREN F V,JEFFERSON G H,LIU H,QUAN T. What is driving China's decline in energy intensity? [J] . Resource and Energy Economics ,2004,26(1):77 - 97.

[77] KAMBARA T . The energy situation in China[J]. The China Quarterly,1992(131):608 - 636 .

[78] KAREN T,NICK H. Energy efficiency,rebound effects and the Environmental Kuznets Curve[J]. Energy Economics,2011(33):709 - 720.

[79] KIM S,SHEPHARD N,CHIB S. Stochastic volatility: Likelihood Inference and comparison with ARCH models[J]. The Review of Economic Studies,1998,65(3):361 - 393.

[80]KONISHI Y,NISHIYAMA Y. Decomposition of supply and demand shocks in the production function using the current survey of production[R]. RIETI Discussion Paper Series ,2013, 01.

[81]LABANDEIRA X,MANZANO B. Some economic aspects of energy

security[J]. Economics for Energy,2012(9).

[82]LANJOUW J O,MODY A. Innovation and the international diffusion of environmentally responsive technology [J]. Research Policy, 1996 (125):549 –571.

[83]LANOIE P,PATRY M,LAJEUNESSE R. Environmental regulation and productivity: New findings on the porter hypothesis[R]. Research Papers in Economics,2001,10.

[84]LANTZ V,FENG Q. Assessing income,population,and technology impacts on $CO_2$ Emissions in Canada: Where's the EKC? [J]. Ecological Economics,2006(57): 229 –238.

[85]LEVINSOHN J,PETRIN A. Estimating production functions using inputs to control for unobservables[J]. Review of Economic Studies,2003,70 (2):317 –341.

[86]LIAO H, FAN Y,WEI Y M. What induced China's energy intensity to fluctuate: 1997 –2006[J]. Energy Policy,2007(35):4640 –4649.

[87]LIU X Q,ANG B W,ONG H L. The application of the divisia index to the decomposition of changes in industrial energy consumption[J]. The Energy Journal,1992,13(4): 161 –177.

[88]LINDA G,HELMUT W. The middle – income trap – definitions, theories and countries concerned: Aliterature survey[R]. MPRA Paper,2016 (5): No. 71196.

[89]LOVE I,ZICCHINO L. Financial development and dynamic investment Behavior: Evidence from panel VAR[J]. The Quarterly Review of Economics and Finance,2006(46):190 –210.

[90]LUUKKONEN R,SAIKKONEN P,TERASVIRTA T. Testing linearity against smooth transition autoregressive models [J]. Biometrika, 1988 (75): 491 –499.

[91] MA C, STERN D I. China's changing energy intensity trend: A decomposition analysis[J]. Energy Economics, 2008(30): 1037 - 1053.

[92] MALGORZATA S. Total factor productivity estimation for polish manufacturing industry—A comparison of alternative methods[R]. Working Paper Series, University of Sussex, 2014: No. 67.

[93] MEHRARA M. Energy consumption and economic growth: The case of oil exporting countries[J]. Energy Policy, 2007(35): 2939 - 2945.

[94] METCALF G. An empirical analysis of energy intensity and its determinants at the state level[J]. The Energy Journal, 2008, 29(3): 1 - 26.

[95] MOORE A N. R&D advancement, technology and impact on evaluation of public R&D[J]. Energy Policy, 2007(35): 1464 - 1473.

[96] NAKAJIMA J, KASUYA M, WATANABE T. Bayesian analysis of time - varying parameter vector autoregressive model for the Japanese economy and monetary policy[J]. Journal of the Japanese and International Economies, 2011, 25(3): 225 - 245.

[97] OHNO K. Avoiding the Middle - Income Trap: Renovating industrial policy formulation in Vietnam[J]. ASEAN Economic Bulletin, 2009(1): 25 - 43.

[98] OLLEY S G, PAKES A. The dynamics of productivity in the telecommunications equipment industry[R]. NBER Working Paper, 1992: No. 3977.

[99] OZTURK I. A literature survey on energy - growth nexus[J]. Energy Policy, 2010(38): 340 - 349.

[100] PANAYOTOU T. Empirical tests and policy analysis of environmental degradation at different stages of economic development[R]. Working Paper, 2013, No. 238.

[101] PAO H T, LI Y Y, FU H C. Clean energy, non - clean energy,

and economic growth in the MIST Countries[J]. Energy Policy,2014(67):932 -942.

[102]PATTERSON M G. What is energy efficiency? Concepts,indicators and method logical issues[J]. Eergy Policy,1996(24):377 -390.

[103]PITTMAN R W. Multilateral productivity comparisons with undesirable outputs[J]. The Economic Journal,1983,93(372):883 -891.

[104]PORTER M E,LINDE C V D. Toward a new conception of the environment - competitiveness relationship[J]. Journal of Economic Perspectives,1995,9(4):97 -118.

[105]PORTER M E. America's green strategy[J]. Scientific American,1991,264(4):168.

[106] PRIMICERI G E. Time varying structural vector autoregressions and monetary policy[J]. Review of Economic Studies ,2005,72(3):821 -852.

[107] RAMAKRISHNAN R. A Multi -factor efficiency perspective to the relationships among world GDP, energy consumption and carbon dioxide emissions [J]. Technological Forecasting & Social Change,2006 (73):483 -494.

[108]RAÚL J,Jorge M. A decomposition and counterfactual exercise for Latin American countries[R]. IDB Working Paper Series,2013,No. 441.

[109]REDA C,FUAD H. The leap of the tiger: How malaysia can escape the Middle -Income Trap[R]. IMF Working Papers,2015(6):131.

[110]REINHARD S,LOVELL C A K,THIJSSEN G J. Environmental efficiency with multiple environmentally detrimental variables: Estimated with SFA and DEA[J]. European Journal of Operational Research,2000,2(121):287 -303.

[111]REITLER W,RUDOLPH M,SCHAEFER H. Analysis of the factors influencing energy consumption in industry: A revised method[J]. Energy Economics,1987(9):378 -402.

[112]RENSHAW E F. Energy efficiency and the slump in labor produc-

tivity in the USA[J]. Energy Economics,1981(3):36 -42.

[113]RICHARD G N,ADAM B J,ROBERT N S. The induced innovation hypothesis and energy - saving technological change[J]. The Quarterly Journal of Economics,1999(3):941 -975.

[114]SATORU K. The Middle - income Trap from the viewpoint of trade structures[J]. IDE DISCUSSION PAPER,2014(11):482.

[115]SABUJ K M . Do undesirable output and environmental regulation matter in energy efficiency analysis? Evidence from Indian cement industry [J]. Energy Policy,2010(38):6076 -6083.

[116]SACKS D W,BETSEY S,JUSTIN W. Subjective well - being,income,economic development and growth[R]. NBER Working Paper,2010, No. 16441.

[117]SATOSHI H,JINLI H. Total - factor energy efficiency of regions in Japan[J]. Energy Policy,2008(36):821 -833.

[118]SAUNDERS H D. Does predicted rebound depend upon distinguishing between energy and energy services? [J]. Energy Policy,2000b (28):497 -500.

[119]SAUNDERS H D,TSAO J Y. Rebound effects for lighting[J]. Energy Policy,2012(49):477 -478.

[120]SHAFIK N,BANDYOPADHYAY S. Economic growth and environmental quality: Time series and cross - country evidence[R]. Working Paper,1992,No. 904.

[121]SHEPHARD N,PITT M K. Likelihood analysis of non - Gaussian Measurement Time Series[J]. Biometrika,1997,84(3):653 -667.

[122]SHUJIE Y,DAN L,TYLER R. Energy efficiency and economic development in China[R]. Asian Economic Papers,2012 -11 -02.

[123]SOLOW R M. Technical change and the aggregate production func-

tion[J]. The Review of Economics and Statistics,1957,39(3):312 -320.

[124]STERN D I. The rise and fall of the Environmental Kuznets Curve [J]. World Development, 2004(32):1419 -1439.

[125]STEVE S,JOHN D,MATT S. Empirical estimates of the direct rebound effect: A review[J]. Energy Policy,2009(37):1356 -1371.

[126]SUE W I,ECKAUS R S. The implications of the historical decline in US energy intensity for long - run $CO_2$ emission projections[J]. Energy Policy,2007(35):5267 -5286.

[127]SUJEETHA S,BUNDIT L. Energy security and co - benefits of energy efficiency improvement in three Asian countries[J]. Renewable and Sustainable Energy Reviews,2013(20):491 -503.

[128]TONE K. Slacks - based measure of efficiency in data envelopment analysis[J]. European Journal of Operational Research,2001(130): 498 -509.

[129]TURNER K,HANLEY N. Energy efficiency, rebound effects and the Environmental Kuznets Curve[R]. Stirling Economics Discussion Paper, 2010,No. 17.

[130]VANDENBERG P,ZHUANG J. How can China avoid the Middle - Income Trap? [R]. Asian Development Bank,2011.

[131]VOLLEBERGH H,MELENBERG B,DIJKGRAAF E. Identifying reduced - form relations with panel data: The Case of pollution and income [J]. Journal of Environmental Economics and Mana - gement, 2009(58): 27 -42.

[132]WALLEY N,WHITEHEAD B. It was not easy being green [J]. Harvard Business Review,1994(2):1 -3.

[133]WANG Z H,ZENG H L,WEI Y M,ZhANG Y X. Regional total factor energy efficiency: An empirical analysis of industrial sector in China

[J]. Applied Energy,2012(97):115 - 123.

[134]WANG Z H,LU M L,WANG J C. Direct rebound effect on urban residential electricity use: An empirical study in China[J]. Renewable and Sustainable Energy Reviews,2014(30):124 - 132.

[135]WATANABE T,OMORI Y. A multi - move sampler for estimating non-Gaussian Time Series Models: Comments on Shephard & Pitt (1997)[J]. Biometrika,2004,91(1):246 - 248.

[136]XIANG N,XU F,SHA J. Simulation analysis of China's energy and industrial structure adjustment potential to achieve a low - carbon economy by 2020[J]. Sustainability,2013(5):5081 - 5099.

[137] XU G,JIANG Z. The relationship among technical progress, structural change,and energy efficiency in the United States[J]. Science of Science and Management of Science and Technology,2007,28(3):104 - 107.

[138]ZHANG J,XU L Y,YU B,LI X J. Environmentally feasible potential for hydropower development regarding environmental constraints[J]. Energy Policy,2014(73):552 - 562.

[139]ZHANG M,MU H,NING Y,SONG Y. Decomposition of energy - related $CO_2$ emission over 1991 - 2006 in China[J]. Ecological Economics, 2009,68(7):2122 - 2128.

[140]ZHANG X P,CHENG X M,YUAN J H,GAO X J. Total - factor energy efficiency in developing countries[J]. Energy Policy, 2011(39): 644 - 650.

[141]ZHAO X L,MA C B,HONG D Y. Why did China's energy intensity increase during 1998 - 2006: Decomposition and policy analysis[J]. Energy Policy,2010(38):1379 - 1388.

[142] ZHOU X Y,ZHANG J,LI J P. Industrial structural transformation and carbon dioxide emissions in China[J]. Energy Policy,2013(57):43 - 51.